PENSE

PELA SUA CABEÇA

TÍTULO ORIGINAL
Think for Yourself.
Restoring Common Sense in an Age of Experts and Artificial Intelligence.

Publicado por acordo celebrado com a Harvard Business Review Press.

AUTOR
Vikram Mansharamani

CONJUNTURA ACTUAL EDITORA
Sede: Rua Fernandes Tomás, 76-80, 3000-167 Coimbra
Delegação: LEAP CENTER – Espaço Amoreiras
Rua D. João V, n.º 24, 1.03
1250-091 Lisboa – Portugal
e-mail: editoras@grupoalmedina.net

TRADUÇÃO
Carla Morais

REVISÃO
Inês Castelhano

CAPA
Papertalk

IMAGEM DE CAPA
© Fairywong / Getty Images

PAGINAÇÃO
Aresta Criativa – Artes Gráficas

IMPRESSÃO E ACABAMENTO
Forma Certa
Maio 2021

DEPÓSITO LEGAL
481818/21

ACTUAL | GRUPOALMEDINA

BIBLIOTECA NACIONAL DE PORTUGAL – CATALOGAÇÃO NA PUBLICAÇÃO

MANSHARAMANI, Vikram

Pense pela sua cabeça: restaurar o pensamento na era dos
especialistas e da Inteligência Artificial. – (Fora de coleção)
ISBN 978-989-694-599-2

CDU 005

PENSE
PELA SUA CABEÇA

VIKRAM MANSHARAMANI

ACTUAL

Para Kai e Tori,
que possam sempre pensar pela vossa cabeça

ÍNDICE

PARTE 4

Um caminho em frente

PREFÁCIO

À procura das minhas ideias

Na origem deste livro está um artigo que escrevi para a *Harvard Business Review* intitulado «All Hail the Generalist»[1]. Esse pequeno texto tocou num ponto nevrálgico e incitou milhares de leitores a fazer comentários. Alguns exprimiam raiva, outros gratidão; no entanto, todos demonstravam um certo grau de envolvimento.

A essência da minha mensagem era que a nossa paixão pelo conhecimento altamente especializado foi longe demais. A especialização da sociedade e a sua compartimentação produziram uma amplitude de visão reduzida em quase todos os sectores da vida. O futuro, sugeri no artigo, pode vir a pertencer àqueles que possuem não só a aptidão para gerar informações especializadas, mas também para as interligar. Quem tem uma visão abrangente e recorre a um conhecimento especializado apropriado quando é necessário provavelmente irá ditar o futuro.

Numa época em que o conhecimento especializado parece ser a fonte de maior rendimento, maior prestígio e uma via rápida para uma vida melhor, o que eu sugeri foi provocador. Mas como disse Walter Gretzky, pai e primeiro treinador do grande Wayne Gretzky, a chave do sucesso é «patinar para onde o disco vai, não para onde ele esteve»[2]. A minha principal teoria, que aprofundei em muitos outros artigos,

---

[1] Vikram Mansharamani, «All Hail the Generalist», *Harvard Business Review*, 4 de junho, 2012, https://hbr.org/2012/06/all-hail-the-generalist.

[2] Jill Rosenfeld, «CDU to Gretzky: The Puck Stops Here!», *Fast Company*, 30 de junho, 2000, https://www.fastcompany.com/40565/cdu-gretzky-puck-stops-here.

é que as vantagens competitivas do passado podem não se revelar tão eficazes no futuro.

Ou estarei eu, generalista comprovado que sou, apenas esperançoso de que seja este o caso?

Afinal, passei a minha vida a resistir aos que me incitavam à especialização. Enquanto estudante universitário, fiz duas licenciaturas multidisciplinares — uma em estudos do Leste Asiático e outra em ética, política e economia. No início dos anos 90, a maioria dos interessados em estudos da Ásia Oriental concentrou-se no Japão, a emergente superpotência económica. Em vez disso, optei por estudar a China. Quando decidi fazer uma pós-graduação, após seis anos de trabalho no sector económico e financeiro, acabei por fazer um mestrado em segurança internacional, antes de prosseguir com o doutoramento, em que estudei inovação tecnológica e empreendedorismo na indústria dos jogos. Munido de um doutoramento e da possibilidade de uma colocação numa prestigiada escola de gestão, optei por regressar ao mundo do investimento, tornando-me analista de ações globais e passando tanto tempo em aviões que uma grande companhia aérea me concedeu um estatuto de elite vitalício.

Os anos que passei a resistir às pressões profissionais para me especializar também se refletiram na minha carreira docente, dando origem a um vaguear nómada entre departamentos e escolas. Ensinei em administração de empresas, ciência política, engenharia e grupos de ciências sociais, bem como em programas multidisciplinares e não-disciplinares. Dei aulas sobre bolhas financeiras, ética empresarial, desigualdade económica e pensamento sistémico aplicado aos problemas sociais. Tive como colegas docentes especialistas em ciência política, académicos da gestão, jornalistas, cientistas e engenheiros. Ao longo de todo o percurso, apenas lecionei disciplinas que eu próprio concebi.

Por isso, poder-se-ia dizer que tenho um interesse particular na ascensão dos generalistas — é um argumento válido. Mas a minha reflexão sobre a compartimentação do conhecimento e o poder crescente dos generalistas incorpora uma questão mais prática, na qual tenho estado cada vez mais interessado — a gestão de especialistas. Os meus amigos, familiares e colegas muitas vezes brincam comigo por eu fazer inúmeras perguntas antes de aceitar um conselho e, embora quem veja de fora possa considerar isso irritante, tenho orgulho em pensar por mim próprio. Recuso-me a deixar que terceiros controlem o meu destino. Além disso, enquanto generalista, sinto-me à vontade para fazer perguntas que possam parecer ingénuas.

Ao longo de vários anos, aprendi a reconquistar o controlo anteriormente delegado em peritos, através de um processo que começa com a consciencialização do problema. Em quase todos os casos, uma vez identificado o problema, adotei um processo em três etapas para recuperar a autonomia. Em primeiro lugar, afasto-me do perito. Em segundo lugar, penso sobre o que realmente necessito de um consultor (se é que realmente necessito de alguma coisa). Finalmente, volto a contratar cuidadosa e proativamente a ajuda de um perito, livre e sem a bagagem que acompanha os relacionamentos com um historial e com uma perspetiva explicitamente generalista. Em alguns casos, considerei útil voltar ao meu conselheiro anterior e, quando o fiz, descobri que o relacionamento tinha melhorado. Noutros, percebi que não precisava de ajuda e, por isso, avancei sozinho. Esta abordagem tem funcionado para mim, mas, tal como irá ler mais adiante, o essencial é que cada um tenha um processo que funcione para si. O contexto é importante, pelo que as recomendações-modelo provavelmente irão falhar.

Utilizei esta minha abordagem de despedir, fazer pontaria e (talvez) voltar a contratar em várias esferas da vida. Já o fiz com o contabilista, o consultor financeiro, o advogado, o médico, o mecânico e muitos outros. De facto, este livro é o resultado de pôr em prática os meus próprios conselhos. Durante os anos em que trabalhei neste projeto, distanciei-me de vários peritos editoriais, ao parar para rever as minhas próprias prioridades. (Num incidente engraçado, um editor sugeriu-me que, sendo ele «um especialista», era necessário que eu deixasse para trás as minhas próprias ideias e seguisse apenas as suas orientações. Ri-me, perguntei-lhe se ele tinha lido a minha proposta e, pouco depois, estava a trabalhar com outra pessoa.)

Espero que este livro o ajude a entender e a evitar muitos dos problemas com que me deparei quando os especialistas e as tecnologias se apropriaram do meu pensamento. Está repleto de estratégias e orientações para o ajudar a recuperar o controlo. Uma das indicações é que questione os conselhos que lhe são apresentados, e (ironicamente) isso é igualmente aplicável a este livro. Quer concorde ou não com o meu modo de pensar, espero que este livro o ajude a pensar pela sua cabeça.

INTRODUÇÃO

A autonomia perdida

Pode não se aperceber, mas perdeu o juízo. Todos nós perdemos. Na verdade, estamos sempre a perder o juízo, frequentemente, várias vezes ao dia. Fazemo-lo quando entregamos de forma cega o nosso pensamento às tecnologias, aos especialistas e às regras.

Os domínios em que isto ocorre variam desde as decisões quotidianas, tais como o que compramos (recomendações que nos são feitas com base nas nossas compras anteriores) até às escolhas de vida ou morte que fazemos relativamente à nossa saúde (conselhos dados por profissionais médicos). Pare e pense nas últimas decisões que tomou: porque é que as tomou? Será possível que tenha sido influenciado por tecnologias, especialistas ou regras?

Talvez o seu médico considere que os seus níveis elevados de colesterol indicam que deve começar a tomar uma estatina. Chama a atenção para o facto de quase todos os cardiologistas que conhece estarem a tomar uma estatina, uma vez que a eficácia deste fármaco tem sido repetidamente demonstrada em inúmeras investigações. O médico é mais novo do que o leitor e partilha consigo que ele próprio começou recentemente a tomar uma estatina. Começa a tomar a medicação?

E quando está a conduzir para um destino desconhecido? A sua aplicação de navegação sugere-lhe que siga uma rota que, à primeira vista, parece contraintuitiva. Embora as escolas estejam fechadas devido a uma tempestade de neve noturna, o mapa eletrónico mostra muito tráfego perto da escola primária e a sua aplicação sugere um percurso mais longo, mais sinuoso, que afirma ser mais rápido. Segue o caminho recomendado?

Ou então imagine que, ao iniciar sessão na sua conta poupança-reforma, esta lhe faz uma mão-cheia de perguntas antes de lhe recomendar a atualização da sua afetação de ativos. Faz-lhe notar que o seu perfil de risco (que foi determinado pelas suas respostas a meia dúzia de perguntas) indica que deve ter uma maior afetação de ativos a ações. Contudo, os mercados subiram recentemente um valor considerável e os analistas têm vindo a destacar o risco de uma correção. Altera a sua estratégia de investimento?

Em cada uma destas situações, é-lhe pedido que recorra ao aconselhamento de um especialista ou de uma tecnologia. Em alguns casos, é-lhe sugerido abertamente. Noutros, é menos óbvio e mais subtil. Até certo ponto, porém, em todos estes casos, está a terceirizar o seu pensamento. Está a deixar que alguém ou algo o guie.

É compreensível. A incerteza e a complexidade da vida no século XXI podem ser avassaladoras. A quantidade de dados e escolhas deixa em muitos de nós uma sensação constante de ansiedade. Para quase todas as situações, contamos com que haja uma decisão ótima, uma escolha que é a melhor, uma resposta que é a correta. O nosso desejo inveterado de otimização — uma crença semelhante à do medo de estar a perder algo (FOMO)[1], de que existe uma decisão ótima, mas que podemos não a ver — atira-nos de cabeça para os braços de especialistas e tecnologias. Embora isto, por si só, não seja um problema, o resultado de externalizarmos automática e frequentemente as nossas decisões atrofiou a nossa capacidade de pensar.

Como pretendo demonstrar ao longo deste livro, gerir a influência que peritos e tecnologias têm sobre o nosso pensamento é um dos desafios mais importantes e difíceis do nosso tempo. Navegar na complexidade da vida moderna é intimidante. Mas temos vindo a ser cada vez mais condicionados a delegar as nossas decisões a peritos, a tecnologia e a regras.

Mais uma vez, é compreensível. Afinal de contas, os custos de compreender tudo pelos nossos próprios meios são elevados. E porque não confiar naqueles que sabem mais sobre um domínio específico do que nós? A deferência ao conhecimento especializado — consubstanciado em pessoas, sistemas e protocolos — é lógica e, de modo geral, faz sentido numa abordagem de custo-benefício.

Especialistas e tecnologias são úteis — essenciais, mesmo —, mas a externalização *cega e irrefletida* deve ser evitada, pois gera riscos desnecessários para o nosso bem-estar e limita as oportunidades para realizar o nosso verdadeiro

---

[1] Do inglês *fear of missing out.* [*N. da. T.*]

potencial. Isso acontece, em parte, devido à especialização delimitada que frequentemente acompanha a perícia. Um foco limitado e um pensamento compartimentado são cada vez mais problemáticos (tanto para nós como para os peritos em quem confiamos) quando enfrentamos problemas complexos.

Pensemos na conhecida parábola dos seis homens cegos que se deparam com um elefante. Cada um deles tem um foco único, no entanto, ninguém é capaz de compreender o todo. Cada observador está focado naquilo em que está a tocar, quer seja a perna, a tromba, a cauda ou o tronco: parece um tronco de árvore, deve ser uma árvore; é longo, esguio e curvo, deve ser uma cobra; é duro, suave e pontiagudo, é obviamente uma lança. Nenhum dos seis homens cegos suspeita que encontraram um elefante.

Com o aumento da complexidade e a nossa confiança crescente na especialização para lhe dar resposta, esta parábola tornou-se ainda mais relevante. Por variadas vezes, estudiosos e especialistas falharam na compreensão de fenómenos complexos e interligados. A história está repleta de previsões que destruíram a reputação de peritos que aplicaram erroneamente a sua sabedoria especializada. Recordemos a declaração que Irving Fisher fez em 1929 de que a Bolsa de Valores tinha atingido um «patamar permanentemente elevado»[2], um nível que, para as décadas seguintes, se parecia mais com um pico. Ou o que dizer do biólogo de Stanford, Paul Ehrlich, que afirmou, em *The Population Bomb*, que «a batalha para alimentar toda a humanidade terminou? Nas décadas de 1970 e 1980, centenas de milhões de pessoas morrerão à fome»[3].

Por último, consideremos *The Coming Collapse of China*, de Gordon Chang, um livro que argumenta de forma persuasiva que a China estava destinada a desmoronar-se. O livro foi publicado em 2001; na década que se seguiu, a China floresceu. Existem muitos mais exemplos como estes.

Tal como um foco extremamente limitado enganou os cegos que estudavam o elefante, também um olhar demasiado compartimentado levou estes especialistas a não terem em conta os acontecimentos que ocorriam fora do seu domínio. Com a sua lógica económica, o Professor Fisher foi incapaz de compreender como a política poderia exacerbar as condições do mercado. O Professor Ehrlich subestimou o impacto da revolução

---

[2] Comentários feitos por Irving Fisher numa reunião da Purchasing Agents Association, a 15 de outubro de 1929, como relatado em «Fisher Sees Stocks Permanently High», *New York Times*, 16 de outubro de 1929.

[3] Paul Ehrlich, *The Population Bomb* (Cutchogue, NY: Buccaneer Books, 1968), xi.

verde que aumentou dramaticamente a produtividade agrícola. E Chang não incorporou totalmente o impacto dos esforços de urbanização, modernização e globalização da China que ajudaram o país a tirar milhões da pobreza.

Nada disto pretende sugerir que os peritos não são valiosos. São valiosos, sim. Nem se destina a sugerir que estas previsões não foram úteis. Ao provocar a reflexão, desempenharam um papel valioso. Em certos domínios científicos, há enormes retornos para a especialização e concentração do foco. Para quem necessita de uma cirurgia cerebral, é preferível procurar um especialista experiente a um cirurgião geral. Do mesmo modo, ao considerar uma operação militar secreta envolvendo Forças Especiais em terreno traiçoeiro, é melhor procurar o contributo de especialistas e comandantes militares experientes que compreendam profundamente a forma como as coisas podem correr mal.

Não estou a defender que devemos ser desconfiados ou céticos quanto à perícia ou tecnologia ou regras predefinidas em si. Mas os problemas interconectados da atualidade exigem um pensamento *integrado*. Mais a mais, o contexto é importante — algo que está estruturalmente fora do foco das pessoas com conhecimentos profundos. *Aquilo de que necessitamos é de perícia contextualizada que complemente a profundidade com a amplitude.*

No entanto, a principal instituição que gera o tecido cultural sobre o qual assentam estas normas — o sistema de ensino superior — concentra-se no desenvolvimento de peritos especializados. Departamentos estruturalmente compartimentados estão a perpetuar uma cultura que promove especialistas com um foco restrito. Enquanto os responsáveis pelas admissões nas faculdades de elite continuarem apaixonados pelos candidatos com desempenhos de topo, as antigas turmas de alunos bem formados continuarão a dar lugar a turmas formadas por «estrelas». Resultado: as mães-tigre (i.e., as mães rígidas e exigentes) empurram incansavelmente os seus filhos para que sejam excecionais em alguma coisa. Hoje, quem procura uma educação de elite tem de ser cabeça de cartaz na orquestra sinfónica juvenil da sua cidade ou campeão nos 100 metros de obstáculos e no lançamento do peso.

Criou-se uma dinâmica tal, que alguns jovens de hoje não fazem voluntariado para ajudar as vítimas ou a sociedade, mas para impressionar os funcionários responsáveis pelas admissões universitárias. As mulheres renascentistas do passado transformaram-se nas «excelentes ovelhas» de William Deresiewicz, colecionando metodicamente novas conquistas, mas sem saberem porquê[4]. O significado e o propósito foram ultrapassados pelo foco e pelos elogios. Coortes inteiras dos nossos mais prováveis futuros líderes não só foram excessivamente direcionadas, como foram mal direcionadas.

Para empregar uma metáfora apropriada, criámos gerações de indivíduos que estudaram a casca das árvores. Muitos estudaram profundamente os seus buracos, ranhuras, coloração e textura. Poucos desenvolveram a compreensão de que a casca é apenas a camada externa das muitas que compõem uma árvore. Menos ainda compreendem que a árvore está inserida numa floresta.

Há cerca de 2700 anos, o poeta grego Arquíloco apresentou outra metáfora adequada. Escreveu que «a raposa sabe muitas coisas, mas o porco-espinho sabe uma grande coisa»[5]. O ensaio de Isaiah Berlin de 1953 «The Hedgehog and the Fox» compara os porcos-espinhos que «relacionam tudo com uma única visão centralizada» com as raposas que «perseguem muitos fins interligados... quando muito, de uma forma prática»[6]. É, na realidade, uma história de especialistas com um único foco *versus* generalistas que perseguem muitos fins.

Nas décadas que passaram desde a publicação do ensaio de Berlin, os porcos-espinhos passaram a dominar a academia, a medicina, as finanças, o direito e muitos outros campos profissionais. Especialistas com profundos conhecimentos dominaram os poleiros, subindo a posições cada vez mais elevadas. Para avançarmos nas nossas carreiras, a especialização tem sido a via eficiente. E todos nós temos vindo a respeitar o perito especialista altamente remunerado.

Mas, como disse o filósofo do basebol Yogi Berra, «o futuro já não é o que era»[7]. O nosso mundo está cada vez mais interligado; acontecimentos aparentemente não relacionados afetam-se entre si com maior rapidez e profundidade. A ingerência nas taxas de juro pode afetar rapidamente os preços das casas que impulsionam o financiamento das escolas locais, o que, por sua vez, pode afetar a desigualdade não só de rendimento e riqueza,

---

[4] William Deresiewicz, *Excellent Sheep: The Miseducation of the American Elite and the Way to a Meaningful Life* (Nova Iorque: Free Press, 2014).

[5] Isaiah Berlin, *The Hedgehog and the Fox: An Essay on Tolstoy's View of History* (Chicago: Elephant Paperbacks, 1953), 3.

[6] *Idem*, 3.

[7] Yogi Berra, *The Yogi Book* (Nova Iorque: Workman Publishing, 1998), 118–119.

mas também de oportunidades. Ou talvez uma norma local de combustíveis renováveis tenha impacto nos preços agrícolas globais, gerando agitação social numa África vulnerável aos alimentos. A incerteza e a confusão atormentam a nossa existência, o que exige decisões diárias sobre tudo, desde aquilo que é dolorosamente simples ao incrivelmente complexo. E num mundo em que a tecnologia está a progredir a uma velocidade vertiginosa, as vantagens de um foco estreito e de soluções instantâneas estão a diminuir rapidamente.

O profundo saber especializado deve ser complementado com uma perspetiva alargada. Não o fazer resulta muitas vezes em acrobacias intelectuais para justificar uma perspetiva que os dados não confirmam. Pensemos na ocasião em que Alan Greenspan admitiu encontrar «uma falha» na sua mundividência[8]. Académicos e economistas sérios dedicaram-se dogmaticamente à hipótese de um mercado eficiente — contribuindo para a inflação de uma bolha de crédito sem precedentes entre 2001 e 2007. No entanto, a crise financeira global demonstrou que, embora os mercados possam ser eficientes na maior parte do tempo, podem também tornar-se (e tornam-se) maciçamente ineficientes.

Existe também um corpo sólido de investigação que sugere que os generalistas são melhores a rumar na incerteza. Philip Tetlock, um professor da Universidade da Pensilvânia, descobriu que os especialistas são menos precisos a fazer previsões nas suas áreas de especialização do que os não-peritos. A sua conclusão: se queremos precisão nas previsões, o melhor é recorrermos àqueles como «a raposa prototípica, de Berlin, aqueles que sabem muitas pequenas coisas baseiam-se numa variedade eclética de tradições e aceitam a ambiguidade e as contradições»[9]. Apoiarmo-nos ideologicamente numa única perspetiva parece prejudicial à capacidade de navegar com sucesso em situações vagas, que são hoje mais prevalecentes do que nunca.

O futuro sempre foi incerto, mas a nossa capacidade de o cartear tem sido prejudicada por uma perspetiva cada vez mais restrita. Quanto mais perto estivermos do material, mais probabilidades temos de acreditar nele. No jargão da psicologia, ancoramo-nos nas nossas próprias crenças e adaptamo-nos de forma insuficiente a partir delas. Numa linguagem mais direta, um

---

[8] Edmund Andrews, «Greenspan Concedes Error on Regulation», *New York Times*, 23 de outubro, 2008, http://nytimes.com/2008/10/24/business/economy/24panel.html.

[9] Philip Tetlock, *Expert Political Judgment: How Good Is It? How Can We Know?* (Princeton, NJ: Princeton University Press, 2005), 2.

homem com um martelo tem maior probabilidade de ver pregos. A perícia significa estar mais próximo do tronco da árvore e ter menos probabilidades de ver formas em que a nossa perspetiva possa precisar de um ajustamento. Em terrenos incertos, acredito que a amplitude da perspetiva pode triunfar sobre a profundidade do conhecimento.

Os ganhos (que estão em declínio) da especialização têm implicações a nível individual, empresarial e mesmo nacional. Um grupo de especialistas forma uma força de trabalho menos flexível, que requer treinamento constante à medida que a evolução tecnológica avança. Neste sentido, a recente ênfase da educação norte-americana nas competências específicas de determinados tipos de emprego é preocupante. Dentro de uma empresa, os trabalhadores qualificados em numerosas funções são mais valiosos à medida que as necessidades empresariais mudam. Muitas empresas viradas para o futuro estão especificamente a exigir experiência multifuncional como um requisito para o progresso na carreira. Os profissionais munidos de capacidades analíticas (por exemplo, competências estatísticas básicas, raciocínio crítico, etc.) desenvolvidas através de uma ampla diversidade de experiências geográficas e funcionais sair-se-ão particularmente bem quando competirem contra aqueles que têm competências limitadas.

A vida no século XXI não consiste em eliminar a nossa dependência de quem tem conhecimentos profundos e focados. Isso é simplesmente irrealista. Mas podemos equilibrar essa profundidade com uma amplitude de perspetiva com conhecimento das limitações da assessoria especializada. Isso significa utilizar especialistas e tecnologias de forma estratégica. Eles podem ter uma visão estreita, mas nós podemos combinar a sua orientação com a nossa visão mais ampla. Aquilo que pode fazer sentido da perspetiva do especialista pode não ser o melhor para os nossos objetivos finais.

Devemos também manter-nos constante e conscientemente encarregues de integrar as perspetivas dos peritos e das tecnologias. Cada perspetiva é, por natureza, incompleta. Apenas nós podemos ter uma visão completa. A tarefa da integração é exclusivamente nossa. Ao formar o seu próprio mosaico, utilizando os azulejos dos especialistas, lembre-se sempre de que cada peça é apenas uma parte de toda a história. Temos de aprender a manter os especialistas à mão e não à cabeça.

Há alturas em que faz sentido externalizar o nosso pensamento, mas esta deve ser uma escolha consciente, uma escolha proativa e atenta. Se ainda não viu a TED Talk de Baba Shiv intitulada «Sometimes It's Good to Give up the Driver's Seat», encorajo-o a fazê-lo.[10] É uma pequena palestra em que o professor de Stanford descreve como ele e a sua mulher lidaram com um diagnóstico de cancro — colocaram conscientemente o controlo das suas decisões nas mãos de um médico. Se optar por assistir a esta palestra, repare na intencionalidade deliberada do processo de pensamento daquele casal. *Terceirizar as decisões não é em si um problema, fazê-lo por defeito de forma automática e inconsciente é que me preocupa.*

Um dos motivos pelos quais deixámos de pensar por nós próprios é o facto de nos termos habituado a fazê-lo. Temos o hábito antigo de contar com que os outros pensem por nós. Parece-me oportuno que reconsideremos estes pressupostos.

Vejamos a seguinte citação:

> O velho hábito de continuar a pensar que uma determinada coisa não está errada dá-lhe uma aparência superficial de estar certa, suscitando no início um formidável clamor em defesa dos costumes. Mas o tumulto depressa desaparece. O tempo faz mais conversões do que a razão.[11]

Este é o parágrafo de abertura de *Common Sense*, o ensaio de Thomas Paine escrito em 1776 que apela a uma reavaliação do domínio britânico sobre as colónias americanas. Paine acreditava que a governação por um monarca distante era algo que devia ser questionado e não uma condição por defeito. Muitos americanos nunca tinham questionado o domínio do rei porque... pois bem, o rei governara desde sempre. Paine pedia aos americanos que reconsiderassem os pressupostos básicos que, por defeito, tinham sobre a governação. Queria que parassem para pensar por si próprios e questionassem os motivos pelos quais estavam dispostos a pospor cegamente o seu governo a um rei longínquo.

Impressiona-me a relevância que a mensagem de Paine tem ainda nos dias de hoje. Apenas porque nunca foi considerado errado delegar de modo automático o nosso pensamento a especialistas, muitos acreditam que está

---

[10] Baba Shiv, «Sometimes It's Good to Give up the Driver's Seat», *TEDx Stanford*, maio de 2012, 9h32, https://www.ted.com/talks/baba_shiv_sometimes_it_s_good_to_give_up_the_driver_s_seat.

[11] Thomas Paine, «*Common Sense*» (Washington, DC: National Humanities Center, 2014), http://americainclass.org/wp-content/uploads/2014/07/Common-Sense-_-Full-Text.pdf.

certo. É chegada a altura de reavaliar esta crença e pensar sobre como as coisas deveriam ser, em vez de nos ajustarmos ao que elas são. É necessário que pensemos por nós próprios.

O que esperar deste livro

Embora fosse fabuloso escrever um livro que capacitasse os leitores a melhorar a sua saúde, riqueza e felicidade, o meu propósito é mais modesto. Consiste em aumentar a nossa consciência sobre o pensamento que delegámos a terceiros e em sugerir um caminho para recuperar o controlo. O livro procura não só explicar como chegámos à situação atual de obediência cega e deferência irrefletida, mas também capacitar os leitores com ferramentas e estratégias para saírem dela.

A Parte 1 fornece o contexto, explicando como e por que motivos nos encontramos nesta situação difícil. A explosão de conhecimento, impulsionada em grande parte pela ciência, mas também pela especialização, está nos seus alicerces. Além da inundação de informação que enfrentamos, também houve uma explosão de escolhas a fazer — em praticamente todos os aspectos da vida, desde a cor e corte das calças de ganga que compramos até ao género, comprimento e estilo dos filmes que vemos. O resultado é uma busca interminável e insaciável pela melhor escolha de sempre, uma doença do século XXI popularmente conhecida como FOMO, o temido medo de estar a perder alguma coisa. As redes sociais e os algoritmos de inteligência artificial têm o potencial de exacerbar este FOMO. Devido às crescentes expectativas e à esperança de uma decisão ótima que parece cada vez mais distante, atiramo-nos de cabeça para especialistas, tecnologia e regras para nos ajudarem a alcançar este ideal elusivo.

A Parte 2 explora as ramificações destes acontecimentos. Começa com a especialização lógica que emergiu entre a comunidade de conselheiros que surgiu para ajudar a lidar com a nossa ansiedade associada às decisões. O resultado é uma compartimentação em praticamente todas as áreas e a elevação da ideia do foco como algo absoluta e incondicionalmente positivo. Depois de abordar a promessa e os perigos do foco, analisamos como algumas ações podem impulsionar precisamente os resultados que procuramos evitar. No decurso da nossa agora habitual obediência cega às pessoas, à tecnologia e aos sistemas, desenvolvemos uma dependência deles. As nossas capacidades de autossuficiência intelectual definharam.

A Parte 3 apresenta um guia de como recuperar a nossa independência. Após uma sensibilização para os perigos que acompanham a externalização do pensamento, esta secção começa com um apelo à meta-concentração, ou seja, um enfoque sobre onde nos concentramos, sugerindo em seguida que o enfoque restrito dos especialistas falha frequentemente os nossos objetivos, ainda que atinja os deles. A chave é pensarmos por nós próprios, não delegarmos cegamente o nosso pensamento a terceiros. Mas, para evitar o excesso de confiança no nosso próprio pensamento e para nos calibrarmos, temos de aprender a adotar múltiplas perspetivas, a criar empatia com os pontos de vista dos outros. Quando adotamos e reconhecemos perspetivas diferentes das nossas, temos mais probabilidades de apreciar as limitações inerentes a qualquer visão (incluindo a nossa própria). A chave é fazer triangulações. Devemos manter o controlo das nossas mentes, utilizando os conhecimentos de peritos e tecnologias, mas não deferindo tudo automaticamente para eles. As respostas raramente são preto ou branco; hoje, a vida exige pensamento e julgamento independentes, em vez de regras rígidas. Este livro fornece um conjunto de princípios e práticas que podem ajudar os leitores a distanciarem-se e a reorientarem-se no sentido de conectar perceções e ideias provenientes de diferentes «compartimentos» dominados por especialistas e tecnologias.

A Parte 4 traça um caminho em frente. Viver isolado num lago em Concord, Massachusetts, é uma imagem antiquada de autossuficiência. Precisamos de uma adaptação moderna para o nosso mundo interconectado, em rápida mudança e tecnologicamente avançado. Abraçar a ambiguidade e aprender a navegar na incerteza omnipresente é essencial para a vida moderna. Para o fazer, temos de desenvolver novamente o sentido da imaginação e começar a pensar em cenários que tragam alívio ao carácter probabilístico da vida moderna. Também precisamos de estar mais conscientes dos pressupostos de funcionamento que temos por defeito e dar um passo atrás, pensar por nós próprios e equilibrar os benefícios da profundidade com o valor subvalorizado da amplitude.

PARTE 1

PERDER O CONTROLO

À medida que o progresso científico e o avanço tecnológico continuam a um ritmo alucinante, muitas vezes vemo-nos sobrecarregados com informações para processar e escolhas a fazer. Esta explosão de dados anuncia a possibilidade de uma decisão ótima, deixando-nos com um constante arrependimento miudinho e um medo de estarmos a deixar escapar a melhor opção. Numa demanda de otimização de escolhas, lançamo-nos de forma precipitada àqueles que prometem ajudar-nos, àqueles que afirmam saber mais sobre um certo domínio do que nós. Mas, ao recorrermos a especialistas, tecnologias e regras, cedemos o controlo das nossas vidas e rendemos a nossa autonomia àqueles que têm um foco restrito e que são incapazes de apreciar a totalidade do nosso contexto de decisão.

CAPÍTULO 1

Dados, escolha e «FOMO»

Agora que me preparo para começar a escrever este livro, estou a ter dificuldade em pensar por mim próprio. Há tanta, mas tanta informação. Estou a olhar para umas quantas pilhas de livros, sete pilhas de artigos impressos (cada uma com cerca de um metro de altura), três pilhas de revistas (publicações de negócios, tecnologia e notícias gerais) e duas pilhas de jornais que prometo a mim próprio quase diariamente que vou folhear. Todas as semanas, as pilhas parecem crescer, apesar dos meus esforços para as fazer encolher. A realidade é que estou a afogar-me em informação.

Ninguém consegue acompanhar!

Os avanços científicos e técnicos inundaram-nos com informação ao longo dos últimos dois séculos — e o ritmo a que são gerados novos dados tem vindo a acelerar. O crescente volume de conhecimentos exige uma diligência constante e um esforço regular inimaginável apenas para nos mantermos atualizados. Basta pararmos um pouco e pensarmos no número de livros que existem presentemente. As estimativas mais recentes sugerem que há cerca de 135 milhões de livros publicados.[1] E não é apenas o número de livros que é impressionante. O número de artigos académicos publicados

---

[1] Roma Panganiban, «How Many Books Have Ever Been Published?» *Mental Floss*, 9 de setembro, 2016, http://mentalfloss.com/article/85305/how-many-books-have-ever-been-published.

desde 1665, quando a Royal Society começou a publicar as suas *Philosophical Transactions*, ultrapassa os 50 milhões, um número que aumenta de dia para dia.[2] É absurdo pensar que alguém possa sequer ser capaz de digerir uma grande parte deste conhecimento, quanto mais *todo*.

Simplesmente, há demasiada informação para processar, e este facto é muito angustiante e deprimente. A ansiedade gerada por esta sobrecarga de informação tem sido chamada de tudo, desde asfixia por excesso de dados a sobrecarga cognitiva, passando por dilúvio de dados ou até síndrome de fadiga da informação. Por outro lado, também não gostamos de nos desligar da informação.

Pesquisas recentes sugerem que algumas pessoas desenvolvem uma ansiedade profunda e debilitante ao serem *desconectadas* destas fontes. Quarenta e cinco por cento dos inquiridos de uma sondagem recente no Reino Unido afirmaram que se sentem «preocupados ou desconfortáveis» quando não conseguem ligar-se ao correio eletrónico ou ao Facebook.[3] Alguma vez viajou para um país onde os serviços de dados móveis são proibitivamente caros? De cada vez que o faço, dou por mim à procura de Wi-Fi, simplesmente para restabelecer a ligação. É irracional, mas a sensação é real. Preocupo-me com o que posso estar a perder. Conectados ou não, vamos sentir-nos assoberbados. É impossível não sentir. É a vida no século XXI, uma vida em que todos nos pedem para beber da mangueira, sem deixar pingar uma gota. Simplesmente, não há como acompanhar o ritmo.

Nem sempre foi assim. Durante milhares de anos, acreditava-se que havia pessoas que sabiam tudo. Algures nos últimos 100 anos, à medida que os nossos conhecimentos e compreensão se tornaram mais volumosos, o feito de saber tudo tornou-se intransponível. Então, quem foi a última pessoa a saber tudo?

Saber tudo

Um forte candidato é Thomas Young. Nascido em 1773 em Somerset, Inglaterra, Young lia muito desde tenra idade. Aos 21 anos, era membro da

---

[2] Arif Jinha, «Article 50 Million: An Estimate of the Number of Scholarly Articles in Existence», *Learned Publishing* 23, n.º 3 (julho de 2010): 258–263.

[3] «Anxiety UK Study Finds Technology Can Increase Anxiety», Anxiety UK (website), 9 de julho, 2012, http://www.anxietyuk.org.uk/for-some-with-anxiety-technology-can-increase-anxiety/.

Royal Society, a distinta instituição científica da Grã-Bretanha, com origens que remontam a 1660, e tinha apresentado um artigo que lançou os alicerces da nossa atual compreensão da visão humana. Aos 30 e poucos anos, médico no exercício da profissão, tinha dado uma série de palestras que o seu biógrafo, Andrew Robinson, descreveu como «cobrindo praticamente toda a ciência conhecida, que nunca foi ultrapassada em alcance e ousadia de discernimento».[4] Ao longo da sua vida, Young fez importantes contribuições para uma vasta gama de campos do saber, incluindo física, fisiologia, engenharia, música e filologia (o estudo da linguagem em fontes históricas escritas — tive de procurar o significado, uma vez que não sei tudo). Estudou mais de quatro centenas de línguas, o que lhe permitiu lançar as bases para decifrar a Pedra de Roseta. Ah, antes que me esqueça! Também fez frente a Isaac Newton e demonstrou que a luz era tanto uma onda como uma partícula.

Quando não estava a fazer avançar o conhecimento humano a um ritmo vertiginoso, Young aconselhava líderes em matérias tão diversas como a introdução da iluminação a gás em Londres, a matemática adequada à compreensão do risco no contexto dos seguros de vida e a eficácia relativa dos vários métodos de construção naval.

Na vida de Young, assistimos a uma tensão entre a busca de amplitude e de profundidade. Sabendo que todos nós dispomos de tempo e atenção limitados, tendemos a ser céticos em relação àqueles que aparentam ser dispersos e fazem contribuições para numerosas áreas sem realmente se comprometerem com nenhuma. Reconhecendo a suspeita que a sociedade tem sobre as pessoas com interesses múltiplos, Young fez a maioria das suas contribuições de forma anónima, tentando minimizar o risco de ser considerado uma espécie de «pau para toda a obra». Ele temia que, se os seus interesses abrangentes fossem do conhecimento público, os seus pacientes se afastassem, assustados, da sua prática clínica. Já então, a profundidade era mais valorizada do que a amplitude.

Em 1973, o Museu da Ciência de Londres organizou uma exposição para celebrar os 200 anos do nascimento de Thomas Young. Os organizadores salientaram que «provavelmente, Young teve uma gama de aprendizagem criativa mais vasta do que qualquer outro inglês na História. Fez descobertas em quase todos os campos que estudou».[5] Restará alguma dúvida sobre

---

[4] Andrew Robinson, *The Last Man Who Knew Everything* (Nova Iorque: PI Press, 2005), 3.

[5] *Idem*, ix.

o que terá levado Andrew Robinson a intitular a biografia que escreveu sobre Young de *O Último Homem que Sabia Tudo*?

Especialização e colaboração

A informação que se produz atualmente é cada vez mais complicada e especializada. Está a tornar-se mais e mais importante ter alguma compreensão prévia do assunto, a fim de digerir novas informações ou de fazer contributos significativos. O antigo presidente da British Mensa, um clube para pessoas com classificações elevadas nos exames de QI, observa que a magnitude do conhecimento nos dias de hoje é de tal forma grande que, se realmente se quiser compreender o tema a fundo, e se se quiser falar com autoridade, então é importante especializar-se[6]. Um foco restrito tornou-se o mantra dominante da atualidade. Como as pilhas de conhecimento se vão acumulando, está a demorar mais tempo para que se façam novas contribuições.

De facto, cientistas e inventores fazem grandes contribuições em idades cada vez mais avançadas. Num artigo intitulado «Age and Great Invention»[7], Benjamin Jones, da Northwestern University, explorou as idades em que os laureados com o Prémio Nobel conduziram o trabalho pioneiro que lhes valeu os seus prémios. Constatou que a idade média para a realização de grandes feitos, tanto para os vencedores do Prémio Nobel como para os grandes inventores, aumentou cerca de seis anos ao longo do século XX. Jones também mediu o tempo necessário para os investigadores começarem a fazer contribuições nas suas áreas. Descobriu que, em média, as grandes mentes estavam ativas na investigação aos 23 anos no início do século XX, mas, no final desse século, as grandes mentes estavam ativas na investigação aos 31.

Será relevante o tipo de pensamento que estes cientistas estavam a desenvolver? Jones encontrou uma diferença entre aqueles que eram teóricos e os que eram experimentalistas[8]. Os inovadores conceptuais tendem a fazer o seu trabalho mais importante em idades mais precoces, enquanto as áreas concretas

---

[6] Edward Carr, «The Last Days of the Polymath», *1843*, outono de 2009, https://www.1843magazine.com/content/edward-carr/last-days-polymath.

[7] Benjamin Jones, «Age and Great Invention», *Review of Economics and Statistics* 92, n.º 1 (fevereiro, 2010): 1–14.

[8] Benjamin Jones, E. J. Reedy e Bruce Weinberg, «Age and Scientific Genius», *The Wiley Handbook of Genius*, ed. Dean Simonton (Hoboken, NJ: Wiley-Blackwell, 2014), 422–450.

favorecem os inovadores experimentais de florescimento tardio. Jones explica que o trabalho conceptual mais importante geralmente implica um afastamento radical dos paradigmas existentes. Quando alguém é exposto pela primeira vez a um paradigma, antes de o adotar plenamente, está mais bem posicionado para identificar falhas ou áreas de oportunidade. Ou seja, o investigador conceptual em fase inicial tem mais probabilidades de ver o panorama geral, de estabelecer ligações entre dados anteriormente não interligados.

Num outro projeto de investigação, Jones descobriu que, entre os inventores, a idade da primeira inovação está a subir 0,6 anos por década[9]. Os inventores estão a demorar mais tempo a estudar antes de produzirem as primeiras inovações. O número de pessoas listadas em cada patente está a crescer 17% por década e essa especialização — medida como a probabilidade de não mudar de área entre inovações — está a aumentar a uma taxa de 6% por década. São necessárias mais pessoas, com mais educação e foco, para produzir uma única invenção inovadora.

A tendência para aumentar o tamanho das equipas também está presente na ciência. Segundo a *Sciencexpress*, entre 1955 e 2000, o número de autores listados nos artigos científicos aumentou de 1,9 para 3,5[10]. A investigação também concluiu que os artigos com vários autores eram citados com mais frequência a um ritmo crescente. Outro estudo confirmou a tendência para o aumento das dimensões das equipas em medicina[11]. Em cinco das revistas mais prestigiadas do ramo, o estudo constatou que o número médio de autores por artigo aumentou de 4,66 para 5,73 de 1993 para 2005.

No topo deste totem está a investigação sobre experiências científicas complexas em grande escala, envolvendo múltiplas nações e milhares de milhões de dólares em orçamentos de investigação. Quantos autores produzem trabalhos de investigação daí resultantes? Está pronto para a resposta? Milhares. É verdade, algumas experiências científicas tornaram-se tão complicadas que a dimensão da sua equipa é medida em milhares.

---

[9] Benjamin Jones, «The Burden of Knowledge and the "Death of Renaissance Man": Is Innovation Getting Harder?», NBER Working Paper 11360 (Cambridge, maio de 2005), https://www.nber.org/papers/w11360.pdf.

[10] Stefan Wuchty, Benjamin Jones e Brian Uzzi, «The Increasing Dominance of Teams in Production of Knowledge», *Sciencexpress*, 12 de abril, 2007, http://www.kellogg.northwestern.edu/faculty/jones-ben/htm/Teams.ScienceExpress.pdf.

[11] Marc Levsky *et al.*, «A Descriptive Analysis of Authorship within Medical Journals, 1995–2005», *Southern Medical Journal* 100, n.º 4 (abril 2007): 371–375, https://www.ncbi.nlm.nih.gov/pubmed/17458396.

Está em curso um gigantesco esforço internacional de investigação na Suíça, com o Large Hadron Collider (LHC), no CERN, o laboratório europeu de física de partículas. Um acelerador de partículas cuja construção custou 10 mil milhões de dólares faz colidir os protões, gerando mil milhões de colisões por segundo[12]. Em maio de 2015, os membros das duas principais parcerias da experiência publicaram um artigo conjunto na *Physical Review Letters*[13]. Número de autores? Cinco mil cento e cinquenta e quatro! Isso mesmo. Mais de cinco mil pessoas. Na altura, o artigo bateu o recorde mundial do maior número de contribuidores para um único artigo de investigação. Foram necessárias 24 páginas só para listar os colaboradores — e apenas nove para comunicar o conteúdo da investigação! Imagine quão especializado devia ser cada um dos 5154 contribuidores.

Usando a mesma lógica acima referida para decompor a percentagem de contribuição por autor, verificamos que os autores que escreveram sobre o CERN tinham uma percentagem média de contribuição de 0,02%. Se acreditarmos na conclusão de Jones de que o tamanho das equipas de investigação está a crescer a 17% por década, é apenas uma questão de tempo até vermos trabalhos com dez mil ou mais autores. O comboio da especialização está a avançar, não havendo sinais de abrandamento à vista.

Vamos olhar para alguém que é um exemplo típico deste moderno mantra da especialização, uma pessoa que passou uma carreira de 50 anos centrada numa única missão — compreender porque é que as células de algumas criaturas subaquáticas brilham.

Osamu Shimomura, ultra-especialista

O nosso especialista exemplar é Osamu Shimomura. Nasceu 155 anos depois de Thomas Young, e a dez mil quilómetros da terra natal britânica de Young, no Japão. Tinha 16 anos quando os Estados Unidos lançaram a bomba atómica sobre Nagasáqui. Na altura, vivia a apenas 24 quilómetros do centro da explosão. Apesar de ter sido atingido por uma grande quantidade

---

12 Dennis Overbye, «The Particle That Wasn't», *New York Times*, 5 de agosto, 2016, http://www.nytimes.com/2016/08/05/science/cern-large-hadron-collider-particle.html.

13 G. Aad *et al.*, «Combined Measurement of the Higgs Boson Mass in pp Collisions at $\sqrt{}=7$ and 8 TeV with the ATLAS and CMS Experiments», *Physical Review Letters* 114 (15 de maio, 2015): https://journals.aps.org/prl/pdf/10.1103/PhysRevLett.114.191803.

de radioatividade, suplantou as probabilidades e sobreviveu, licenciando-se na que é agora a Escola de Ciências Farmacêuticas da Universidade de Nagasáqui. Doutorou-se em química orgânica em 1960. Como cientista, Shimomura tornou-se o mais especializado possível. Após se ter doutorado, mudou-se para a Universidade de Princeton, onde o seu trabalho se centrou num único organismo: *Aequorea victoria*, uma bela medusa transparente que emite um brilho verde. Shimomura ficou fascinado com a bioluminescência da medusa e quis compreender como funcionava. Pouco depois, conseguiu isolar a proteína, *aequorin*, responsável pelo brilho, publicando a sua descoberta inicial num artigo intitulado «Crystalline Cypridina Luciferin»[14] (não sei quanto a si, mas um título como este tem poucas probabilidades de captar a minha atenção).

No entanto, depois de identificar a proteína, precisou de grandes volumes desta para a poder estudar. Então, o que é que fez? Todos os verões, quando as obrigações académicas eram menores, Shimomura dirigia-se ao porto de Friday, no Estado de Washington, onde havia muitas destas medusas. «O nosso objetivo era recolher 50 mil por verão, num período de um ou dois meses», disse. «Em 19 verões, recolhemos um total de 850 mil.»[15]

Um dos enigmas era que a proteína que Shimomura isolou emitia luz azul, mas a medusa tinha um brilho verde. Shimomura ajudou a explicar como acontecia esta mudança. Ele e os colegas isolaram a proteína fluorescente verde, que absorvia a luz azul da *aequorina*, mudando a sua cor[16]. Nos anos seguintes, Shimomura continuaria a estudar as propriedades químicas desta proteína. A aplicação da proteína fluorescente verde (conhecida entre os cientistas como GFP) na biologia molecular viria a revolucionar esta área a partir dos anos 90, quando os investigadores começaram a utilizá-la como um marcador para acompanhar o que se passa nas células. Segundo a Real Academia Sueca das Ciências, a proteína tem uma propriedade «miraculosa» que lhe permite «fornecer etiquetas genéticas universais que podem ser utilizadas para ver um número

---

[14] Osamu Shimomura, Toshio Goto e Yoshimasa Hirata, «Crystalline Cypridina Luciferin», *Bulletin of the Chemical Society of Japan* 30, n.º 8 (novembro 1957): 929–933.

[15] Osamu Shimomura, «Interview with Osamu Shimomura», entrevista por Adam Smith, Prémio Nobel (website), 8 de outubro, 2008, https://www.nobelprize.org/prizes/chemistry/2008/shimomura/25936-interview-with-osamu-shimomura/.

[16] Måns Ehrenberg, «The Green Fluorescent Protein: Discovery, Expression, Development», Real Academia Sueca das Ciências/Prémio Nobel (website), 30 de setembro, 2008, http://nobelprize.org/uploads/2018/06/advanced-chemistryprize2008-1.pdf.

virtualmente ilimitado de processos espácio-temporais em praticamente todos os sistemas vivos»[17].

Para compreender a magnitude da revolução da GFP, pensemos na rastreabilidade das baleias. Antes de existirem transmissores GPS que se podem ligar às baleias, simplesmente não sabíamos o que elas faziam. É verdade que víamos baleias no Alasca no verão e perto do Havai no inverno, mas seriam as mesmas? Sem a capacidade de localizar baleias específicas no tempo e no espaço, era simplesmente impossível sabê-lo. Os localizadores GPS nas baleias são o equivalente da GFP anexada às células, permitindo aos cientistas localizar células específicas em sistemas vivos.

Em 2008, pelo seu trabalho sobre a proteína verde fluorescente, Shimomura, com outros dois investigadores, recebeu o Prémio Nobel da Química. Nas palavras da Real Academia Sueca das Ciências, «sem a investigação pioneira de Shimomura (...), é provável que a revolução da GFP tivesse sido adiada durante décadas ou mesmo permanecido um dos segredos ocultos do Oceano Pacífico»[18]. Shimomura nunca teve a intenção de revolucionar a biologia. Era demasiado especializado para o fazer. Nas suas palavras, «não faço a minha investigação com vista a uma aplicação ou a qualquer benefício. Apenas investigo para poder entender porque é que as medusas brilham e porque é que essa proteína fluoresce»[19]. A revolução da GFP foi um benefício marginal do enfoque estreito de Shimomura.

Do dilúvio de dados aos desafios da otimização

Atualmente, a nossa sociedade tem muito mais *Shimomuras* do que *Youngs*. Porquê? Para começar, é um resultado direto das nossas tentativas de lidar com um enorme património de conhecimentos e o seu crescimento cada vez mais acentuado. Mas é igualmente uma simples consequência do dinheiro — a nossa sociedade tende a pagar mais pelo foco do que pela perspetiva ampla, pelo menos na maioria das profissões. Um gestor de investimentos, advogado ou médico especializados são normalmente mais bem pagos do que um dos colegas generalistas. Parte disso advém da crença de que o atual dilúvio de

---

[17] *Idem.*

[18] *Idem.*

[19] Shimomura, «Interview with Osamu Shimomura».

dados oferece grandes hipóteses de otimização. Passemos ao dilema da escolha que emerge desta demanda omnipresente pela maximização.

Durante a maior parte da história humana, a escassez era a norma. Lutávamos pela comida que era limitada, procurávamos abrigo entre os escassos que existiam e até lutávamos pelo cônjuge mais desejável (bem, acho que ainda o fazemos!). A economia — o estudo de como alocar recursos escassos — surgiu para entender estas dinâmicas. No final do século XVIII, o economista Adam Smith sugeriu que a «mão invisível» do interesse próprio guiaria um conjunto diversificado de trabalhadores, comerciantes e outros para produzir um resultado ótimo para a sociedade no seu conjunto[20]. Com isto, Smith queria dizer que cada pessoa perseguiria os próprios objetivos, maximizaria a própria satisfação e, ao fazê-lo, comportar-se-ia inadvertidamente de uma forma que ajudaria a alcançar uma distribuição ideal dos recursos.

Os escritos de Adam Smith incorporavam a confusão que caracteriza a realidade. No entanto, à medida que a disciplina amadureceu, a economia deixou para trás o complexo emaranhado de interações humanas, em favor de modelos mais simples. Para os economistas, as pessoas tornaram-se maximizadores hiper-racionais do prazer. E assim fomos em frente, com cada pessoa «a organizar atarefadamente a sua vida para maximizar o prazer da sua máquina psíquica de somar», como disse o economista e historiador americano Robert Heilbroner[21].

O mundo atual é complexo. Temos muitas opções e, mais do que isso, estamos cientes da quantidade de opções que temos. Quando escolhemos uma entre várias, temos um instinto humano — aquele em que a economia enquanto área do saber se baseia — de tentar escolher a melhor opção. Mas tentar otimizar num contexto de incerteza e interconectividade é um desafio, e nem sempre acontece. A paralisia analítica é mais comum a cada dia que passa.

Dilemas da escolha

A explosão de escolhas existe em todos os aspectos das nossas vidas, até quando estamos simplesmente a selecionar um filme para ver — algo que deveria ser divertido. O entretenimento doméstico teve um aumento verdadeiramente

---

[20] Adam Smith, *The Wealth of Nations* (Londres: William Strahan, 1776).

[21] Robert L. Heilbroner, *The Worldly Philosophers: The Lives, Times, and Ideas of the Great Economic Thinkers* (Nova Iorque: Simon and Schuster, 2011), 173.

espantoso de opções. De certeza que o *Homo economicus* amante do prazer está entusiasmado com estas possibilidades, certo? Houve uma época em que o entretenimento em casa se limitava ao que dava na televisão. E só existiam cinco canais! Mas depois, à medida que a largura de banda aumentou com as infraestruturas de cabo, o número de opções de entretenimento doméstico cresceu. Surgiram publicações periódicas semanais como a *TV Guia* para ajudar os consumidores a saber em que canais estavam a dar que programas e quando. Foi assim que os consumidores passaram a ter dezenas de canais por onde escolher.

Para além do número crescente de canais, as escolhas também aumentaram com a invenção de dispositivos de gravação como o VCR, que nos permitiram ver não só televisão ao vivo, mas também tudo o que já tinha sido transmitido. Entretanto, apareceram os clubes de vídeo. Se precisávamos de um filme para o serão, éramos confrontados com prateleiras e prateleiras de opções — milhares de vídeos sem qualidades diferenciadoras além dos títulos. Nem sequer se conseguia ver as capas, uma vez que muitos clubes de vídeo as substituíram por caixas próprias e genéricas. Nessa altura, a nossa única esperança era ir à prateleira das «sugestões do clube» e confiar nos conselhos de funcionários leais. As escolhas eram assoberbantes, mas foi tudo ofuscado pelo que veio a seguir.

Hoje em dia, as empresas de cabo oferecem regularmente centenas de canais, assim como centenas de milhares de filmes *on-demand*, programas e até estações de rádio. Existem canais que servem os interesses únicos dos entusiastas da cozinha, da ficção científica, da natureza, dos negócios e do desporto. Podemos escolher ecrãs de definição *standard*, de alta-definição ou mesmo em 3D. Adicione-se a tudo isto a explosão de conteúdos de *streaming* em numerosas plataformas (desde a Netflix, à AppleTV ou ao Disney+), e o consumidor de hoje tem inúmeras opções. Poderíamos ver praticamente qualquer filme ou programa de televisão alguma vez criado — tudo isto sem deixar o conforto do sofá.

Estará todo este leque de opções a tornar-nos mais felizes? Será que é realmente melhor assim?

Tendemos a não questionar o valor da escolha. Somos todos diferentes — por isso, havendo mais opções, é mais provável que encontremos algo perfeito para cada um de nós, certo? A lógica económica tradicional sugere que a existência de mais opções é sempre melhor. Para muitos, isto faz intuitivamente sentido: podemos sempre ignorar as possibilidades extras se não melhorarem a nossa felicidade, pelo que novas opções só podem melhorar a satisfação. Mas não parece ser esse o caso na vida real.

Melancolia dos filmes

Mais ou menos uma vez por mês, a minha mulher, Kristen, e eu decidimos ver um filme juntos depois de os nossos filhos irem para a cama. Graças à seleção de filmes disponíveis à distância de um clique, sentimos que não temos de aceitar o que quer que esteja a ser exibido nessa noite. Sentimo-nos empoderados. Temos escolha, e muita.

Só que o que normalmente acontece é o seguinte: quem chegar primeiro ao sofá começa à procura de novidades, assistindo inevitavelmente a um ou dois *previews*. Dado que o *trailer* médio é de cerca de três minutos, cerca de seis minutos foram passados à procura. Mas se a minha mulher tiver chegado primeiro ao sofá e eu chegar depois de ela já ter visto um ou dois *previews*, eu insisto em ver o que ela já viu. Não quero negociar com uma licenciada em Direito em Harvard que trabalhou como advogada da prestigiada firma Boston Ropes & Gray enquanto não souber tudo o que está em jogo. Simplesmente, tenho de estar em pé de igualdade em termos de informação.

A hipótese de concordarmos com uma das três primeiras opções é tão provável como ganhar a lotaria. Não, isso seria otimista. É mais como as hipóteses de ganhar o Euromilhões e a lotaria na mesma semana de um ano bissexto, quando a Lua estivesse em quarto crescente. Portanto, a busca continua. Há esta sensação incómoda de que existe o filme perfeito para o humor com que estamos nesta altura em particular — porque não haveria de existir? Afinal de contas, há um número incalculável de opções disponíveis, certamente uma é a perfeita.

Por isso, procuramos, procuramos e procuramos. Acabamos — provavelmente cerca de 45 minutos depois de termos começado — por escolher um filme que não entusiasma verdadeiramente nenhum de nós (como poderia fazê-lo, dadas as nossas expectativas de perfeição?), mas que também não chateia. No entanto, devido ao tempo que foi necessário para selecionar o filme, estou exausto e adormeço na primeira hora. Nessa altura, a minha mulher zanga-se. Sente-se abandonada.

É provável que reclame: «Concordei com este filme porque parecias mais interessado nele do que naquele que eu queria ver.» Meio a dormir, digo-lhe para parar o filme e pôr aquele que ela queria ver.

«Muito bem.»

Conheço a minha mulher desde o início dos anos 90, quando ambos éramos estudantes universitários em Yale, e se algo aprendi desde então é que «muito bem» não significa muito bem. Significa algo mais parecido com

«Estou zangada contigo, mas sou demasiado cortês para to dizer». Então, o que é que eu faço? Vou dormir e fico a saber na manhã seguinte que Kristen adormeceu a meio do filme que queria ver, tendo assistido a metade de um filme que não queria ver. Foi dormir zangada e frustrada com toda a experiência e, como a maioria das pessoas casadas provavelmente compreenderá, presumiu que eu era a causa desta noite miserável... em vez do milhão de opções oferecidas pela Xfinity. (Hum, pergunto-me se haverá outros casais a sofrer com a imensidão de opções da Xfinity — haverá aqui, quem sabe, uma possibilidade de ação coletiva...)

Pelo menos no nosso caso, tanta oferta não foi útil. A investigação sugere que Kristen e eu não somos os únicos. Um corpo crescente de investigação mostrou que existem desvantagens significativas em haver tanta escolha — razão pela qual os filtros para reduzir o nosso foco se tornaram tão importantes. Acontece que, muitas vezes, quando se nos apresentam, digamos, centenas de pacotes de batatas fritas, nem sempre calculamos automaticamente qual tem o tamanho, sabor, forma, preço e qualidade perfeitos, escolhendo assim a opção que gera a maior felicidade. Em vez disso, ficamos muitas vezes paralisados. Hesitamos e decidimos que, afinal, não queremos batatas fritas. Ou quando escolhemos um pacote e comemos as batatas fritas, não podemos deixar de pensar em como outra escolha poderia ter sido melhor. A escolha, a ansiedade e o arrependimento andam de mãos dadas.

Existe uma série de experiências que reforçam esta perceção. Na mais famosa, os investigadores montaram dois expositores de compota numa mercearia. Uma oferecia seis tipos de compota, a outra, 24. Pararam mais compradores onde havia mais compotas, com 60% dos transeuntes a experimentarem uma das 24 oferecidas, em comparação com 40% na exposição de seis amostras. Mas a oferta maior foi paralisante. Trinta por cento das pessoas expostas a seis opções fizeram uma compra, em comparação com apenas 3% das que viram 24 amostras. Confrontados com demasiadas opções, os compradores não escolhem enquanto não encontrarem a opção perfeita. Em vez disso, as pessoas passam os olhos superficialmente pelas opções e seguem em frente. Mais a mais, havia provavelmente uma desconfiança incómoda entre os 3% de que talvez tivessem feito a escolha errada.

Não são só os compradores que agem desta forma. Num estudo, os investigadores deram aos estudantes a opção de escrever uma redação para obtenção de créditos extras. Foram divididos em dois grupos. A um, foram oferecidos seis temas possíveis sobre os quais escrever; ao outro, foram apresentadas

30 ideias. 14% menos estudantes neste último grupo (presumivelmente sobrecarregados pela escolha) escolheram fazer o trabalho opcional[22].

A paralisia analítica também ocorre noutros domínios que não as compras e o ensino. Mesmo quando estamos a gerir o nosso dinheiro — situação em que imaginamos que as pessoas estejam no seu estado mais racional e paciente — somos vítimas da paralisia analítica. As empresas que oferecem Planos de Poupança-Reforma muitas vezes fornecem aos seus empregados um conjunto de fundos mútuos nos quais investir o seu dinheiro. Um investigador descobriu que para cada dez opções adicionais de fundos mútuos que eram oferecidas, a participação no programa caía de 1,5 a 2%[23].

Uma proliferação de opções não é sinónimo de liberdade ou bem-estar, como em tempos acreditavam os economistas. Uma horda de opções sobrecarrega os nossos sistemas de foco, levando a uma ansiedade paralisante. É por isso que o hipermercado dos *Simpsons* se chama Monstromart e tem o *slogan* «Onde fazer compras é uma ajuda desconcertante». É por isso também que o filme *Idiocracy — Terra de Idiotas* retrata um futuro estupidificado com um Costco do tamanho de uma cidade, com quilómetros de prateleiras, uma faculdade de direito e até o seu próprio sistema de transportes públicos.

Um tirano tentador

Barry Schwartz é um psicólogo que escreve sobre o paradoxo da escolha. Um dia, Schwartz entrou numa loja para comprar umas calças de ganga. Perguntaram-lhe se preferia modelos *slim fit*, *easy fit*, *relaxed*, *baggy* ou *extra baggy*. Perguntaram-lhe em seguida se queria um acabamento *stone-washed*, *acid-washed* ou desgastado. Braguilha de botões ou de fecho? Desbotado ou normal? E de que cor?

Schwartz decidiu experimentá-las a todas. Concentrou-se de tal maneira em encontrar o modelo perfeito, que o ato de comprar um par de calças de ganga se transformou numa tarefa de um dia inteiro, uma decisão complexa

---

[22] Sheena Iyengar e Mark Lepper, «When Choice Is Demotivating: Can One Desire Too Much of a Good Thing?», *Journal of Personality and Social Psychology* 79, n.º 6 (2000): 995–1006.

[23] Sheena S. Iyengar, Wei Jiang e Gur Huberman, «How Much Choice Is Too Much? Contributions to 401(K) Retirement Plans», *Pension Design and Structure*, ed. Olivia Mitchell e Stephen Utkus (Oxford: Oxford University Press, 2004), 83–94.

na qual foi forçado a investir tempo e energia e a sofrer uma boa dose de dúvida, ansiedade e pesar. Antes de existirem estas opções de calças de ganga, os compradores contentavam-se com um ajuste imperfeito, mas pelo menos compravam um par de calças de ganga em cinco minutos. Agora, sem um filtro para estreitar o foco, Schwartz foi assoberbado por uma infinidade de opções. O dilema de Schwartz parece-me idêntico ao que eu e a minha mulher sentimos quando escolhemos um filme.

Schwartz sugere que os custos de tentar tomar a melhor decisão muitas vezes superam os possíveis benefícios. Vai ainda mais longe e sugere que escolhas assoberbantes provavelmente também afetam a nossa saúde mental: «Agarrar-se tenazmente a todas as escolhas disponíveis contribui para más decisões, para a ansiedade, *stress* e insatisfação — até mesmo para a depressão clínica.»[24]

A ansiedade surge quando temos um conjunto assombroso de opções. Mas também pode advir da situação aparentemente oposta: quando somos confrontados com o nada. Nesses momentos, recordamos que há um número quase infinito de escolhas à espreita; estamos certamente a perdê-las. O facto de termos consciência de todas as possibilidades das quais talvez nunca venhamos sequer a ter um vislumbre — quanto mais a ter o privilégio de as descartar — invoca o omnipresente espectro da vida moderna, o medo de estar a perder alguma coisa, também conhecido como FOMO.

Ter alguma escolha é, sem dúvida, melhor do que não ter nenhuma. De facto, a escolha e a liberdade são conceitos correlacionados. A liberdade de escolha é o que permite que os mercados funcionem e é o que alimenta o engenho humano há milhares de anos. O livre-arbítrio gera concorrência e é, em muitos aspectos, a base sobre a qual a democracia liberal foi construída. Mas será que levámos algo de bom longe demais? Schwartz sugere que sim: «Neste momento, a escolha já não é libertadora, mas debilitante. Poder-se-ia até dizer que é tiranizante.»[25]

---

[24] Barry Schwartz, *The Paradox of Choice: Why More Is Less* (Nova Iorque: HarperCollins, 2003), 3.

[25] *Idem*, 2.

Distúrbios (das redes) sociais?

Durante 2019, surgiram incidentes de distúrbios sociais um pouco por todo o mundo. Vejamos uma amostragem dos acontecimentos: no Chile, houve protestos em massa nas ruas de Santiago, os militares bolivianos depuseram o seu líder, os catalães saíram à rua em busca de independência, manifestantes de colete amarelo encheram as ruas de Paris, manifestações anti-iranianas tiveram lugar tanto no Líbano como no Iraque, a Rússia enfrentou protestos em massa e os cidadãos de Hong Kong opuseram-se a políticas pró-chinesas na cidade-estado. Outros países abalados por protestos sociais incluíram a Argélia, Grã-Bretanha, Guiné, Cazaquistão e Paquistão.

Embora a maior parte da atenção sobre o tema das redes sociais e dos distúrbios sociais tenda a concentrar-se no poder mobilizador e coordenador da tecnologia, será possível que as redes sociais estejam a exacerbar o FOMO? Sim, a desigualdade económica atingiu um ponto de viragem, inspirando os pobres e desfavorecidos a revoltarem-se contra os ricos e poderosos. E, claro, as redes sociais aproximam as pessoas com ideias semelhantes: a revista The Economist sugere que «a sua utilização tende a criar câmaras de eco e, assim, a aumentar a sensação de que os poderes estabelecidos "nunca ouvem"».*

Mas poderão as redes sociais estar a ter um impacto muito maior do que a mera validação dos sentimentos? Poderão os meios de comunicação social estar, na realidade, a intensificar os sentimentos dos manifestantes de estarem a ser deixados para trás? Pense nos temas que pode partilhar nas redes sociais... aposto que é muito pouco provável que escreva sobre a perda de um emprego, enquanto seria muito provável que partilhasse uma promoção no trabalho. Se todos fizerem isto, as redes sociais apresentam uma imagem do mundo muito mais positiva do que a realidade. Qualquer pessoa que viva no mundo real e não compreenda o mundo tendencioso ilustrado exclusivamente por publicações positivas sentir-se-á como se estivesse numa situação pior do que a maioria das pessoas. Poderá isso aumentar a ansiedade e criar um sentimento de desespero, conduzindo alguns para as ruas para restabelecer o sistema social?

* «Economics, Demography, and Social Media Only Partly Explain the Protests Roiling so Many Countries Today», Economist, 14 de novembro, 2019, http://www.economist.com/international/2019/11/14/economics-demography-and-socia-media-only-partly-explain-the-protests-roiling-so-many-countries-today.

FOMO

Embora a sobrecarga de informação possa ter definido a década de 2000 e a sobrecarga de escolhas a década de 2010, a minha aposta é que o tão temido FOMO possa tornar-se a ansiedade que caracterizará a década de 2020. É uma consequência natural das nossas vidas interconectadas, das redes sociais e do esmagador leque de escolhas que nos é oferecido de forma contundente e óbvia, com pouco ou nenhum esforço. É que quanto mais opções tivermos e quanto mais noção tivermos das opções que temos, mais provável será que nos arrependamos das escolhas que fazemos. Tal como na minha melancolia dos filmes, o fascínio do nirvana está sempre presente, ainda que inalcançável.

Muito embora a existência de mais opções conduza inevitavelmente ao FOMO, as nossas vidas altamente interconectadas (através das redes sociais e outras plataformas de comunicação e partilha) intensificam este problema. A Professora Sherry Turkle, do MIT, refere que o FOMO conduz a um medo constante de que algo melhor possa existir noutro lugar. No seu livro *Reclaiming Conversation: The Power of Talk in a Digital Age*, Turkle descreve os sentimentos de Kati, uma jovem que parece tipificar esta condição: em quase todas as festas a que Kati e os amigos comparecem, há sempre alguém a enviar mensagens de texto a amigos noutras festas para averiguar se aquela é a melhor festa possível. Como Kati descreve, «talvez esteja a decorrer uma festa melhor; talvez haja pessoas melhores numa festa mesmo ao fundo da rua»[26]. Recordando o problema da explosão das opções, Turkle conclui: «Nada do que Kati e os seus amigos decidam fazer parece estar à altura da sua fantasia sobre o que poderiam ter feito.»[27]

Hoje, a vida social de muitos existe graças às infraestruturas de Silicon Valley, que dão corpo às nossas motivações. Quando agimos, estamos cada vez mais preocupados com a forma como isso se refletirá no *feed* dos nossos amigos. Dada a forte dependência das interações eletrónicas, a acumulação de *likes* transforma-se numa corrida ao armamento. Uma reportagem da CNN descreveu adolescentes ansiosos por aderir ao «Clube dos 100» — o que significa que uma das suas publicações acumulou 100 ou mais *likes*[28].

---

[26] Turkle, *Reclaiming Conversation: The Power of Talk in a Digital Age* (Nova Iorque: Penguin, 2015), 145.

[27] *Reclaiming Conversation*, 146.

[28] Kelly Wallace, «Teen "Like" and "FOMO" Anxiety," CNN, 6 de dezembro, 2016, https://www.cnn.com/2016/12/06/health/teens-on-social-media-like-and-fom-anxiety-digital/index.html.

Não é raro ouvir falar de pessoas que fazem todo o tipo de ações atípicas à procura de atenção só para angariar *likes*. O artista de rua Banksy retratou esta dinâmica com uma imagem de um menino a chorar com símbolos de zero comentários, zero *likes* e zero seguidores a pairar sobre a sua cabeça[29]. A este ritmo, afirmam Peter Singer e Emerson Brooking, «o *millennial* americano médio tirará cerca de 26 mil *selfies* na sua vida» — muitas delas para gerar *likes*. Também relatam que «em 2016, uma vítima de sequestro num avião conseguiu o derradeiro golpe de um *millennial*: tirar uma *selfie* com o sequestrador»[30]. O entusiasmo pelos *likes* é tão forte que, nos últimos anos, mais pessoas morreram em acidentes com *selfies* do que de ataques de tubarões[31].

Se é como eu e não entende a lógica da frase anterior, culpe o fosso entre gerações. Perguntei a algumas pessoas mais jovens que tenho na minha vida por que motivo a busca de *likes* levaria pessoas a morrer. A forma como o explicaram é a seguinte: à medida que cada vez mais pessoas tiram fotografias, a competição por *likes* aumenta. Portanto, quem conseguir tirar fotografias em situações bizarras — digamos, uma *selfie* o mais próximo possível de um comboio em movimento, com uma granada acionada ou a descer pelas ruas de Pamplona enquanto se é perseguido por touros, para citar apenas alguns exemplos que resultaram em morte[32] — e sobreviver para publicar, fazer um *tweet* ou partilhar a história terá muitos *likes*.

Não pense que isto se aplica apenas aos mais jovens. Em 2016, Oliver Clark, aos 51 anos, morreu na sequência de uma queda de 40 metros depois de ter dado um salto para obter uma imagem perfeita em Machu Picchu[33]. Um artigo do *Washington Post* que relatava a morte de Clark referiu que, menos de 24 horas antes do seu falecimento, um turista sul-coreano caiu de uma altura de cerca de 500 metros das Cataratas de Gocta, na região do Amazonas, no Norte do Peru. Outros acidentes com *selfies* mencionados no artigo incluem a morte de um turista japonês que caiu das escadas do

---

29 Ver http://i.huffpost.com/gen/1660901/original.jpg.

30 Peter Singer e Emerson Brooking, *LikeWar: The Weaponization of Social Media* (Nova Iorque: Houghton Mifflin, 2018), 59–60.

31 Matt Keeley, «More People Die Taking Selfies Than by Shark Attacks», *Newsweek*, 27 de junho, 2019, http://www.newsweek.com/selfies-deadlier-shark-attacks-1446363.

32 John Patrick Pullen, «6 Times People Died While Taking Selfies», *Time*, 14 de março, 2016, http://time.com/4257429/selfie-deaths/.

33 Justin Worland, «German Tourist Dies Posing for Photo at Machu Picchu», *Time*, 1 de julho, 2016, https://time.com/4392100/machu-picchu-tourist-death/.

Taj Mahal, turistas a serem perfurados por chifres de bisontes no Parque Yellowstone e o afogamento de sete homens no Rio Ganges[34].

Já houve empresários a reparar nesta ânsia por *likes*. Num artigo intitulado «Please Like My Vacation Photo. I Hired a Professional», o *Wall Street Journal* documentou o *boom* de «*tours* de Instagram» que atendem às necessidades daqueles que se concentram em criar a perceção perfeita online[35]. Além de ajudarem os clientes a mudar de sapatos e roupas durante o passeio, muitos também encontram as condições de iluminação ideais para garantir uma foto geradora de *likes*. Em alguns casos, podem mesmo ajudar a criar uma imagem que difere da realidade. O artigo diz que «a julgar pelo Instagram, o pitoresco templo hindu que alberga a Porta do Céu, em Bali, está rodeado por um sereno espelho de água. Porém, o reflexo... não é de água; na realidade, é um pedaço de vidro». A verdade é que o vidro que fornece o reflexo obscurece as pedras da calçada cinzenta que estão cheias de turistas à espera de posar para essa mesma foto.

A preocupação profunda com as perceções alheias e com o prestígio não é uma novidade. Contudo, é amplificada, acelerada e forçada a assumir uma nova forma pelas aplicações sociais, que quantificam de um modo instantâneo e unidimensional as interações e o apreço social. *A relação que temos com as redes sociais encoraja um enfoque nas aparências em detrimento das experiências.* Os humanos sempre foram vaidosos, mas agora o agente da nossa vaidade dá-nos um *feedback* imediato e viciante. Há mesmo provas médicas de que o *feedback* instantâneo é como uma gota de dopamina, fazendo-nos regressar à procura de mais. O nosso foco na gratificação instantânea dos *likes* cega-nos, afastando-nos de uma abordagem mais holística do bem-estar social.

Mais a mais, o conhecimento destas influências perturbadoras do nosso bem-estar não nos impede necessariamente de sermos absorvidos pelo seu poder irresistível. Sei disso, pois deixei-me levar pelo fascínio sedutor da acumulação de *likes*. Em 2014, comecei a fazer comentários semanais sobre geopolítica e geoeconomia. Era uma forma divertida de cristalizar o meu pensamento sobre uma série de questões e a publicação online permitiu-me

[34] Michael Miller, «German Tourist Falls to His Death While Posing for Photo Atop Machu Picchu», *Washington Post*, 1 de julho, 2016, https://www.washingtonpost.com/news/morning-mix/wp/2016/07/01/german-tourist-falls-to-his-death-while-tryin-to-take-photo-atop-machu-picchu/.

[35] Harriet Torry, «Please Like My Vacation Photo. I Hired a Professional», *Wall Street Journal*, 20 de novembro, 2019, http://www.wsj.com/articles/please-like-my-vacation-photo-i-hired-a-professional-11574268729.

estabelecer um elo com outras pessoas que pareciam preocupar-se com essas mesmas questões. Mas, em janeiro de 2015, fui convencido por um dos meus leitores (tinha dezenas que liam e se envolviam regularmente com os meus conteúdos) a publicar os meus pontos de vista no LinkedIn. «A comunidade do LinkedIn vai adorar os seus comentários. Porque não publicar as suas opiniões onde as pessoas já vão em vez de tentar fazer com que os leitores venham ter consigo?»

Parecia fazer sentido, por isso comecei a publicar os meus comentários semanais no LinkedIn. No início, o número de visualizações subiu de dezenas para cerca de uma centena. Em meados de 2015, tinha regularmente mil pessoas a ler os meus textos e, no final desse ano, o meu público tinha aumentado para dezenas de milhares de pessoas. O LinkedIn honrou-me então com a categoria de #1 Top Voice sobre finanças e economia, algo que trouxe ainda mais leitores em 2016. Durante o ano, vários dos meus artigos atraíram centenas de milhares de leitores e muitos milhares de *likes*. Não tardei a dar por mim em *stress* com os títulos que iriam atrair leitores ou os tópicos que poderiam gerar *likes*. Resumindo, era a cauda que estava a abanar o cão. Aquilo que tinha começado como um processo de escrita para ajudar a cristalizar o meu pensamento tinha-se tornado numa busca de *likes*, visualizações e partilhas.

Então, o que é que eu fiz? Depois de ter sido novamente homenageado em 2016 com o #1 Top Voice no LinkedIn para finanças e economia, desisti. Isso mesmo, cortei pela raiz. Em vez de deixar a opinião popular alimentar a minha escrita num horário fixo, optei por escrever uma peça de reflexão mensal para a minha *mailing list*. Ao ter deixado de monitorizar a geração de *likes* e visualizações, o fardo da escrita converteu-se na alegria da expressão.

Dados sobre namoro

Para quem procura o amor, abster-se das redes sociais não é provavelmente uma opção, uma vez que os potenciais parceiros estão cada vez mais a recorrer a aplicações para encontrar um par. Dada a dinâmica superficial do namoro — seja na Internet ou fora dela —, as *apps* sociais tornam a procura de amor online mais conveniente e podem, na realidade, expandir os nossos horizontes de formas que podem resultar em relações concretas e significativas. A diferença é que, com os namoros online, a parte «online» termina quando a relação começa, ao contrário do que acontece com as amizades nas redes sociais. *Não* utilizar aplicações de namoro condena-nos, em grande parte, ao universo limitado das nossas redes imediatas de amizade, locais de trabalho e acasos felizes nos bares locais.

Consideremos estes factos: muitos americanos conhecem a sua cara-metade através de amigos. De acordo com um estudo de 2012, cerca de 30% dos casais heterossexuais conheceram-se desta forma, que tem sido o caminho principal para uma relação na era pós-Segunda Guerra Mundial[36]. Outra forma popular de conhecer um potencial cônjuge é no emprego, um fenómeno que começou na década de 1960, quando as mulheres começaram a fazer parte da força de trabalho. No entanto, desde os anos 90 que o número de casais que se conhecem através de colegas de trabalho ou no ambiente de trabalho tem vindo a diminuir[37].

Dada a importância da escolha de um parceiro de vida, os dados são, na realidade, bastante chocantes. Porquê? Como observou o comentador online Tim Urban em *Wait but Why*, escolher um parceiro de vida é um grande compromisso que não deve ser menorizado. Urban diz que esta é a escolha de «quem será o seu parceiro na parentalidade, o seu conviva para cerca de 20 mil refeições, o seu parceiro de viagem para cerca de 100 férias, o seu principal companheiro de lazer e de reforma, o seu terapeuta de carreira e alguém que lhe vai contar como correu o dia cerca de 18 mil vezes». Urban conclui: «Esta é, de longe, a decisão da nossa vida em que é mais importante acertar.»[38]

Mas a sociedade tende a atrapalhar este processo, colocando um estigma nesta expansão inteligente da nossa procura de potenciais parceiros. Urban defende que as pessoas ainda têm algumas reservas no que toca a dizer que conheceram o seu cônjuge num site de namoro — que, em vez disso, assumem que «a forma respeitável de conhecer um parceiro de vida é por pura sorte, esbarrando nele aleatoriamente ou sendo-lhe apresentado por alguém do pequeno círculo de pessoas conhecidas». Ele observa que esta perspetiva é contraproducente. A conclusão óbvia, segundo Urban, é a de que «todos

---

[36] Maura Kelly, «How We Meet Our Spouses», *Wall Street Journal*, 27 de março, 2014, https://www.wsj.com/articles-how-we-meet-our-spouses-139585983.

[37] Michael Rosenfeld e Reuben Thomas, «Searching for a Mate: The Rise of the Internet as a Social Intermediary», *American Sociological Review* 77, n.º 4 (2012): 523–547.

[38] Tim Urban, «How to Pick Your Life Partner — Part 1», *Wait but Why* (blogue), 12 de fevereiro, 2014, http://www.waitbutwhy.com/2014/02/pick-life-partner.htm; e Tim Urban, «How to Pick Your Life Partner — Part 2», *Wait but Why* (blogue), 13 de fevereiro, 2014, http://www.waitbutwhy.com/2014/02/pick-life-partner-part-2-html.

os que procuram um parceiro de vida deveriam ter muitos encontros online, *speed dating* e outros sistemas criados para alargar o grupo de candidatos de uma forma inteligente»[39].

Ainda que esta lógica seja válida, tem também alguns inconvenientes. Embora nos permita alargar o círculo para lá do nosso ambiente social imediato, deixa-nos assoberbados pela sobrecarga de potenciais pares, o que nos leva a tentar otimizar a busca, gerando ansiedade. Esta tendência pode deixar-nos com sentimentos desnecessários de insatisfação com os nossos parceiros. Estamos certos de que a combinação perfeita existe, certo?

Na nossa busca de otimização, estamos a abdicar do bom para procurar o ideal. O resultado é maior ansiedade, mais confusão e um crescente desconforto com os desafios triviais dos relacionamentos. Como disse um utilizador destes sites, «é absolutamente avassalador... como decidir qual o momento certo para parar de ver perfis de potenciais parceiros?», enquanto outro confessava: «Por vezes, preocupa-me que o amor da minha vida esteja numa aplicação de namoro diferente.»[40]

De facto, algumas pesquisas sobre tendências de namoros na Internet sugeriram precisamente isso. Um estudo concluiu que os casais que se conheceram online tinham três vezes mais probabilidades de se divorciarem do que os casais que se conheceram pessoalmente[41]. Será devido a um sentimento inquietante de que existe um parceiro ideal? Há muitos indícios episódicos sobre a ansiedade e o correspondente FOMO associados aos encontros online, explorados por Aziz Ansari no seu livro *Modern Romance* e na secção de opinião do *New York Times*, entre outros[42].

---

39 *Idem.*

40 Ellie Krupnick, «Is Too Much Choice Ruining Dating? Science Might Have the Answer», *Mic*, 23 de janeiro, 2015, http://mic.com/articles/107210/is-too-much-choic-ruining-dating-science-might-have-the-answer.

41 Sarah Knapton, «Couples Who Met Online Three Times More Likely to Divorce», *Telegraph*, 26 de setembro, 2014, http://www.telegraph.co.uk/news/science/science-news/11124140/Couples-who-met-online-three-times-more-likely-to-divorce.html.

42 Jenna Birch, «I Quit Online Dating. Should You, Too?», Yahoo Lifestyle, 9 de novembro, 2015, https://www.yahoo.com/health/i-quit-online-dating-should-1292905613991990.html; Aziz Ansari, *Modern Romance* (Nova Iorque: Penguin, 2016); Aziz Ansari e Eric Klineberg, «How to Make Online Dating Work», *New York Times*, 13 de junho, 2015, http://www.nytimes.com/2015/06/14/opinion/sunday/how-to-make-online-dating-work.html?_r=0; Krupnick, «Is Too Much Choice Ruining Dating?».

Os dilemas da conectividade e as distrações com os dados

As pessoas estão tão concentradas nos telefones que põem as suas vidas em perigo. De acordo com o *Daily Mail*, 43% dos jovens no Reino Unido já foram contra algo ou alguém enquanto olhavam para o telemóvel[43]. No Japão, a situação é tão má que uma operadora de telemóveis afixou anúncios de serviço público alertando para a utilização de *smartphones* por peões distraídos. O anúncio afirmava que 66% das pessoas já tinham chocado contra outras enquanto utilizavam um *smartphone*, enquanto 3,6% das pessoas tinham já caído de uma plataforma de comboio ao enviar mensagens de texto enquanto caminhavam[44].

Esta ligação constante com os nossos telefones não está apenas a pôr em perigo as nossas vidas, está também a pôr em risco os profissionais de segurança pública. Um estudo realizado em abril de 2019 pelo Conselho Nacional de Segurança e pelo Emergency Responder Safety Institute revelou que 71% dos condutores tira fotografias ou vídeos quando vê um acidente e 16% destes condutores *admitiu* (quantas pessoas não terão feito o mesmo sem o admitirem?) que bateu ou quase bateu noutro carro nesse processo[45]. O mesmo inquérito revelou que 60% dos condutores publicou os vídeos nas redes sociais (presumivelmente para gerar *likes*...) e 66% enviou *e-mails* — tudo isto enquanto conduziam entre o trânsito congestionado no local do acidente. A necessidade de estarmos sempre conectados e online está literalmente a ameaçar as nossas vidas e as das pessoas que nos rodeiam. No entanto, continuamos...

Mesmo que alguém quisesse desconectar-se apenas parcialmente para abrandar a onda de informação que chega até si, existem pressões sociais crescentes que levam as pessoas a desconfiar daqueles que não têm presença

---

43 Maldlen Davies, «Rise of Smartphone Injuries», *Daily Mail*, 9 de novembro, 2015, https://www.dailymail.co.uk/health/article-3310195/Rise-smartphone-injuries-43-people--walked-glued-screen-60-dropped-phone-face-reading.html.

44 Adario Strange, «Japanese Ad Uses Samurai and Ninjas to Stop Smartphone Use While Walking», *Mashable*, 7 de dezembro, 2015, http://mashable.com/2015/12/07/japan-smartphone-ad/#W5hIS25AEkq9.

45 Kathleen Lane, «You Might Be Putting First Responders at Risk», National Safety Council (website), 15 de abril, 2019, http://www.nsc.org/safety-first-blog/you-might-be-putting-first-responders-at-risk.

nas redes sociais. Como Evgeny Morozov salientou[46], é cada vez mais comum que os jornalistas insinuem casualmente que quem não tiver um perfil online é anormal ou tem algo a esconder. Podemos ser ostracizados apenas por tentarmos evitar notificações!

No entanto, se nos deixarmos distrair por notificações, estamos numa situação ainda pior. Em *Deep Work: A Concentração Máxima num Mundo de Distrações*, Cal Newport defende que não podemos entrar num estado de «trabalho profundo», no qual nos concentramos numa tarefa cognitivamente exigente durante um longo período, quando estamos constantemente a ser interrompidos[47]. Infelizmente, os nossos locais de trabalho valorizam a comunicação e acessibilidade constantes, o que é o oposto de permitir que os empregados pensem aprofundadamente e se concentrem ao máximo. O empregado médio recebe mais de 300 *e-mails* por semana, verifica se tem *e-mails* 36 vezes por hora e leva até 16 minutos para se voltar a concentrar após ter dado atenção a uma nova mensagem. Além disso, os trabalhadores são interrompidos em média 56 vezes por dia, mudam de tarefas 20 vezes por hora e passam duas horas por dia a recuperar das distrações[48].

A distração é uma competência universal, como Joshua Rothman escreveu em «A New Theory of Distraction» na *New Yorker*, em 2015. Vemos a distração como uma forma de afirmar o controlo, de recuperar a nossa autonomia de qualquer situação que nos possa aprisionar — uma conversa, um filme ou um passeio rua abaixo[49]. Mas há desvantagens na distração. Em 2013, investigadores do King's College Institute of Psychiatry em Londres relataram que a «infomania descontrolada» (o uso constante do correio eletrónico e outras redes sociais) levou a uma descida temporária de dez pontos no QI dos participantes do estudo — duas vezes mais do que os fumadores de marijuana![50]

---

[46] Evgeny Morozov, *The Net Delusion: The Dark Side of the Internet* (Nova Iorque: Hachette, 2012); e Evgeny Morozov, *To Save Everything, Click Here: The Folly of Technological Solutionism* (Nova Iorque: Hachette, 2013).

[47] Cal Newport, *Deep Work: Rules for Focused Success in a Distracted World* (Nova Iorque: Grand Central Publishing, 2016).

[48] Kiely Kuligowski, «Distracted Workers Are Costing You Money», *Business News Daily*, 7 de maio, 2019, https://www.businessnewsdaily.com/267-distracted-workforce-costs-businesses-billions.htm; ver também «You Waste a Lot of Time at Work», infográficos produzidos pela Atlassian, https://www.atlassian.com/time-wasting-at-work-infographic.

[49] Joshua Rothman, «A New Theory of Distraction», *New Yorker*, 16 de junho, 2015.

[50] Erin Anderssen, «Digital Overload: How We Are Seduced by Distraction», *Globe and Mail*, 29 de março, 2014.

Bengalas cognitivas

Um mar de opções gera um sentimento incómodo de pesar, o que é diametralmente oposto ao que alguns economistas acreditam ser a forma tipicamente humana de agir. De facto, nós não somos os robôs racionais, maximizadores da utilidade, que alguns economistas pensam que somos. Somos tão consistentemente irracionais que toda a área comportamental das tomadas de decisão existe para melhor compreender a forma como pensamos. Os «pais» deste campo são Amos Tversky e Daniel Kahneman.

Uma das principais ideias do seu trabalho é que a forma como as escolhas nos são apresentadas tem impacto na seleção que fazemos. Kahneman descreve este «efeito de enquadramento» em *Pensar, Depressa e Devagar*[51], baseando-se em provas. Por exemplo, os investigadores descobriram que os inquiridos tinham uma melhor opinião sobre a carne que lhes era descrita como sendo «75% magra» do que a descrita como tendo «25% de gordura»[52]. Por exemplo, nos países onde as pessoas têm de assinalar um quadradinho para serem dadoras de órgãos, entre 4 e 28% das pessoas tornam-se dadoras. Pelo contrário, se se pedir para assinalar um quadradinho apenas no caso de não se querer ser dador de órgãos, entre 86 e 100% das pessoas tornam-se dadoras[53]. Como é que isto é possível? Enquadramento.

Também na medicina, os médicos têm mais probabilidades de escolher tratamentos apresentados em termos de taxas de sobrevivência do que em taxas de mortalidade. Numa experiência, os médicos receberam informações sobre os resultados de dois tratamentos diferentes para o cancro do pulmão: cirurgia e radiação. Quando foram informados de que para a cirurgia «a taxa de sobrevivência no primeiro mês é de 90%», 84% deles preferiram-na à radiação. Em contrapartida, quando lhes foi dito que «há 10% de mortalidade no primeiro mês», apenas 50% a apoiaram[54]. As opções eram fundamentalmente as mesmas, no entanto, o enquadramento afetou dramaticamente a forma como os médicos especialistas reagiram a elas.

---

51 Daniel Kahneman, *Thinking: Fast and Slow* (Nova Iorque: Farrar Straus & Giroux, 2013).

52 Deborah Cohen e Susan Babey, «Contextual Influences on Eating Behaviors: Heuristic Processing and Dietary Choices», *Obesity Review* 13, n.º 9 (2012): 766–779, http://www.ncbi.nlm.nih.gov/pmc/articles/PMC3667220/#R115.

53 Eric Johnson e Daniel Goldstein, «Do Defaults Save Lives?», *Science* 302 (21 de novembro, 2003): 1338–1339, https://ssrn.com/absract=1324774.

54 Barbara McNeil *et al.*, «On the Elicitation of Preferences for Alternative Therapies», *New England Journal of Medicine* (27 de maio, 1982): 1259–1262.

Como vimos nestes casos, o enquadramento define o nosso campo de visão e, ao fazê-lo, pode exercer influência no sentido de uma escolha específica. Como nos explica Kahneman, «Um médico, e talvez também um assessor presidencial, poderia influenciar a decisão tomada pelo paciente ou pelo Presidente, sem distorcer ou suprimir a informação, meramente através do enquadramento de resultados e contingências»[55]. Num mundo de opções infindas, levamos as mãos à cabeça em desespero, esperando que alguma autoridade apresente uma estratégia de otimização e, desse modo, concedemos um enorme poder às ajudas à decisão e aos filtros de foco que enquadram as nossas escolhas.

Kahneman e Tversky também mostraram como nos fixamos em números aparentemente irrelevantes de uma forma que enviesa a nossa tomada de decisão. Numa experiência, um investigador fez girar uma roda de números em frente de uma plateia e depois leu em voz alta o número selecionado aleatoriamente. Em seguida, perguntou ao público qual a percentagem de países africanos que eram membros das Nações Unidas. Os palpites tenderam a agrupar-se em torno do número selecionado aleatoriamente, apesar de saberem que não tinha qualquer relevância para a pergunta que estava a ser feita. Por exemplo, descobriram que se o número aleatório era dez, então o palpite médio da plateia era de 25%; quando o número aleatório era 45, o palpite médio era de 65%[56]. As pessoas tendem a agarrar-se ao que veem e ouvem, mesmo que seja totalmente irrelevante. Este fenómeno, que os autores apelidaram de ancoragem, confunde a nossa tomada de decisão.

O efeito de ancoragem ilustra os desafios da gestão do foco. Quaisquer que sejam as referências da nossa perspetiva, estas afetarão profundamente a nossa escolha final — por muito que saibamos nas nossas mentes racionais que isso não deveria acontecer. À medida que encontramos novas informações, vamo-nos ajustando relativamente às nossas referências, afastando-nos um pouco delas. Mas a investigação dos psicólogos demonstra que estes ajustes são insuficientes. Se alguém nos perguntar se o PIB *per capita* global é superior ou inferior a 100 mil dólares, mesmo que recebamos mais informações que sugiram uma resposta mais próxima dos 12 mil dólares, não nos ajustaremos suficientemente para baixo a partir da elevada referência inicial. A forma como as nossas referências são estabelecidas é, portanto, fundamental

[55] Kahneman, *Thinking*, 441.

[56] Amos Tversky e Daniel Kahneman, «Judgment under Uncertainty: Heuristics and Biases», *Science* 185, n.º 4157 (27 de setembro, 1974): 1124–1131.

para decidirmos se algo é alto ou baixo, bom ou mau — pensamentos que, por sua vez, impulsionam as nossas escolhas. Como se pode imaginar, esta realidade permite que aqueles a quem nos possamos dirigir para obter conselhos ou orientação exerçam um tremendo poder sobre a nossa escolha.

Outro preconceito cognitivo que os gestores do enfoque exploram é a aversão à perda. Ao compararem resultados, os humanos sentem mais dor pelas perdas do que prazer por ganhos equivalentes. Como referem Kahneman, Knetsch e Thaler, nas apostas de cara ou coroa, muitas vezes as pessoas precisam de ter a possibilidade de ganhar 200 dólares antes de estarem dispostas a aceitar uma potencial perda de 100[57]. Os economistas apelidariam este comportamento de irracional.

Muitas vezes, tentando tirar partido destes preconceitos cognitivos, comecei as aulas dizendo aos meus alunos que todos na turma tinham desde o início do ano a nota máxima. Em seguida, comecei a dizer-lhes que perderiam essa nota, a menos que fizessem um trabalho espetacular em cada tarefa que eu atribuísse, viessem preparados para cada aula e estivessem envolvidos nas discussões geradas na sala. Ainda que reconheça que tenho uma amostra pequena e tendenciosa, o meu truque parece funcionar. A maioria dos alunos mantém uma boa nota. É-me impossível responder se o meu enquadramento é importante, mas noto que os estudantes estão mais empenhados e comprometidos do que antes de ter adotado esta abordagem.

Em conclusão, nós, humanos, não somos tão racionais como alguns modelos de tomada de decisão pressupõem. De facto, o *Homo sapiens* difere do *Homo economicus* em muitos aspectos, mas mais visivelmente quando se trata da forma como realmente fazemos as nossas escolhas. As bengalas cognitivas que desenvolvemos (heurísticas, na nomenclatura dos psicólogos) ajudam-nos a fazer escolhas rápidas e, muitas vezes, corretas, mas também podemos ser induzidos em erro quando seguimos cegamente os nossos métodos-padrão, deixando-os incumbidos do processo.

O laureado com o Prémio Nobel Herbert Simon sugeriu que nós, humanos, sofremos daquilo que ele denominou «racionalidade limitada», na medida em que a nossa capacidade de otimização é limitada (1) pela informação à nossa disposição, (2) pelas capacidades da nossa mente para calcular compensações e otimizar com elas em mente e (3) pelo tempo limitado que

---

[57] Daniel Kahneman, Jack Knetsch e Richard Thaler, «Anomalies: The Endowment Effect, Loss Aversion, and the Status Quo Bias», *Journal of Economic Perspectives* 5, n.º 1 (inverno de 1991): 193–206.

todos nós temos para tomar decisões[58]. Esta realidade significa que a otimização é quase universalmente improvável; no entanto, a própria promessa de otimização cria dilemas de decisão generalizados, uma vez que a busca inatingível por uma decisão perfeita continua inabalável. A solução de Simon era simples: devemos aprender a «satisfazer» em vez de maximizar[59], o que significa que devemos estar dispostos a fazer escolhas que sejam «suficientemente boas» para satisfazer as nossas necessidades, mesmo que uma melhor escolha possa ser possível. Voltaremos a este conceito mais adiante, quando discutirmos o investimento baseado em objetivos.

A proliferação de opções não parece ter aumentado a nossa satisfação; pelo contrário, o aumento exponencial de escolhas parece ter-nos tornado mais ansiosos, paralisados e arrependidos. A escolha deixou de ser uma expressão de preferência para passar a ser um drama recheado de ansiedade, em que mesmo as seleções mais triviais podem gerar dúvidas e remorsos. Este paradoxo da escolha leva à procura de algo que possa mitigar os seus sintomas.

Será de admirar que, de boa vontade, externalizemos o nosso pensamento para aqueles que reclamam a capacidade de nos guiar através do dilúvio de informação no sentido de uma escolha aparentemente ótima? Paradoxalmente, a nossa fé na variedade de opções, que supostamente nos deveria fortalecer, levou-nos a confiar mais em terceiros. Ao fazê-lo, desistimos de uma quantidade desmedida de controlo.

---

[58] Bryan D. Jones, «Bounded Rationality», *Annual Review of Political Science* 2 (1999): 297–321.

[59] Herbert Simon, «Rational Choice and the Structure of the Environment», *Psychological Review* 63, n.º 2 (1956): 129–138, https://uk.sagepub.com/sites/default/files/upm-binaries/25239_Chater~Vol_1~Ch_03.pdf.

CAPÍTULO 2

Pensamento terceirizado

A nossa luta constante para otimizar leva-nos frequentemente a reconhecer os custos e as dificuldades de tentar saber tudo. Então, o que é que fazemos? Corremos para os braços de especialistas, tecnologias e protocolos (ou regras) que oferecem a possibilidade de salvação. Os especialistas, como médicos ou advogados, são pessoas a quem muitas vezes entregamos as nossas decisões devido aos conhecimentos que possuem dentro da sua área. De igual modo, os conhecimentos profundos incorporados nas tecnologias permitem que os algoritmos guiem o nosso pensamento tal como faria uma pessoa, embora de forma menos percetível. Por último, temos a proficiência mais alargada, na qual são utilizadas regras para controlar o pensamento e as ações das pessoas nas organizações. Vamos explorar cada uma destas três formas de saber especializado e o impacto que podem ter nas nossas vidas.

Especialistas

Muitas vezes é mais fácil deixar que alguém — um especialista, por exemplo — faça o papel de visionário, concentrando a nossa atenção no que essa pessoa considera ser importante. A estas pessoas é concedida autoridade através de diplomas e licenças — como médicos ou pilotos de aviões — ou simples reputação. Ao colocarmos o nosso foco nas suas mãos, deixamos voluntariamente que assumam o controlo do nosso campo de visão, ficando automaticamente cegos ao que escolherem não incluir. Deixamo-las enquadrar as nossas decisões. Muita gente nem sequer pensa nisso desta forma e segue, um pouco sem pensar, as suas orientações. No mínimo, devemos pensar e, idealmente, perguntar que outras variáveis pode haver que valha a pena ter em consideração.

Escolha n.º 199

Tom Brady, durante anos a estrela dos New England Patriots, é muitas vezes caracterizado pelos escritores e comentadores desportivos como o melhor *quarterback* de todos os tempos. Jogou em inúmeras Super Bowl, ganhou várias vezes o prémio de melhor jogador da liga e da Super Bowl e bateu muitos recordes da NFL. Os meus filhos cresceram a ver o futebol de domingo como um passatempo esporádico, mas agradável, mas quando Brady jogava, eles queriam sempre ver. A derradeira prova do seu sucesso é o facto de eles terem crescido com a certeza de que Brady estaria anualmente presente na Super Bowl — e na maioria dos anos, eles estavam certos.

Porém, o Tom Brady que conhecemos esteve quase para não existir.

Todo o tipo de peritos que identificam talentos julgaram que Tom Brady não tinha as características necessárias para ser bem-sucedido na Liga Nacional de Futebol. Inúmeros treinadores, assistentes, recrutadores e analistas de jornais desportivos não lhe passaram cartão. Resultado: no ano em que o New England Patriots assinou contrato com ele, Brady foi escolhido em 199.º lugar nas seleções da NFL. Apenas para referência, a maior parte da atenção durante este processo de escolha é dada aos 25 primeiros jogadores, pois tendem a representar o talento mais promissor a entrar na liga nesse ano. Brady esteve sentado no banco durante um ano, até que a lesão de um colega de equipa lhe deu a oportunidade de jogar. Esse simples acontecimento permitiu que ascendesse à posição de um dos atletas mais bem-sucedidos e realizados do futebol profissional.

Brady tinha sido ignorado por muitas equipas, equipas dirigidas por profissionais que deveriam ter sido capazes de identificar as vantagens de o recrutar. Como é que não repararam no seu potencial? Será que se concentraram demasiado nas opiniões dos peritos? Na verdade, em todas as áreas desportivas, confiar demasiado nas opiniões dos peritos é um problema generalizado, já que muitas equipas delegam a avaliação do potencial de um atleta aos dados aparentemente objetivos de algoritmos e de recrutadores profissionais.

O NFL Combine é um conjunto de exercícios físicos com pontuação que tenta «colocar os jogadores num campo de jogo equilibrado, padronizando os exercícios e as avaliações obtidas»[1]. Medem-se também os atributos físicos dos atletas como altura, peso, tamanho da mão e comprimento do braço. Estes dados são então combinados com os dados de desempenho: a velocidade de um atleta é medida através de um *sprint* de 40 jardas (36,58 metros); a capacidade de saltar, através de um salto vertical, e assim por diante. Brady não era notável do ponto de vista físico. No entanto, no que dizia respeito às estatísticas de desempenho, as suas destacavam-se claramente. Fez o salto vertical mais curto de todos e foi o segundo mais lento neste *sprint* do grupo de 2000.[2]

Os peritos combinam então os resultados de um atleta e sintetizam a pontuação numa escala de 0 a 100. Tom Brady obteve uma pontuação de 45 pelo seu tamanho, 0 pela velocidade, 33 pela agilidade e 19 pela rapidez. Os juízes profissionais, encarregados de avaliar o potencial de um jogador na NFL, concordaram: Brady não tinha as qualidades necessárias para ser bem-sucedido na NFL. No total, a sua classificação geral, num possível conjunto de uma centena de jogadores, era 12. A nota que lhe foi atribuída no relatório final da NFL Combine foi um F, a pior nota possível[3]. Ups.

O Cálice da Rejeição

A saga de aventuras de J. K. Rowling sobre o mundo mágico de Harry Potter vendeu centenas de milhões de livros, arrecadou milhares de milhões nas bilheteiras e serve de inspiração a vários parques temáticos populares. Resumindo, a saga *Harry Potter* tornou-se na mais lucrativa da história da comunicação humana. A maioria das estimativas sugere que as receitas associadas à saga ultrapassam os 20 mil milhões de dólares, uma soma que fez da autora, outrora sem-abrigo, uma bilionária.

Mas as histórias de Harry, Ronald, Hermione, Lord Voldemort e outros podiam nunca ter visto a luz do dia. Porquê? Porque todos os peritos a quem a história foi inicialmente enviada a rejeitaram por ser demasiado longa, fazendo notar que as crianças não teriam a capacidade de concentração

---

[1] «NFL Combine Drills 101: What Each Drill Measures», NFL Combine Results (website), 23 de abril, 2016, http://www.nflcombineresults.com/nfl-combine-drills-10-what-each-drill-measures/.

[2] «NFL Combine Results, 2000», NFL Combine Results (website), consultado a 26 de janeiro, 2020, http://nflcombineresults.com/nflcombinedata_expanded.php?year=2000&pos=QB&college=.

[3] «Tom Brady NFL Combine Scores», NFL Combine Results (website), consultado a 26 de janeiro, 2020, http://www.nflcombineresults.com/playerpage.php?f=Tom&l=Brady&i=4732.

necessária para a terminar. Rowling enfrentou dezenas de rejeições antes de procurar a ajuda do agente literário Christopher Little, que escolheu por o seu nome soar a uma personagem de livros infantis. Mas enquanto compunha uma carta de rejeição para Rowling, um assistente ficou impressionado com as ilustrações e incentivou a agência a aceitar a autora... e depois as editoras começaram a enviar as cartas de rejeição para Little em vez de Rowling. Foi apenas quando Little ficou suficientemente desesperado para pedir um favor pessoal ao presidente da Bloomsbury Publishing, Nigel Newton, que as coisas começaram a melhorar. Como foi notado por Aren Wilborn em *Cracked*, uma marca multiplataforma de conteúdos satíricos, «Newton fez algo que aparentemente nunca ocorreu a outras editoras de livros infantis, que foi mostrar o livro a uma criança»[4]. Newton entregou a cópia à sua filha de oito anos, que a leu em poucas horas e pediu mais. Detetando aqui uma oportunidade, ofereceu a Rowling um avanço nominal e definiu uma tiragem inicial de 500 exemplares — não propriamente uma validação de um especialista que prevê uma das séries de livros mais vendidas de todos os tempos.

O resto, como se costuma dizer, é história. Embora a série tenha conseguido feitos de facto notáveis, é igualmente espantoso que esse sucesso tenha passado ao lado de quase todos os editores especialistas. Poder-se-ia esperar que os peritos literários (as pessoas habilitadas e experientes em descobrir e cultivar talentos) tivessem identificado o potencial da história e o tivessem desenvolvido e promovido, ainda que não o fizessem forma eficiente ou rápida. Não foi assim.

Tecnologia

Além de recorrermos a pessoas, também transferimos o nosso pensamento para as tecnologias. Muitas vezes, as piores consequências da nossa dependência excessiva de produtos tecnológicos resultam de regras rígidas neles incorporadas. O problema é que os sistemas tecnológicos não conseguem pensar por si próprios. Um sistema informático não pode rever algo para verificar se está a fazer sentido.

---

[4] Aren Wilborn, «5 Hilarious Reasons Publishers Rejected Classic Bestsellers», *Cracked*, 13 de fevereiro, 2013, https://www.cracked.com/article_20285_5-hilarious-reasons-publishers-rejected-classic-best-sellers.html.

Mesmo quando não estamos cientes disso, as tecnologias determinam constantemente o que passa para o nosso campo de visão, enquadram as nossas decisões por nós. Claro que podemos procurar uma segunda opinião. Mas isso levaria um tempo precioso que a maioria de nós não tem. Quem chega à segunda página de uma pesquisa no Google? Quando se faz uma pesquisa, 90% dos cliques provêm da primeira página, 5% da segunda e apenas 1% da terceira.[5] 33% dos pesquisadores não passam sequer do primeiro resultado! Considerações de tempo à parte, o problema fundamental é que muitas vezes esquecemos o processo subversivo de gestão da atenção que a utilização destas tecnologias acarreta.

Direções perigosas

As desvantagens de confiar cegamente em algoritmos são exemplificadas pelo que acontece quando surgem pequenos erros nos *softwares* de navegação. As ajudas à navegação por GPS permitem-nos tirar o nosso foco do percurso — por vezes com resultados desastrosos.

Em 2008, um autocarro que transportava a equipa de *softball* do Liceu de Garfield embateu contra uma ponte pedonal em Seattle, causando a hospitalização de 21 miúdos (felizmente, apenas com ferimentos ligeiros). O GPS do condutor tinha-o encaminhado para uma estrada que passava por baixo da ponte, apesar de esta ser demasiado baixa para um autocarro. Porque não prestou ele atenção à ponte baixa ao aproximar-se dela? Um motivo, talvez o único, é o facto de o motorista ter delegado o julgamento da situação à tecnologia. Um algoritmo tinha-lhe fornecido a rota, por isso não parou para pensar na altura da ponte. Afinal, o GPS estava configurado para «autocarro»...

O condutor e a empresa de autocarros não tinham considerado a possibilidade de que o sistema pudesse induzir em erro. Como disse o presidente da empresa: «Pensámos que seria uma rota segura, senão por que outro motivo teriam eles uma configuração especial para autocarros?»[6] A predefinição «autocarro» deu-lhes uma falsa sensação de segurança.

Num caso semelhante em 2013, a Apple Maps encaminhou os condutores de automóveis por um caminho que atravessava uma pista ativa no Aeroporto

---

[5] Eric Sharp, «The First Page of Google by the Numbers», Protofuse (website), 30 de abril, 2014, http://www.protofuse.com/blog/first-page-of-google-by-the-numbers/.

[6] Jennifer Langston, «GPS Routed Bus under Bridge, Company Says», *Seattlepi*, 17 de abril, 2008, http://www.seattlepi.com/local/article/GPS-routed-bus-under-bridge-company-says-1270598.php.

Internacional de Fairbanks, no Alasca[7]. Os condutores atravessaram, sem se questionarem, a sinalização rodoviária que avisava da existência de uma pista ativa, entrando assim pelos terrenos do aeroporto adentro. Ao ouvirem atentamente as instruções das *apps* de navegação e concentrando-se nessas direções, os condutores deixaram de pensar para onde estavam de facto a conduzir. Para evitar um verdadeiro desastre e perda de vidas, os funcionários do aeroporto ergueram rapidamente barricadas para evitar mais episódios dessa despropositada e muito arriscada confiança absoluta nas direções ditadas por GPS.

Num dos meus exemplos favoritos de atenção comandada por GPS, um homem conduziu a sua carrinha por um pequeno trilho acima (rotulado pelos habitantes locais como um caminho de cabras, agora na moda), até que o sistema anunciou que ele deveria dar meia-volta e regressar[8]. Nessa altura, ele estava a meio de uma subida de montanha e não conseguia dar meia-volta. Teve de ser destacado um helicóptero de transporte de pesados para o salvar e tirar a carrinha do trilho. Claramente, olhar pela janela, em vez de seguir as direções geradas por um computador, teria sido mais produtivo.

A confiança cega na tecnologia pode literalmente desencaminhar-nos. Para que não se pense que que este é um problema puramente norte-americano, consideremos uma experiência que tive na África do Sul. Fui convidado para discursar perante uma grande plateia em Joanesburgo e, no dia anterior ao meu discurso, os meus anfitriões tinham organizado a minha participação em vários programas de televisão para discutir a economia global e as suas implicações para a África do Sul.

Estava previsto aparecer no programa *Powerlunch Africa* da CNBC e foi-me dito que o estúdio não era longe do meu hotel. Dado o clima quente, os meus anfitriões dispuseram de um membro da sua equipa para me levar ao edifício específico e à localização exata. Debatendo-me um pouco com o efeito do *jetlag*, perguntei se tínhamos tempo para um café (faltava mais de uma hora para eu estar no programa), e a prestável senhora parou de bom grado quando avistei uma cafetaria. Algum tempo depois de nos termos sentado e conversado sobre as perguntas que provavelmente iriam ser-me

[7] Dave Smith, «Apple Maps Fails Again: Alaska Drivers Directed onto Airport Taxiway, No Fix in Sight», *International Business Times*, 25 de setembro, 2013, https://www.ibtimes.com/apple-maps-fails-again-alaska-drivers-directed-airport-taxiway-no-fix-sight-1410830.

[8] Casey Chan, «This Is What Happens When the GPS Is Wrong», *Gizmodo*, 2 de outubro, 2010, http://gizmodo.com/5654044/this-is-what-happens-when-the-gps-is-wrong.

feitas, apercebemo-nos de súbito que era suposto eu estar em direto dentro de aproximadamente 20 minutos. Ela parecia nervosa e eu perguntei-lhe se havia algum problema. Ela disse que não havia problema, mas que achava melhor irmos a pé, pois o trânsito tinha aumentado substancialmente enquanto tínhamos estado a conversar. Colocou a morada na aplicação de mapeamento do seu telefone e lá fomos nós.

Quinze minutos depois, eu estava a suar como se tivesse acabado de correr uma maratona, e a aplicação indicou que tínhamos mais dois quilómetros até ao destino. Aumentámos o ritmo e, ao virar à esquerda, demos por nós no mesmo quarteirão em que tínhamos tomado café. O estúdio ficava literalmente a 100 metros da cafetaria. Acabei por adiar um pouco a minha entrevista para poder ter um período de arrefecimento, durante o qual bebi *Gatorade* e usei os secadores de mãos da casa de banho para secar a camisa. Ter feito um *sprint* em círculo antes de uma importante aparição nos *media* deixou-me tão perturbado que tive de investigar o que aconteceu. Pedi para ver o telefone... e reparei que a senhora tinha definido as direções do GPS para «conduzir» em vez de «caminhar», o que significa que me levou cegamente a fazer um círculo de quatro quilómetros por causa das ruas de sentido único.

Naquele que pode ser o caso mais extremo de resistência contra o impacto da dependência descuidada de sistemas de navegação artificialmente inteligentes, uma cidade italiana baniu recentemente o Google Maps, depois de demasiadas pessoas se terem perdido enquanto seguiam as indicações fornecidas pela aplicação[9]. Salvatore Corrias, o presidente da câmara de uma cidade costeira na ilha da Sardenha, disse que «demasiados *sedans* e pequenos carros ficam presos em caminhos impraticáveis»[10]. Para combater o problema crescente, a cidade contactou a Google e colocou sinais ao longo das estradas que diziam: «Não siga as direções do Google Maps.»[11]

---

[9] Cailey Rizzo, «Italian Town Bans Google Maps after Bad Directions Lead to 144 Rescue Missions», *Travel+Leisure*, 15 de outubro, 2019, https://www.travelandleisure.com/travel-news/baunei-sardinia-italy-bans-google-maps/after-tourists-drive-wron-directions.

[10] Julia Buckley, «Mountain Village Begs Tourists Not to Follow Google Maps and Get Stuck», CNN, 15 de outubro, 2019, https://www.cnn.com/travel/article/sardinia-google-maps-tourists-lost-baunei/index.html.

[11] Angela Giuffrida, «Mayor of Sardinian Village Blames Google Maps for Lost Tourists», *Guardian*, 15 de outubro, 2019, https://www.theguardian.com/world/2019/oct/15/sardinian-village-blames-google-maps-lost-tourists.

Dependência letal

Em 2014, a *Vanity Fair* apresentou uma história cativante de William Langewiesche a descrever o acidente do voo Air France 447. Intitulado «O fator humano»[12], o artigo mostrou como a confiança cega na tecnologia resultou numa (potencial) perda desnecessária de vidas. O Air France 447, um *Airbus 330* que ostentava tecnologia recente para restringir os pilotos aos limites das capacidades do avião, descolou sem problemas às 19h29 e sobrevoou a costa brasileira antes de partir em direção ao Atlântico. À medida que o avião se deslocava para o mar, o *cockpit* recebeu uma mensagem dos controladores em Paris: estava a desenvolver-se uma trovoada que se sobrepunha à rota cartografada. Pierre-Cédric Bonin, que pilotava o avião, ficou nervoso, mas o piloto responsável, Marc Dubois, manifestou pouca preocupação.

O avião estava em piloto automático, dirigindo-se para Paris a cerca de 890 mil quilómetros por hora, a 35 mil pés (cerca de 10 700 metros) acima do nível do mar. Estavam prestes a entrar na Zona de Convergência Intertropical, uma área perto do equador onde as trovoadas são comuns. Após terem escapado a algum mau tempo, os pilotos viram-se a braços com uma barreira de cristais de gelo. A turbulência não foi particularmente invulgar, mas os cristais de gelo bombardeavam o para-brisas.

Às 23h10, os tubos pitot do *cockpit* (uma tecnologia que mede a velocidade do ar) falharam, sugerindo que a velocidade do avião tinha diminuído drasticamente. O painel de controlo também deu a entender que o avião tinha perdido um pouco de altitude. O sistema de piloto automático, que exigia dados de velocidade do ar, desativou-se. Soaram os alarmes. Agora os pilotos estavam de facto a pilotar o avião, sem acesso a controlos automatizados.

Bonin puxou imediatamente o avião para cima para ganhar altitude, o que reduziu a velocidade. Um aviso de paragem foi acionado, gerando ainda mais confusão no *cockpit*. À medida que um avião abranda, perde altitude, o que ameaça a sua capacidade de se manter suspenso. Para restabelecer a velocidade necessária para manter a elevação, Bonin teria de baixar o nariz do avião. Mas, sob a pressão do momento, não foi o que escolheu fazer. Em vez disso, continuou a puxar o comando para cima.

O outro piloto, reconhecendo que os indicadores de velocidade estavam a funcionar mal, encorajou Bonin a apontar o nariz do avião para baixo.

---

[12] William Langewiesche, «The Human Factor», *Vanity Fair*, 17 de setembro, 2014, https://www.vanityfair.com/news/business/2014/10/air-france-flight-447-crash.

Apesar de ter respondido «OK, vou apontar para baixo»[13], Bonin apenas diminuiu o ângulo de subida. O avião continuou a perder velocidade.

Eventualmente, os pilotos baixaram o nariz o suficiente para que a subida fosse nivelada. O avião não estava a ganhar altitude nem a perder velocidade. Se tivessem baixado o nariz mais alguns graus, teriam voltado ao ponto de partida. Mas não foi o que aconteceu. Em vez de baixar o nariz do avião, Bonin voltou a puxar os comandos para cima. O avião subiu, gerando uma cacofonia de avisos de paragem no *cockpit*. Os indicadores de velocidade do ar estavam a funcionar. Depois de repetidos alarmes de paragem, o avião parou de subir a 38 mil pés (cerca de 11 500 metros) e começou a cair com o nariz para cima. Iniciou uma descida em espiral em direção ao oceano a 3900 pés (cerca de 1200 metros) por minuto.

Rapidamente desceu para os 35 mil pés (aproximadamente 10 500 metros), tendo aumentado a velocidade da queda para 10 mil pés (cerca de 3 mil metros) por minuto. O nariz estava tão levantado que os computadores começaram a rejeitar os dados como inválidos. Os avisos de alerta pararam. Contudo, quando Bonin tentou apontar o nariz para baixo, os avisos ressoaram, levando-o a puxar novamente para cima. A velocidade da descida aumentou para 15 mil pés (cerca de 4500 metros) por minuto. O avião continuou a mergulhar em direção ao oceano.

Quatro minutos e 20 segundos depois de o indicador de velocidade do ar ter falhado, o voo 447 caiu de barriga no Oceano Atlântico. Os 228 passageiros morreram. Infelizmente, neste caso, as consequências foram letais.

Protocolos e regras

Para além das pessoas que comandam a nossa atenção e da tecnologia que desvia o nosso pensamento, existem regras que gerem o nosso foco e enquadram as nossas decisões. Limitam o que nós e as pessoas à nossa volta podemos fazer, proporcionando-nos uma falsa sensação de segurança. Ao retirar opções da mesa, limitam o nosso foco ao que resta. Uma vez que existem para evitar resultados indesejáveis, tornam-nos demasiado confiantes de que esses resultados foram excluídos com sucesso. As regras, ao que parece, são um meio de integrar os conhecimentos de gestão num conjunto de procedimentos que os empregados são convidados a seguir cegamente.

---

[13] *Idem.*

O *blues* burocrático

De todas as organizações que se encontram toldadas por regras demasiado específicas, a Divisão de Veículos Motorizados (DMV) é a que mais paira na mente de muitos norte-americanos. O norte-americano médio nutre pela DMV tanto respeito como por um agressor sexual racista e traficante de drogas que se esquiva ao pagamento da pensão de alimentos. Visitar a DMV também não é uma experiência particularmente agradável. A maioria dos norte-americanos provavelmente preferiria desvitalizar um dente.

Experimente escrever «DMV horror» ou «DMV *nightmare*» no Google e obterá centenas de milhares de resultados em cerca de meio segundo. Muitos são tão desconcertantes e ridículos que simplesmente não podemos deixar de rir. E todos eles são o resultado de uma dependência excessiva de regras rígidas: máquinas de avaliação da visão avariadas que resultam em pessoas a serem listadas como cegas num sistema governamental oficial; erros tipográficos que não podem ser corrigidos porque o sistema não permite alterações ou confusões burocráticas que enfurecem uns e atribuem a necessidade de medicação para a tensão arterial a outros. Vá ali, traga isto, fale com fulano, preencha este formulário, submeta isso. Se ainda não estiver satisfeito depois de ler alguns destes relatos, vá ao YouTube, escreva «DMV *crazy*», e ser-lhe-ão apresentadas dezenas de milhares de vídeos de pessoas que perdem a compostura perante a frustração causada pela DMV.

Veja-se esta história de uma funcionária que não conseguia ver para lá da cor de um livro que tinha de consultar. A situação teve lugar em abril de 2000[14]. Uma pessoa comprou na Califórnia um carro usado fabricado em 1981. Vivia no Nevada, pelo que foi à DMV local em Henderson para registar o veículo. Chegou preparado com o título assinado na Califórnia, documentação de inspeção, prova de seguro do Nevada e toda a restante documentação preenchida. Para apurar um imposto justo sobre a compra, o Estado do Nevada precisava de determinar o valor de mercado atual do carro. O protocolo da DMV é utilizar o valor estipulado no Kelley Blue Book ou ajustar o preço de venda ao público original para depreciação desde a data de fabrico. Eis o problema: o Kelley Blue Book à disposição da funcionária não tinha valores para modelos de carros que remontam a 1981.

---

[14] Freddy «Tavarish» Hernandez, «Here Are Some of the Most Bizarre DMV Horror Stories Ever», *Jalopnik*, 17 de junho, 2015, http://thegarage.jalopnik.com/here-are-the-some-of-the-most-bizarre-dmv-horror-storie-1711970247.

Logo, a funcionária ficou desorientada, pois seguia cegamente as regras rígidas da DMV. O dono do carro reparou que havia um guia NADA (um manual de estimativas de preços semelhante produzido pela National Automobile Dealers Association, mas que remontava a tempos mais antigos) atrás do balcão e pediu à funcionária que o consultasse. Ela recusou-se a fazê-lo, insistindo que tinha de determinar o valor a partir do *livro azul*[15], e o NADA não era azul. Frustrado, o dono do carro tentou outra via. Explicou que, passados tantos anos, o carro deveria estar completamente desvalorizado, pelo que se ofereceu para pagar a taxa mínima.

A funcionária rejeitou a oferta e sugeriu que o senhor tentasse arranjar os documentos originais da compra. Resposta dele: «O antigo dono já faleceu! Comprei o carro à família! Não tenho qualquer possibilidade de obter essa documentação[16].» Ela não passava dali, insistindo que tinha de ter um valor do livro azul ou o preço original do carro. Afinal, essas eram as regras da DMV. A funcionária concluiu que não havia mais nada que pudesse fazer e sugeriu que o senhor se retirasse, fazendo-o notar que havia outras pessoas à espera. Após um impasse acirrado, finalmente entrou em cena um supervisor que localizou o preço de venda ao público original no guia NADA. Mesmo assim, a funcionária insistiu que não podia utilizar esse valor porque não provinha do *livro azul*. O supervisor explicou que o *livro azul* era uma expressão que utilizavam para os preços dos carros usados porque esse era o livro utilizado com maior frequência. Após várias horas de agitação, a papelada do cliente foi aceite na sua forma original.

Recentemente, Kristen (sim, a minha paciente companheira de cinema do Capítulo 1) e eu deparámo-nos com um conjunto de regras patetas. Saímos com os nossos filhos para jantar cedo, tão cedo que quem não tenha filhos poderia tê-lo confundido com um almoço tardio. O nosso destino era um restaurante italiano relativamente agradável. Estava quase vazio, mas quando pedimos uma mesa para quatro, o simpático anfitrião olhou para baixo para consultar o computador. Dois minutos depois, levantou a cabeça e disse: «Vai demorar cerca de 30 minutos.» A minha mulher e eu rimo-nos. Limitámo-nos a olhar por cima do seu ombro para as três mesas com pessoas e para umas 27 mesas vazias. O meu relógio marcava as 16h20. Trinta minutos mais parecem sete horas quando se tem duas crianças esfomeadas.

---

[15] *Kelley Blue Book*, literalmente, Livro Azul Kelley. [*N. da T.*]

[16] Hernandez, «Here Are Some of the Most Bizarre DMV Horror Stories Ever».

Comecei a dizer «Obrigado, fica para outro dia...», mas a minha mulher não se conteve.

Disse: «Desculpe. Posso estar enganada, mas parece-me que tem mesas livres. Está a contar com que encham por causa das reservas?» (Este comentário não foi tão cínico como possa parecer... Afinal de contas, vivemos num subúrbio de Boston muito orientado para as famílias e as que têm crianças pequenas costumam comer cedo.)

O anfitrião disse que não lhe era permitido sentar mais de 15 pessoas num intervalo de 30 minutos. Apontou então para as 12 pessoas na sala e indicou que iríamos aumentar o número para 16, o que seria contra as regras. Tinha de controlar o ritmo das chegadas para que a cozinha não «ficasse saturada». Quando sugeri que podia considerar duas crianças o equivalente a uma pessoa, inclinou-se e sussurrou: «Não somos esse tipo de restaurante... Não negociamos debaixo da mesa.» O seu empenho no cumprimento das regras levou à situação desconcertante em que quatro comensais famintos foram mandados embora em nome de uma boa experiência gastronómica. As regras rígidas podem exacerbar e intensificar, em vez de mitigar, os próprios riscos que os especialistas estão a tentar minimizar ao impor as normas. A regra do restaurante era provavelmente para assegurar uma boa experiência de jantar, mas em vez disso desagradou a quatro potenciais clientes.

Sistemas doentes

No final de setembro de 2014, Thomas Eric Duncan regressou a casa, em Dallas, vindo de uma viagem à Libéria, epicentro de uma violenta epidemia de ébola[17]. Quando começou a sentir fortes dores abdominais acompanhadas de febre alta, que continuava a subir, ficou preocupado e dirigiu-se ao Hospital Texas Health Presbyterian de Dallas, onde foi submetido a uma série de perguntas e testes diagnósticos simples. Quando lhe mediram a temperatura, registava 39,4 °C[18]. Apesar do frenesim mediático que descrevia a doença de rápida propagação em África e das notícias que dominavam praticamente todos os meios de comunicação social norte-americanos, o ébola não foi

---

[17] «Timeline: How Ebola Made Its Way to the U.S.», NBC News, 2 de outubro, 2014, https://www.nbcnews.com/storyline/ebola-virus-outbreak/timeline-how-ebol-made-its-way-u-s-n216831.

[18] Michael Winter, «Timeline Details Missteps with Ebola Patient Who Died», *USA Today*, 17 de outubro, 2014, https://www.usatoday.com/story/news/nation/2014/10/17/ebola-duncan-congress-timeline/17456825/.

seriamente considerado como uma possível causa dos seus sintomas durante esta primeira visita. O seu historial de viagens não mereceu a devida atenção. Apenas 35 minutos após a leitura do termómetro, os profissionais de saúde mandaram-no para casa, quando a temperatura baixou para os 38,4 °C, tal como indicavam as regras que definiam o procedimento correto.[19]

Mais tarde, regressou ao hospital e foi internado uma segunda vez, agora com a família a dizer que devia ser ébola, pois tinha todos os sintomas. Apesar das evidências, o protocolo hospitalar não ditou uma cautela elevada enquanto não houvesse um diagnóstico confirmado dos laboratórios. E assim, qualquer pessoa nas imediações do doente infetado não estava mais salvaguardado do que se Duncan tivesse uma simples gripe[20].

Finalmente, a Texas Health Resources, a empresa-mãe do hospital, anunciou que Thomas Eric Duncan era o primeiro paciente americano confirmado com ébola. Os americanos de Main Street entraram em pânico juntamente com os de Wall Street. As ações das empresas de cruzeiros e companhias aéreas caíram a pique à medida que aumentava o medo de fazer viagens em espaços confinados. As viagens foram canceladas. O medo era visível[21].

No meio do caos e da confusão, Nina Pham, uma enfermeira de 26 anos que trabalhava na unidade de cuidados intensivos do hospital, foi designada para cuidar de Duncan. Para reduzir o risco de exposição ao vírus mortal, com base no que conseguiu aprender na Internet, vestiu equipamento de proteção, deixando apenas o pescoço e o cabelo expostos. Pouco mais de uma semana depois, Duncan morreu.

Pouco depois disso, Pham acordou com febre, foi internada no hospital e o seu teste ao ébola deu positivo[22]. Ao mesmo tempo, o Centro de

---

[19] *Testimony provided to the US House Energy and Commerce Committee, Subcommittee on Oversight and Investigations*, 113.° Congresso, 2.ª Sessão (16 de outubro, 2014) («Examining the US Public Health Response to the Ebola Outbreak», Daniel Varga, Chief Clinical Officer e Senior Executive Vice President, Texas Health Resources), https://www.govinfo.gov/content/pkg/CHRG-113hhrg93903/html/CHRG-113hhrg93903.htm.

[20] Divvy Upadhyay, Dean F. Sittig e Hardeep Singh, «Ebola US Patient Zero: Lessons on Misdiagnosis and Effective Use of Electronic Health Records», *Diagnosis* 1, n.° 4 (23 de outubro, 2014): 283, https://www.ncbi.nlm.nih.gov/pmc/articles/PMC4687403/.

[21] Abigail Stevenson, «The Market and Fear of Ebola: Cramer Weighs In», CNBC, 13 de outubro, 2014, https://www.cnbc.com/2014/10/13/the-market-and-fear-of-ebola-cramer-weight-in.html.

[22] Jason Sickles, «Nina Pham Identified as Dallas Nurse Diagnosed with Ebola», Yahoo! News, 13 de outubro, 2014, https://news.yahoo.com/nina-pham-identified-as-dallas-nurse-with-ebola-165521689.html.

Controlo de Doenças (CDC) dos EUA estava a monitorizar outra enfermeira, Amber Vinson, que, juntamente com Pham, tinha tratado de Duncan durante a doença; tinha-lhe inclusivamente colocado um cateter durante um episódio de vómitos violentos e diarreia incontrolável. Como resultado de estar em estreito contacto direto com dois doentes confirmados de ébola, foi pedido a Vinson que se apresentasse ao CDC duas vezes por dia.

Durante uma viagem a Cleveland, Vinson começou a ter sintomas ligeiros de febre. De acordo com o protocolo do CDC, era necessário que contactasse o Centro antes de embarcar em qualquer voo, por isso, antes de regressar a Dallas, ligou para o CDC. O representante perguntou a Vinson a sua temperatura. Ela informou que estava com 37,5 °C. A regra era não viajar a partir dos 38 °C. Como resultado, Vinson foi autorizada a embarcar no voo 1143 da Frontier Airlines, juntamente com 132 passageiros desprevenidos. Menos de 30 horas após o embarque nesse voo, Vinson foi diagnosticada com ébola[23].

Recordemos que foi pedido a Vinson que contactasse o CDC duas vezes por dia precisamente porque tinha sido exposta a duas pessoas infetadas com ébola. Definitivamente, o representante do CDC podia ter-lhe pedido que ficasse onde estava por mais 24 horas para ver se a sua temperatura estava a subir ou a descer. No entanto, o foco na temperatura corporal cegou o agente para o contexto que, mais que obviamente, exigia uma cautela extraordinária.

Nina Pham e Amber Vinson recuperaram do ébola. No entanto, devido a um desajuste entre as regras e a situação em causa, contraíram a doença mortal sem necessidade e, igualmente de modo evitável, expuseram desnecessariamente outras pessoas a um risco elevado de a contraírem. O sistema foi concebido precisamente para evitar este risco, mas falhou porque o julgamento e o bom senso foram ultrapassados pela adesão a um protocolo rigoroso.

Externalizar o pensamento e a atenção

A quantidade astronómica de escolhas na sociedade moderna aumentou a pressão para focar e filtrar. Realisticamente, na hora de escolher, recorremos às opiniões de peritos ou amigos, seguimos regras de conduta, usamos

[23] Amy Davidson Sorkin, «Amber Vinson's Flight: An Ebola Nurse and the CDC», *New Yorker*, 16 de outubro, 2014, https://www.newyorker.com/news/amy-davidson/amber-vinson-ebola.

algoritmos de recomendação — qualquer tipo de filtro que pensamos que nos ajudará a fazer uma escolha acertada. «Nunca ninguém foi despedido por comprar IBM», diz o cliché corporativo de TI. Mesmo que o sistema IBM falhe, a culpa é da IBM, não nossa, uma vez que toda a gente escolhe IBM. Como escreveu Keynes, «a sabedoria popular ensina que é melhor falhar convencionalmente do que ser bem-sucedido de forma não convencional»[24].

Fazer escolhas convencionais minimiza as hipóteses de arrependimento (e pode proteger a nossa carreira), mesmo que não seja a melhor opção, dadas as nossas necessidades. Mas no processo de seleção, muitas vezes cedemos o poder de filtragem de maneiras para as quais não estamos atentos. O enquadramento das nossas decisões é definido por terceiros e esquecemo-nos de nos mantermos a par das opções e fatores que ignoramos, abrindo assim caminho a riscos desnecessários e oportunidades perdidas. Estamos mal equipados para notar quando estamos a ser mal orientados pelos nossos filtros, uma vez que são eles que nos definem o próprio horizonte de perceção. A solução é dar um passo atrás e perguntar: o que é que estou a perder quando reduzo o conjunto de opções?

Temos de reaprender a pensar por nós próprios. Isto não significa que não possamos confiar em terceiros — a vida de hoje é claramente demasiado complexa para não o fazer. Mas significa que devemos estar atentos quando o fazemos. A confiança cega é uma receita para a desilusão.

---

[24] John Maynard Keynes, *The General Theory of Employment, Interest and Money* (Nova Deli: Atlantic Publishers & Distributors, 2008), 141.

PARTE 2

AS RAMIFICAÇÕES

A vida é complexa, e não há maneira de alguém poder saber tudo. O volume de informação disponível ao nosso alcance é avassalador, o que nos leva a recorrer a especialistas e tecnologias que se oferecem para superar a nossa ansiedade de escolha e o medo de estarmos a perder alguma coisa. Infelizmente, a própria natureza da especialização — em todas as suas formas — privilegia a profundidade limitada em detrimento da amplitude. Uma das consequências é a especialização generalizada, que leva a um pensamento compartimentado e a um foco cego que muitas vezes provoca os próprios resultados que procuramos evitar. À medida que desenvolvemos uma dependência da visão especializada, falhamos em pensar por nós próprios ao seguir obedientemente as orientações oferecidas.

CAPÍTULO 3

A promessa e os perigos da focalização

Em face do dilúvio de dados, da imensidão de escolhas e do medo constante de não tomarmos a decisão perfeita, não é de estranhar que nos tenhamos lançado nos braços de peritos, tecnologia e protocolos. Há um certo conforto na externalização do nosso pensamento e a crença (esperança?) de que aqueles que sabem mais nos guiarão para escolhas otimizadas. Aqueles que se dedicam à nossa área de interesse saberão obviamente mais sobre a decisão que precisamos de tomar do que nós, por isso, porque não transferirmos para eles a decisão?

Vamos parar e pensar por momentos sobre o foco. Quem não aprecia e elogia a capacidade de foco? É a chave para fazer com que as coisas sejam realizadas. É o que nos permite ultrapassar a vontade de procrastinar, o fascínio do YouTube e as constantes distrações dos colegas, amigos e família. (Com efeito, ao digitar este parágrafo, tenho o Microsoft Word configurado para o modo de concentração, para não ver mais nada a não ser o texto que estou a digitar.) Na sociedade complexa de hoje, com informações e mensagens que nos bombardeiam constantemente, o foco é uma tábua de salvação. O foco parece ser a chave para lidar com a vida no século XXI.

O encantamento do foco

No entanto, há desvantagens significativas para os atuais níveis sem precedentes de *zoom*. Ao focarmo-nos, filtramos, e por isso ignoramos. Ao focarmo-nos descuidadamente, cegamo-nos a riscos e oportunidades. Para restaurar a autossuficiência no século XXI, precisamos de estar atentos ao nosso foco. A focalização é uma variável que precisa de ser gerida intencionalmente, tal como o tempo e o dinheiro. E devemos lembrar-nos de que focar significa ignorar, porque, com atenção limitada, uma alocação total num só domínio significa atenção insuficiente nos restantes. Os investigadores confirmaram que quanto mais intensamente nos concentramos em algo, mais provável é que ignoremos qualquer coisa que não seja imediatamente relevante para esse foco[1]. Chamam a isto cegueira por falta de atenção (*inattentional blindness*).

Naquela que foi talvez a mais famosa das experiências de investigação, os psicólogos Christopher Chabris e Daniel Simons elaboraram um vídeo de dois grupos de pessoas que caminhavam num padrão caótico e passavam bolas de basquete umas para as outras[2]. Uma equipa usava camisolas brancas, a outra usava pretas. O teste requeria que os participantes contassem o número de vezes que uma bola de basquetebol era passada entre jogadores que usavam camisolas brancas, no meio de vários jogadores que usavam camisolas pretas. A maioria dos participantes do estudo foi bastante precisa, o que significa que acertaram no número de passes com uma margem de erro de um ou dois. Mas esse não era o objetivo da experiência. Os psicólogos não estavam efetivamente interessados na capacidade que as pessoas tinham de contar os passes; pelo contrário, os passes destinavam-se a captar a atenção dos participantes. E a maioria dos participantes mordeu o isco. Concentraram-se na bola.

O verdadeiro tema do estudo era investigar se as pessoas podem «ficar cegas» em consequência do foco de atenção. Neste caso, foi o que aconteceu a cerca de metade dos participantes. A meio do vídeo, uma estudante vestida de gorila entra em cena. Detém-se no meio dos atores, enfrenta a câmara, bate no peito e depois sai de cena. O gorila fica na imagem durante pouco menos de dez segundos.

Terminado o vídeo, os investigadores perguntam aos participantes quantos passes observaram e se notaram algo de anormal na cena. Perguntam mesmo se houve outros intervenientes. Eventualmente, interrogam se havia um gorila no meio dos jogadores enquanto estes passavam a bola. Cerca de

---

[1] Eviatar Zerubavel, *Hidden in Plain Sight: The Social Structure of Irrelevance* (Oxford: Oxford University Press, 2015).

[2] Daniel Simons e Christopher Chabris, «Selective Attention Test», YouTube, 1999, 1h21, https://www.youtube.com/watch?v=vJG698U2Mvo.

metade das pessoas a quem é feita esta pergunta responde com choque e admiração. É verdade, cerca de 50% das pessoas não veem o gorila. (Quando vi o vídeo pela primeira vez, também não reparei.)

Mas que diabo está a acontecer? Metade das pessoas não vê um gorila que entra em cena, para, olha para eles, bate no peito e depois sai a andar? A sério?

Sim, a sério.

Ao concentrarem-se intensamente no número de passes e ao dedicarem a sua atenção à contagem dos mesmos, os sistemas cognitivos e visuais têm pouca capacidade de observar coisas inesperadas. Lembra-se da minha sugestão de que a focalização nos ajuda a ignorar? Bem, foi exatamente isso que aconteceu nestas experiências. O foco intenso na contagem de passes levou a ignorar o gorila.

Estas descobertas têm sido replicadas globalmente por dezenas de equipas de investigação que realizam experiências semelhantes em pessoas de todos os estratos sociais. Cerca de metade não consegue ver o gorila. Os seres humanos aparentam ter uma certa dose limitada de atenção, e se a ocupam, não sobra nenhuma. Como observou o sociólogo francês Émile Durkheim, «Concentrar a mente num pequeno número de objetos cega-a a um maior número de outros»[3].

Chabris e Simons introduziram mais tarde uma alteração nos vídeos. Queriam testar a hipótese de que temos um fluxo fixo de atenção e explorar as implicações dessa teoria na realização de múltiplas tarefas ao mesmo tempo («*multitasking*»). Pediram aos participantes do estudo que separassem o número de passes aéreos do número de passes com ressalto, o que significava que os participantes tinham de manter duas contagens em funcionamento durante toda a sua observação. Os resultados falam por si. A atenção adicional que a tarefa exigiu fez com que mais pessoas não vissem o gorila — cerca de 70%. Resumindo: mais atenção, mais ignorância, mais cegueira.

Uma nota secundária interessante prende-se com o facto de a capacidade de *multitasking* poder diferir com base no género. Um estudo publicado na revista *BMC Psychology* revelou que os homens eram mais lentos e menos organizados do que as mulheres quando alternavam rapidamente entre tarefas[4]. O estudo comparou mulheres e homens em dois testes. Um comparou

---

3 Émile Durkheim, *Sociology and Philosophy* (Nova Iorque: Routledge, 2010), 21.

4 Gijsbert Stoet, Daryl B. O'Connor, Mark Conner e Keith R. Laws, «Are Women Better than Men at MultiTasking?», *BMC Psychology* 1 (24 de outubro, 2013), https://bmcpsychology.biomedcentral.com/articles/10.1186/2050-7283-1-18.

120 mulheres e 120 homens num teste de computador que implicava alternar entre tarefas que envolviam contagem e reconhecimento de formas e mostrou que os homens eram significativamente mais lentos do que as mulheres quando as tarefas eram misturadas. O segundo teste deu a 47 homens e a 47 mulheres oito minutos para completar uma série de testes *multitasking* de papel e lápis mais relevantes para a vida quotidiana (por exemplo, localizar restaurantes num mapa, atender um telefonema, encontrar uma chave perdida) e mostrou que as mulheres eram mais organizadas sob pressão.

Quando partilhei este facto com a minha mulher, ela riu-se e disse: «Mas não sabias?», enquanto planeava as atividades dos nossos filhos para a semana toda, geria um grupo de trabalho de 40 pessoas por mensagens de texto, tratava dos vistos para três dos seus empregados estrangeiros e coordenava pormenores de um projeto de construção multimilionário. Bem vistas as coisas, porém, homem ou mulher, parece que o melhor seria não tentarmos distribuir a nossa atenção limitada entre múltiplas tarefas ao mesmo tempo. Estima-se que apenas 2% das pessoas o possam fazer sem um declínio no desempenho[5]. Mas *multitasking* ou não, a realidade fundamental é que, à medida que nos concentramos intensamente, ignoramos intensamente. No domínio da saúde, isto pode levar profissionais médicos bem-intencionados a quebrar o Juramento de Hipócrates.

Problemas de PSA

Vejamos agora a saúde da próstata e o foco da comunidade médica no antigénio específico da próstata (PSA). O teste do PSA é um simples teste sanguíneo que algumas pessoas creem identificar o cancro da próstata anos antes de este poder ser detetado de outra forma. Comparado com um exame retal digital, em que um médico introduz o dedo no reto de um homem para sentir diretamente a próstata, o teste do PSA oferece menos desconforto, bem como o Santo Graal da medicina preventiva — deteção precoce. É compreensível que o teste do PSA tenha tido tanto sucesso. Além de ser menos invasivo, permitiu aos médicos e aos pacientes concentrarem-se numa variável: o valor do PSA. Não tardou a que toda a atenção fosse canalizada para esta variável supostamente preditiva, diminuindo o foco noutras considerações importantes.

---

[5] Garth Sundem, «This is Your Brain on Multitasking», *Psychology Today*, 24 de fevereiro, 2012, https://www.psychologytoday.com/us/blog/brain-trust/201202/is-your-brain-multitasking.

Contudo, eis o problema. Ao identificar o cancro da próstata até 11 anos antes de poder ser detetado, o teste do PSA levou a biópsias invasivas com riscos e efeitos secundários indesejados. Para muitos, o tratamento foi pior do que a doença. O foco na deteção precoce levou a muitos mais casos a serem identificados e, uma vez identificado o cancro da próstata, a maioria dos doentes quer tratá-lo de imediato. A abordagem do tipo «vigiar e esperar» é psicologicamente desafiante, especialmente dadas as inúmeras histórias de como a deteção precoce pode salvar vidas.

Em *Overdiagnosed: Making People Sick in the Pursuit of Health*, os médicos H. Gilbert Welch, Lisa Schwartz e Steven Woloshin dão provas documentadas significativas de que o diagnóstico do cancro da próstata tem estado diretamente relacionado com os esforços para o encontrar[6]. Mais testes do PSA, mais biópsias. Mais biópsias, mais cancro. Mais cancro, mais tratamentos. Quanto mais nos concentramos em encontrar algo, mais o encontramos. E (surpresa!) também nos tornamos cada vez mais cegos às contrapartidas dos tratamentos.

Mas as contrapartidas dos diagnósticos excessivos são muito concretas: «Todos conhecem o benefício potencial do rastreio do cancro: pode evitar-se a morte por cancro. Relativamente poucos compreendem o mal mais provável: pode ser diagnosticado e tratado por um cancro que não o iria chegar a incomodar.»[7] As desvantagens do tratamento excessivo podem ser bastante significativas.

No seu livro *Less Medicine, More Health*, Welch explica que podemos pensar na variedade de cancros como uma quinta de coelhos, tartarugas e pássaros[8]. Os coelhos estão prontos para saltar e fugir a qualquer momento: queremos apanhá-los antes que escapem. Os coelhos são os cancros potencialmente letais, que podem ser detidos por um tratamento precoce. Os cancros mais agressivos são como aves: enquanto os procuramos, já eles fugiram e não há muito que possa ser feito. Os restantes são como tartarugas que não vão a lado nenhum. As tartarugas são os cancros indolentes e não letais. O rastreio precoce ajuda com os coelhos, mas não com as tartarugas (que têm uma baixa probabilidade de serem ameaçadoras) ou com as aves

---

[6] H. Gilbert Welch, Lisa Schwartz e Steven Woloshin, *Overdiagnosed: Making People Sick in the Pursuit of Health* (Boston: Beacon Press, 2011).

[7] *Idem.*

[8] H. Gilbert Welch, *Less Medicine, More Health: 7 Assumptions That Drive Too Much Healthcare* (Boston: Beacon Press, 2015).

(que provavelmente não poderão ser tratadas). Os diferentes cancros têm diferentes proporções de coelhos, tartarugas e aves.

A maioria dos cancros da próstata tende a ser «tartaruga», o que significa que o rastreio revela muitos deles, mas este diagnóstico não salva muitas vidas. Consideremos alguns factos básicos: a probabilidade de morte por cancro da próstata é de aproximadamente 3% e a média de idades das pessoas que morrem devido a este tipo de doença é de aproximadamente 80 anos. A probabilidade de ser diagnosticado com cancro da próstata, contudo, é de aproximadamente 16%, e a média de idades destas pessoas é de aproximadamente 69 anos. É evidente que há um desfasamento. Muitos dos cancros que estão a ser identificados não têm realmente importância. Welch e colegas concluem: «A forma mais rápida de ter um cancro da próstata é fazer um rastreio para o detetar.»[9] É aí que reside o problema. *Em muitos casos, o rastreio e a identificação do cancro da próstata não são úteis.* Muitos dos homens a quem é diagnosticado cancro da próstata acabam por morrer de alguma outra causa. Tendo em conta este facto, serão os custos de prosseguir um tratamento e os riscos de efeitos secundários, tais como impotência e incontinência, superiores ao benefício incerto?

Num dos artigos mais interessantes e persuasivos que li sobre este tema, um grupo de investigadores publicou um estudo na *European Urology* sobre a prevalência do cancro da próstata em homens que morreram em acidentes em Detroit[10]. Basicamente, estudaram casos de homens que tinham morrido por razões efetivamente aleatórias, o que confere à sua investigação um poder tremendo. O estudo revelou que os índices de cancro da próstata aumentam com a idade de uma forma quase linear. Entre os homens na casa dos 20 anos, 9% tinham cancro da próstata, 40% dos que estavam na casa dos 40 e mais de 80% dos que estavam na casa dos 70. Mas o simples facto de ter cancro pode não ser relevante. Na realidade, os dados parecem sugerir que a maioria dos homens morre *com* cancro da próstata; são muito poucos, porém, os morrem *por causa* disso.

Além disso, há provas significativas de que o nosso empenho no rastreio e identificação precoce resultou em esforços mais agressivos de procura do cancro. Embora as biópsias à próstata normais envolvessem seis agulhas e seis amostras, foram realizados estudos utilizando 11, 12 e 13 amostras.

---

[9] Welch, Schwartz e Woloshin, *Overdiagnosed*, 47.

[10] Wael Sakr *et al.*, «Age and Racial Distribution of Prostatic Intraepithelial Neoplasia», *European Urology* 30 (1996): 138–144.

Adivinhe o que foi identificado como resultado desta pesquisa mais ativa... mais cancro da próstata. De facto, um estudo levou pacientes que tinham sido considerados livres de cancro após três biópsias diferentes e submeteu-os a biópsias de saturação envolvendo 32 amostras de agulhas simultâneas — o que resultou em *14% dos indivíduos que tinham sido considerados livres de cancro a serem diagnosticados com cancro da próstata*[11].

Os autores de *Overdiagnosed* acreditam que mais de um milhão de homens foram sobrediagnosticados e sujeitos à ansiedade de ter cancro. Welch, Schwartz e Woloshin estimam que, por cada homem que beneficia do rastreio por assim evitar a morte devido a um cancro da próstata, aproximadamente entre 30 e 100 são prejudicados pelo sobrediagnóstico e tratados desnecessariamente[12].

Permitam-me que repita, para que o vosso foco na leitura não vos cegue e filtre este facto chocante. Por cada tratamento necessário, algures entre 30 e 100 homens são tratados *desnecessariamente*. Tudo devido a um enfoque desproporcionado no rastreio e no diagnóstico precoce.

O cientista responsável pela descoberta do PSA, o Dr. Richard Ablin, escreveu um artigo de opinião intitulado «The Great Prostate Mistake» em 2010[13]. Ablin afirmou sem rodeios que o «teste dificilmente é mais eficaz do que uma moeda atirada ao ar... e não consegue distinguir entre os dois tipos de cancro da próstata — aquele que vai matar o paciente e o que não o fará»[14].

O texto de Ablin no *New York Times* foi tão amplamente discutido que o autor abordou o tema numa publicação à escala de um livro intitulada *The Great Prostate Hoax*[15]. Ablin diz que o livro é um pedido de desculpas a todos os homens que se submeteram a procedimentos desnecessários e que atualmente sofrem efeitos secundários resultantes da importância dada ao teste do PSA. Ele afirma que a sua descoberta arruinou casamentos por causar impotência desnecessária, diminuiu a autoestima de muitas pessoas por provocar incontinência evitável e resultou em milhões de decisões que implicaram ansiedade, cicatrizes psicológicas indeléveis e estados emocionais

---

[11] Welch, Schwartz e Woloshin, *Overdiagnosed*.

[12] *Idem*.

[13] Richard Ablin, «The Great Prostate Mistake», *New York Times*, 9 de março, 2010, https://www.nytimes.com/2010/03/10/opinion/10Ablin.htm.

[14] *Idem*.

[15] Richard Ablin, *The Great Prostate Hoax: How Big Medicine Hijacked the PSA Test and Caused a Public Health Disaster* (Nova Iorque: St. Martin's Press, 2014).

de fragilidade, tudo isto por uma decisão sobre o que fazer em relação a algo que podia não ter importância.

Como é que isto aconteceu? Como nos tornámos excessivamente dependentes de um indicador tão específico que pode afetar tantas vidas? Pegámos num processo simples que começou com sintomas (ou seja, havia um problema que causava preocupação) e tentámos preveni-lo com um rastreio preditivo. A comunidade médica tornou-se tão focada na identificação precoce do cancro da próstata que não teve adequadamente em conta a potencial irrelevância de muitos dos cancros identificados. Estavam tão concentrados em apanhar os animais que tentavam escapar da quinta que não se aperceberam de que muitos eram tartarugas que nunca teriam conseguido escapar. É evidente que, ocasionalmente, o sistema apanhava um coelho, mas apenas numa proporção de entre 1 e 3% dentre todos os animais apanhados[16].

E se o teste de PSA fosse utilizado apenas como inicialmente fora previsto — para monitorizar o progresso de um cancro previamente identificado devido aos sintomas que causou ou às anomalias físicas que produziu? Ao concentrarmo-nos estritamente nos testes, perdemos o contacto com o que é medicamente prudente. «Ter cancro» não é importante, a menos que o próprio cancro seja importante. Tratar desnecessariamente homens com cancro da próstata impõe determinados custos com a possibilidade incognoscível de um ganho potencial.

Médicos e pacientes devem concentrar-se menos num indicador isolado como o valor do PSA e pensar mais holisticamente sobre a saúde, a vida e o risco de complicações de qualquer potencial tratamento. O problema fundamental é que a profundidade do foco está a impedir-nos de ter uma perspetiva mais ampla. O bom senso dita que devemos ter em consideração o contexto, mas tal como foi demonstrado pelo gorila no meio dos basquetebolistas, o foco cega-nos. Leva-nos a perder aquilo que está diretamente à frente dos nossos olhos; neste caso, menos pode, de facto, ser mais.

Disparates burocráticos

O foco leva-nos a seguir cegamente os protocolos prescritos pelos líderes em todo o tipo de organizações. Um foco alargado que permita aos gestores melhorar a eficiência da equipa não é necessariamente desfavorável. Permite

---

[16] Welch, Schwartz e Woloshin, *Overdiagnosed*, 59–60.

tomadas de decisão consistentes, processos escaláveis e um controlo administrativo. Mas um compromisso inabalável com estes sistemas, sejam eles incorporados na tecnologia ou manifestados através de regras, pode triunfar sobre o bom senso, por vezes até de forma cómica. Um empregado focado de modo irrefletido no sistema e nas suas exigências pode funcionar no sentido contrário ao da missão principal da organização.

O absurdo de um elevado número situações burocráticas enervantes pode muitas vezes ser descrito pelo Princípio de Peter, a teoria apresentada pelo Dr. Laurence J. Peter e Raymond Hull em 1969[17]. Peter e Hull postulam que a decisão de promover um funcionário se baseia de forma pouco salutar no modo como essa pessoa desempenha o trabalho atual. Não será melhor avaliar até que ponto o empregado pode vir a ter um bom desempenho no trabalho para o qual está a ser promovido? A dinâmica do Princípio de Peter leva as pessoas a serem promovidas não para o trabalho ideal para elas, mas para o nível seguinte, a que Peter e Hull chamam o seu «nível de incompetência». Uma vez que as pessoas só param de ser promovidas quando têm um mau desempenho no trabalho atual, os sistemas burocráticos acabam por se tornar povoados por pessoas em posições para as quais não têm competências e nas quais demonstraram incapacidade de fazer bem o trabalho exigido. Se fossem competentes no cargo ou pudessem desempenhar bem o trabalho, teriam sido promovidas. Uma vez que esse indivíduo atinja o seu nível de incompetência, permanece no cargo para o resto da sua carreira.

Porque é que continuamos a promover as pessoas para lá dos seus níveis de competência? Os responsáveis pela avaliação dos funcionários concentram-se demasiado no sucesso (ou na falta dele) do desempenho das funções atuais e não em imaginar ou prever como esses mesmos funcionários se adaptariam ao cargo a que estão a ser promovidos. Da mesma forma, alguém que seja menos vocacionado para a posição que ocupa no presente pode ser ignorado na hora de ocupar um cargo para o qual poderia ser a pessoa ideal. Desenvolvemos competências para ter sucesso no trabalho que fazemos, mas normalmente não pensamos em desenvolver competências para a posição para a qual estamos a ser promovidos. Assim, os departamentos de recursos humanos e os programas de formação poderiam (e deveriam) pensar nas competências de que as pessoas necessitarão no próximo cargo, e não naquele em que se encontram atualmente.

---

[17] Laurence J. Peter e Raymond Hull, *The Peter Principle: Why Things Always Go Wrong* (Nova Iorque: Harper Business, 2009).

Um exemplo do Princípio de Peter em ação manifestou-se durante o Furacão Katrina, em 2005. A resposta da Agência Federal de Gestão de Emergências (FEMA) à crise humanitária em Nova Orleães foi tão fraca que o Congresso dos EUA realizou uma investigação sobre a série de percalços que ocorreram durante as operações. Tornou-se evidente que parte do problema era a falta de experiência e capacidades dos que ocupavam posições de liderança. O líder da FEMA tinha-se distinguido como comissário de juízes da Associação Internacional do Cavalo Árabe. Considerado um profissional competente nesse domínio, foi promovido a um cargo com maiores responsabilidades: diretor da FEMA. Dadas as competências necessárias para coordenar uma resposta federal de emergência entre diferentes agências, autoridades legais, geografias e jurisdições, teria sido possível prever que o novo chefe da FEMA não iria ter capacidade para lidar com tal sobrecarga?

Fundamentalmente, o Princípio de Peter baseia-se no foco. Trata-se de como os gestores tendem a concentrar-se demasiado na forma como uma pessoa está a fazer no seu trabalho atual, como meio de avaliar o seu potencial para o trabalho seguinte. Mas quando paramos para pensar, isso não faz muito sentido. Os critérios de avaliação devem ser baseados nos papéis futuros. Isso pode significar que algumas pessoas que estão a ter um desempenho fraco na posição atual podem florescer se forem promovidas.

Carteiras *versus* pessoas

Dada a lendária capacidade da indústria dos jogos de azar para gerir a nossa atenção quando entramos num casino, é interessante notar como o extremo enfoque num único objetivo levou uma das maiores empresas de jogo do mundo a perder aquele que pode ter sido o maior desenvolvimento na história do sector — a abertura de mercados asiáticos gigantescos a empresas de jogo mundiais.

Para ilustrar como a diferença de perspetiva gerou resultados extremamente divergentes, consideremos as abordagens estratégicas adotadas pelas chefias da Harrah's Entertainment (mais tarde rebatizada Caesar's Entertainment) e da Las Vegas Sands. Em 2005, a Harrah's era uma das maiores empresas de jogos do mundo e possuía propriedades icónicas em Las Vegas, como o Caesars Palace, o Harrah's Las Vegas, o Rio e o Paris Las Vegas. Paralelamente, a Las Vegas Sands era proprietária do Venetian e tinha acabado de abrir uma propriedade em Macau, na China. Gary Loveman, ex-professor da Harvard Business School, dirigia a Harrah's; um empresário duro e ambicioso, Sheldon Adelson, dirigia a Las Vegas Sands. Loveman concentrou-se nos clientes preexistentes da Harrah's, enquanto Adelson adotou uma visão mais ampla na busca de futuros clientes.

Escrevi a minha tese de doutoramento sobre a Harrah's Entertainment e a sua meticulosa atenção ao serviço ao cliente[18]. Eles sabiam como diferenciar o tratamento entre dezenas de milhões de clientes no programa de fidelidade Total Rewards. Loveman tinha estudado a indústria retalhista e desenvolvido uma estratégia focada: em vez de gastar muito dinheiro a atrair novos clientes com espetáculos extravagantes e instalações grandiosas, orientou o foco da sua organização para a extração do máximo de dinheiro possível das carteiras dos clientes já existentes. Planeavam conquistar a lealdade dos melhores clientes, tratando-os excecionalmente bem. Todos, desde os funcionários da receção dos hotéis aos empregados que contam o dinheiro nos casinos e chefes de caixa, aprenderam a diferenciar os clientes, consoante o seu grau de lealdade. O foco de Loveman funcionou bem; o desempenho foi tão notável que chamou a atenção de empresas de *private equity*, o que levou à privatização da empresa em 2007.

Entretanto, Adelson prosseguiu uma estratégia totalmente diferente, centrada no aumento do número de clientes. Não estava preocupado em extrair o máximo de valor possível das carteiras dos clientes que já tinha. Em vez disso, procurou aumentar o número de pessoas que passavam pelos seus casinos. Com esta estratégia em mente, Adelson concentrou-se em conseguir convencer os participantes de convenções a entrar nas suas propriedades, por oposição a conservar os mesmos leais — e, por vezes, desesperadamente viciados — jogadores. Adelson também procurou além-fronteiras e foi atraído para os mercados asiáticos quando estes se abriram a empresas de jogo estrangeiras. Licitou e ganhou concessões para desenvolver casas de jogo em Macau e Singapura.

Avancemos no tempo. A Harrah's passou por uma reorganização após um processo de falência e mudou de nome para Caesar's Entertainment. É certo que a falência foi, em grande parte, impulsionada pela carga de

---

[18] Vikram Mansharamani, «Scale and Differentiation in Services: Using Information Technology to Manage Customer Experiences at Harrah's Entertainment and Other Companies» (tese de doutoramento, MIT, fevereiro de 2007), https://dspace.mit.edu/handle/1721.1/39479.

dívida paralisante que a empresa adquiriu durante um *leveraged buyout*[19] de luxo (aquisição de luxo com recurso ao endividamento), mas não ter aproveitado as enormes oportunidades de crescimento na Ásia também não ajudou. Quanto a Sheldon Adelson, tornou-se um dos homens mais ricos do planeta.

Embora existam muitos motivos para que tal tenha acontecido, uma explicação particularmente poderosa provém das diferentes abordagens adotadas pelas duas empresas. Enquanto a Caesar's se concentrou intensamente no aumento da sua quota-parte das carteiras dos clientes, a Las Vegas Sands preferiu ganhar acesso a milhões de novas carteiras. Em 2005, o maior mercado de jogos do mundo era Las Vegas. Atualmente, os mercados asiáticos são muitas vezes superiores ao de Las Vegas. Poderá o foco intenso nos clientes preexistentes que Loveman e a equipa da Caesar's adotaram tê-los cegado para as oportunidades asiáticas em expansão? A abordagem aparentemente menos focada de Adelson permitiu à sua equipa identificar uma oportunidade gigantesca e aproveitá-la.

Cegos pelo foco

Muito embora a gestão do foco seja importante, também é necessário perceber que aqueles em cuja opinião confiamos tendem a operar dentro da sua própria área de especialização. Como tal, precisamos de estar conscientes das limitações do aconselhamento e da orientação que eles fornecem. Mais a mais, infelizmente, pesquisas recentes mostram que os peritos fazem previsões menos precisas do que os não-especialistas na sua área de conhecimento. Ao longo de décadas, o cientista social Philip Tetlock pediu a peritos que fizessem previsões, voltando depois a elas para verificar como se tinham saído. O que descobriu é simultaneamente contraintuitivo e extremamente revelador. Ao comparar o sucesso dos peritos com o dos não-especialistas, fossem estes conhecedores esclarecidos ou mal informados, bem como com modelos estatísticos simples, Tetlock descobriu que os peritos não se saíram muito melhor do que os não especialistas, e todos eles perderam relativamente aos modelos simples[20].

---

19 Consiste na aquisição de uma empresa utilizando, na sua maioria, instrumentos de dívida para financiar a operação. [*N. da T.*]

20 Philip Tetlock, *Expert Political Judgment: How Good Is It? How Can We Know?* (Princeton, NJ: Princeton University Press, 2005).

Quanto mais procurados eram os peritos, mais convictos se tornavam. Tetlock descobriu, inclusivamente, que os amadores faziam melhores previsões, apesar de estarem menos convictos na sua infalibilidade do que os peritos profissionais muito confiantes. Sim, é verdade. *O foco aumenta a confiança, ao mesmo tempo que turva o julgamento.* Talvez a explicação do Princípio de Peter, de Peter e Hull, esteja correta: terão muitos dos peritos atingido o seu nível de incompetência, justificando-se assim que os seus conselhos sejam disparatados ou irrelevantes?[21]

Os exemplos compilados por Christopher Cerf e Victor Navasky em *The Experts Speak: The Definitive Compendium of Authoritative Misinformation* levam-nos num passeio lúdico na companhia de especialistas e a sua confiança injustificada[22]. A *Business Week* publicou, a 2 de novembro de 1929, que a queda de Wall Street não levaria a uma depressão porque a economia estava «mais forte do que nunca»[23]. Ken Olsen, presidente da Digital Equipment Corp, declarou em 1977: «Não há qualquer motivo para cada pessoa ter um computador em sua casa.»[24] Jeff Jacoby, numa reflexão no *Sunday Globe* de Boston sobre previsões falhadas, recomenda: «Pessoas excecionalmente inteligentes estão a preparar-se para vos dizer o que pensar. Ouçam-nas, se quiserem, mas lembrem-se: há uma grande possibilidade de estarem erradas.»[25] Recordemos que Steve Ballmer, na altura CEO da Microsoft, se riu do *iPhone* quando este foi lançado: «É o telefone mais caro do mundo e não agrada aos clientes empresariais porque não tem teclado!»[26]

Tal como um foco estreito pode sair caro, também a mudança de foco pode ter um lado positivo significativo. De facto, uma perspetiva externa

---

[21] Peter e Hull, *Peter Principle*, 57.

[22] Christopher Cerf e Victor Navasky, *The Experts Speak: The Definitive Compendium of Authoritative Misinformation* (Nova Iorque: Pantheon, 1984).

[23] «A Historical Perspective of Businessweek, Sold to Bloomberg», *Talking Biz News*, 13 de outubro, 2009, https://talkingbiznews.com/they-talk-biz-news/a-historical-perspective-of-businessweek-sold-to-bloomberg/.

[24] Ken Olsen, comentários ao encontro da World Future Society de Boston em 1977, tal como citado por David Mark, «Digital Equipment Corporation-PCs», http://www.maynardlifeoutdoors.com/2020/01/digital-equipment-corporation-pcs.html.

[25] Jeff Jacoby, «The Gurus Got It Wrong Last Year. They'll Get It Wrong This Year, Too», *Boston Globe*, 29 de dezembro, 2016, https://www.bostonglobe.com/opinion/2016/12/29/the-gurus-got-wrong-last-year-they-get-wrong-this-year-too/UWvC5rsO8jri-ZnwShwe01L/story.html.

[26] Sander Duivestein, «Steve Ballmer Laughs at the iPhone», YouTube, 6 de julho, 2011, 0h44, https://www.youtube.com/watch?v=qycUOENFIBs.

pode muitas vezes ser benéfica no mundo empresarial, uma vez que aqueles que estão fora da equipa de gestão central podem trazer novas ideias e questionar importantes assunções que podem estar a ser feitas pela equipa interna. De facto, uma análise de 2017 das empresas que se reposicionaram estrategicamente encontrou um atributo comum dos CEO que supervisionaram as transformações bem-sucedidas: todos eles tinham experiência em áreas que pareciam não estar relacionadas com o negócio que estavam a transformar[27]. Os líderes mais transformacionais não tinham experiência prévia no sector, como Jeff Bezos, que reinventou a venda a retalho, apesar de provir da área financeira.

Em *The Outsiders*, William N. Thorndike Jr. traça o perfil de CEO não-convencionais, onde inclui Katharine Graham, que, com um percurso altamente invulgar, se tornou a *chairman* e CEO do *The Washington Post*[28]. Quando Graham tinha 46 anos, o marido morreu e ela assumiu inesperadamente o seu papel enquanto CEO da empresa, em 1963. Tornou-se repentinamente a única mulher diretora executiva de uma empresa da *Fortune* 500. Desde a época da oferta pública inicial da empresa, em 1971, até à sua demissão do cargo de presidente, em 1993, o retorno anual composto aos acionistas foi de 22,3%, em comparação com o S&P a 7,4% e com os seus pares a 12,4%. Superou o S&P por um valor 18 vezes superior e os seus pares por um valor seis vezes superior. Após assumir o cargo, levou alguns anos a instalar-se, familiarizando-se com o negócio e com a sua equipa. Em quatro anos, tomou a sua primeira decisão significativa relativa ao pessoal.

Quatro anos depois, em 1971, Graham decidiu publicar partes dos Pentagon Papers, apesar de a administração de Nixon ter ameaçado retirar a licença de publicação da empresa[29]. Em 1972, o *The Washington Post* começou a investigar as irregularidades da campanha republicana com o total apoio de Graham, o que acabou por levar à demissão de Nixon e ao primeiro de dezoito prémios Pulitzer para o *Post* sob a liderança de Graham[30]. Graham trouxe Warren Buffett para a direção quando ninguém o conhecia,

---

[27] Scott Anthony e Evan I. Schwartz, «What the Best Transformational Leaders Do», *Harvard Business Review*, 8 de maio, 2017, https://hbr.org/2017/05/what-the-best-transformational-leaders-do.

[28] William N. Thorndike, *The Outsiders* (Boston: Harvard Business Review Press, 2012), 109.

[29] *Idem*, 112.

[30] *Idem*.

começou a comprar as suas próprias ações quando ainda ninguém pensava nesse sentido e diversificou o negócio através de aquisições noutros sectores.

No início dos anos 80, a McKinsey aconselhou a empresa a parar com a recompra de ações; mas Graham, com a ajuda de Buffett, caiu em si após dois anos a seguir os conselhos da empresa de consultoria, retomando assim o programa de recompra. Quando Graham se demitiu, em 1993, a The Washington Post Company era a empresa mais diversificada entre os seus pares, obtendo quase metade das receitas e lucros a partir de fontes não relacionadas com a imprensa. Tal como as pessoas de fora podem trazer um enfoque diferente a uma empresa e às suas estratégias, também aqueles que se debatem com a gestão do foco podem ter um desempenho extremamente elevado.

Parte daquilo que ignoramos pode ser crucial para os momentos de progresso. O cientista Albert Einstein, o atleta olímpico Michael Phelps, o empresário Walt Disney, o fundador da JetBlue, David Neelmann, a atriz e comediante Whoopi Goldberg, o magnata Richard Branson e o ex-Presidente dos EUA John F. Kennedy foram todos diagnosticados com distúrbios de atenção[31]. Todas estas figuras proeminentes sofrem ou sofreram de um défice da capacidade de gestão da atenção. Será que as suas perturbações de focalização abriram caminho a um pensamento inovador que ajudou a fazer avançar a ciência, o desporto, as artes, os negócios e o governo? Imagine-se a quantidade de possibilidades que correm o risco de se extinguirem graças ao nosso enamoramento pelo enfoque profundo.

Se estiver a pensar em fazer uma visita a um casino, encorajá-lo-ia a passar pela roleta. Há algumas décadas, os jogadores de roleta inveterados recebiam uns cartões para anotar os números que já tinham calhado, para os ajudar a decidir quais os que tinham maior ou menor probabilidade de calhar no girar da roleta seguinte. Hoje, a tecnologia moderna e a análise de dados permitem a visualização em ecrãs eletrónicos muito precisos que descrevem a percentagem de números pretos e vermelhos que saíram recentemente, os números «quentes» e os números «frios», e assim por diante. Certamente que o casino tem em mente os interesses dos jogadores ao realizar toda esta análise detalhada para o seu usufruto, correto? Na verdade, não é bem assim.

---

[31] Julian Sonny, «The 10 Most Successful People with ADHD», *Elite Daily*, 1 de abril, 2013, https://www.elitedaily.com/money/10-successful-people-adhd; e Joseph Maddia, «20 Public Figures with ADHD», RXwiki (website), 1 de julho, 2014, https://www.rxwiki.com/slideshow/20-public-figures-adhd.

Em rigor, cada número tem exatamente a mesma probabilidade de sair de cada vez que se faz girar a roleta (assumindo, evidentemente, que a roda é equilibrada e não foi adulterada para produzir uma maior probabilidade de certos resultados). Todos aqueles dados fornecidos pelo casino são... bem, completamente irrelevantes. Mas apresentá-los leva os jogadores a sentir que a aposta tem uma componente analítica, em vez de ser um mero jogo de azar. E é assim que muitos jogadores aguardam que as percentagens apresentadas se apresentem a seu favor antes de apostar. Contudo, embora os dados apresentados sejam exatos, a probabilidade é idêntica em todas as rodagens, tornando-o um jogo de pura sorte. Porquê, então, concentrar-se em distribuições que não têm importância? Ao dedicar a sua atenção à tecnologia do casino, os jogadores são levados a apostar quando de outra forma não o teriam feito, apoiando assim a construção de casinos maiores, mais grandiosos e mais convidativos (repletos de tecnologia de gestão da atenção mais moderna para canalizar o seu foco).

...

Gerir o foco não é fácil. A nossa atenção é limitada, seletiva e uma parte básica dos nossos sistemas cognitivos[32]. Mas o foco também cega, o que aumenta o desafio da forma como gerimos a nossa atenção e exige de cada um de nós a necessidade de entender os limites do nosso conhecimento e perceção. Com demasiado foco sofremos de visão afunilada e ignoramos muita informação, alguma da qual poderia ter sido útil. Com foco a menos tornamo-nos generalistas dispersos, alguém que, apesar dos seus sete ofícios, não é mestre em nenhum. A solução é gerir ativa e intencionalmente a nossa atenção de uma forma adequada aos nossos objetivos.

É necessário que conheçamos o nosso próprio foco, mas também o foco daqueles aos quais escolhemos delegar o nosso pensamento. Quando se trata da tecnologia omnipresente nas nossas vidas, temos de abrir os olhos e tomar consciência da gestão subtil, oculta e influente do nosso foco através de algoritmos e inteligência artificial. Estamos sujeitos a entrar em bolhas de focalização de formas que poderiam não ter sido possíveis sem a tecnologia. Quando externalizamos, perdemos o enquadramento de decisões importantes.

---

[32] Kendra Cherry, «Why Does Attention Blink Happen?», *VeryWell*, 6 de outubro, 2019, https://www.verywell.com/what-is-attentional-blink-2795017.

Basta pensar em como a experiência clássica de comprar presencialmente um livro difere da experiência online atualmente mais comum. Sem dúvida que a pesquisa online é muito mais fácil do que vasculhar prateleiras e prateleiras de livros. Ainda para mais, os algoritmos dar-nos-ão até sugestões de outros livros que poderemos achar interessantes. Não é fabuloso que nos mostre o que provavelmente gostaríamos de comprar?... Porém, também podemos pensar nisto de outra forma. Passear os olhos pelas estantes pode levar-nos a encontrar livros sobre diferentes tópicos, permitindo descobertas fortuitas que permitem um pensamento diferenciado. Os algoritmos online focam-se na preferência que acabámos de revelar através da nossa pesquisa. Nenhum dos dois é necessariamente melhor, mas se não tivermos consciência dos custos que acompanham os benefícios da pesquisa online, estamos sujeitos a perder possibilidades.

Também sou um grande defensor da leitura de publicações periódicas em formato físico. Porquê? Porque os portais de alertas noticiários e informação online gerem ativamente o nosso foco. Canalizam a nossa atenção para temas nos quais manifestámos interesse através dos nossos cliques, tal como a compra de livros online gere o nosso foco através de recomendações de livros comprados por pessoas como nós. Ao folhear um jornal ou revista, somos forçados a passar os olhos pelos títulos das notícias ou artigos. O resultado é a exposição a uma vasta gama de tópicos e notícias sobre potenciais áreas de interesse que não chegariam até nós através dos filtros de foco tecnológicos. Escolher ativamente o consumo de informação de fontes não filtradas também tem outro grande benefício: gera exposição a uma diversidade de opiniões e pontos de vista que nos permite, pelo menos parcialmente, afastar da câmara de ecos das notícias que vão ao encontro dos nossos próprios pontos de vista[33].

Mais adiante, revisitaremos o tema da gestão do foco, mas, por ora, vejamos como um foco limitado e um pensamento compartimentado podem conduzir precisamente aos resultados que procuramos evitar.

---

[33] Jeremy Hsu, «People Choose News That Fits Their Views», *LiveScience*, 7 de junho, 2009; https://www.livescience.com/3640-people-choose-news-fits-views.html.

CAPÍTULO 4

Consequências não-intencionais

Pensar em termos de sistemas e não de partes é útil no que respeita ao foco. Um sistema é um conjunto conectado de peças que interagem, com voltas completas de *feedback* que emitem ondulações que se propagam ao longo de toda a rede. Como resultado, fazer algo numa área do sistema tem o potencial de gerar dinâmica noutra. Enquanto muitos descrevem estes impactos como consequências não-intencionais, quem pensa em termos de sistemas vê de forma diferente, pois reconhece e espera que haja consequências noutras áreas. Para eles, são simplesmente consequências.

Por exemplo, o modo como a maioria das pessoas pensa em proteção e cintos de segurança é um grande exemplo de sistemas. O pensamento convencional, não-sistémico, sugere que, quando todos usam cinto de segurança, os ferimentos sofridos pelas pessoas envolvidas em acidentes rodoviários serão reduzidos. Utilizar o cinto de segurança é uma coisa absolutamente positiva, algo que devemos fazer. Mas uma pessoa que pensa em termos de sistemas não vê o mundo da mesma maneira, pensando antes no impacto potencial do uso deste dispositivo. Será possível que o uso do cinto de segurança nos faça sentir mais seguros, o que nos permite ser mais agressivos (e, portanto, mais arriscados) na nossa condução? Poderá a remoção do cinto de segurança dos carros tornar os condutores mais seguros? O pensamento sistémico abre as portas à compreensão de como as interações entre as partes alteram a nossa análise do todo, conduzindo frequentemente a perceções contraintuitivas e surpreendentes.

Receber o que não se quer

Em *Foolproof*, Greg Ip mostra como o foco pode exacerbar e ampliar consequências não-intencionais[1]. Defende que o sucesso dos nossos mecanismos de segurança, desde estabilizadores financeiros a niveladores, permite que os problemas se acumulem, torna-nos demasiado confiantes e pode levar a catástrofes ainda maiores a jusante. Por exemplo, a prevenção de pequenos incêndios florestais leva a uma acumulação de vegetação rasteira que acaba por causar incêndios enormes. Será que os grandes incêndios que se têm verificado recentemente se devem aos nossos esforços de prevenção de incêndios dos anos anteriores? Ou terá a tripulação do *Titanic* navegado a grande velocidade através de águas repletas de gelo precisamente porque estava convencida de que o navio era inafundável? A Deepwater Horizon tinha um dos melhores registos de segurança de toda a frota de plataformas de perfuração da BP... teria a sua equipa de gestão ficado demasiado confiante?

No sector financeiro, poderiam longos períodos de calma levar os bancos a assumirem mais riscos? O economista Hyman Minsky desenvolveu aquilo a que chamou a hipótese da instabilidade financeira, em que defende que os períodos de estabilidade geram instabilidade, visto que incentivam os intervenientes a assumirem riscos cada vez maiores, pois permanecem alheios às crescentes vulnerabilidades[2].

Quando há mais medidas de segurança, as pessoas adotam comportamentos mais arriscados, pois desviam a sua atenção do que está a ser protegido. Em estradas com gelo, os pneus com pregos não reduzem os acidentes tanto quanto se esperava, porque as pessoas conduzem com mais cautela quando não os têm e com mais imprudência quando os têm. Hines Ward, um antigo jogador de futebol americano galardoado com o prémio de melhor jogador da Super Bowl, que passou toda a sua carreira com os Pittsburgh Steelers, afirmou que os jogadores estariam mais seguros se não usassem capacete, por motivos semelhantes. «Se quiserem evitar traumatismos cranianos, tirem o capacete: joguem futebol à moda antiga com os capacetes de couro, sem máscara», disse na NBC Sports[3].

---

[1] Greg Ip, *Foolproof: Why Safety Can Be Dangerous and Danger Makes Us Safe* (Nova Iorque: Little Brown, 2015).

[2] Hyman Minsky, «The Financial Instability Hypothesis» (working paper, Jerome Levy Economics Institute of Bard College, Annandale-on-Hudson, Nova Iorque, maio de 1992).

[3] Citado em Tom Schardin, «Would Football Be Safer with No Helmets, Pads?», swnewsmedia, 30 de agosto, 2018, https://www.swnewsmedia.com/prior_lake_american/news/

Basta pensar na fé que deposita em si próprio para fazer tarefas simultâneas enquanto conduz. Alguma vez falou ao telefone enquanto conduzia? Quinze estados consideraram esta atividade arriscada e exigem que os condutores utilizem um auricular ou um sistema de alta-voz para que possam manter sempre as mãos no volante[4]. O governo federal concedeu 17,5 milhões de dólares em subsídios durante o ano fiscal de 2013 para estados com leis primárias de aplicação contra a distração durante a condução. Contudo, estas políticas apontam ao alvo errado.

A lição que o gorila invisível nos ensinou é que a nossa largura de banda cognitiva é fixa. Ao dedicarmos atenção a uma atividade que requer foco, tornamo-nos menos eficazes na deteção de acontecimentos inesperados, quanto mais no seu processamento — ainda que estejam mesmo debaixo dos nossos narizes.

A obrigatoriedade de que as chamadas sejam feitas com dispositivos de mãos-livres faz sentido na medida em que temos limitações físicas e não podemos conduzir em segurança com uma mão a segurar num telefone. Mas como a nossa limitação principal é a escassez da atenção, as políticas de mãos-livres não resolvem realmente o problema. Na verdade, ao sugerir que é seguro fazer chamadas com as mãos livres enquanto se conduz, estas políticas podem estar a encorajar as pessoas a falar ao telefone enquanto percorrem uma autoestrada num veículo de três toneladas a 120 km/h. A consequência não-intencional destas políticas de segurança pode ser a existência de estradas menos seguras. Neste caso, a política de condução com dispositivos telefónicos de mãos-livres foca-se no culpado errado. O problema é a sobreposição de tarefas cognitivas e não a sobreposição de tarefas motoras. Curiosamente, no Reino Unido, o foco é também colocado na sobrecarga cognitiva, e a polícia tem autoridade para mandar parar os condutores se houver indícios de estes estarem distraídos com os telemóveis no modo mãos-livres[5].

---

sports/would-football-be-safer-with-no-helmets-pads/article_d2e0bf7d-5a86-5eec-bcf-2-79c4792ddd82.html.

[4] Califórnia, Connecticut, Delaware, Havai, Illinois, Maryland, Nevada, New Hampshire, Nova Jérsia, Novo México, Nova Iorque, Oregon, Vermont, Washington, West Virginia, assim como Washington, D.C., Porto Rico, Guam e as Ilhas Virgens Americanas.

[5] Alice Foster, «Phone Driving Laws 2017: New Rules Explained and How Much YOU Could Be Fined», *Daily Express*, 3 de março, 2017, http://www.express.co.uk/life-style/cars/774549/phone-driving-laws-2017-new-rules-explained-how-you-could-be-fined--lose-points-penalties.

Levando a sério a ideia de que as pessoas não devem sobrepor tarefas cognitivas enquanto conduzem (bem como a lógica do pensamento sistémico), uma cidade nos Países Baixos adotou a política de que «inseguro é mais seguro»[6]. Para forçar as pessoas a alargar o seu campo de visão, Drachten removeu todos os sinais de trânsito, deixando apenas no seu lugar regras simples e fáceis de seguir. A cidade também não tem semáforos[7]. Como resultado, os condutores prestam atenção quando conduzem, em vez de seguirem os sinais sem pensar. Em consequência da mudança, a segurança rodoviária melhorou; assistiu-se à redução de acidentes num determinado cruzamento de 36 num período de quatro anos para dois acidentes nos dois anos que se seguiram à remoção dos semáforos[8]. Os resultados de Drachten podem parecer surpreendentes, mas não deveriam, se pensarmos no papel do foco segundo uma perspetiva sistémica.

De facto, há quem coloque a hipótese de que nós, humanos, temos uma tolerância definida para o risco, algo que o falecido Gerald Wilde, antigo professor de psicologia na Queen's University, denominou homeostase do risco[9]. Na prática, o que isto significa é que qualquer redução na perceção do risco para uma dada atividade resultará nos seres humanos a empurrar os limites um pouco mais além. Cintos de segurança? Conduzir mais depressa. Capacetes? Bater com mais força.

Foco na gordura, colesterol e... *Lipitor*?

O culto do foco e da especialização combinado com a lógica de maximização que explorámos anteriormente cria o desastre perfeito. Na medicina, a ênfase de otimização foca-se numa métrica facilmente mensurável: a idade. Aparentemente, toda a gente quer viver para sempre, o que está a levar a uma

---

[6] Jonathan Zittrain, *The Future of the Internet and How to Stop It* (New Haven, CT: Yale University Press, 2009), 127.

[7] Jonna McKone, «"Naked Streets" without Traffic Lights Improve Flow and Safety», City Fix, 8 de outubro, 2010, http://thecityfix.com/blog/naked-streets-without-traffic-lights-improve-flow-and-safety/.

[8] Stephen Markley, «Can Turning Off Traffic Lights Reduce Congestion?», Cars.com (website), 3 de setembro, 2009, https://www.cars.com/articles/2009/09/can-turning-off-traffic-lights-reduce-congestion/.

[9] Gerald Wilde, *Target Risk: Dealing with the Danger of Death, Disease and Damage in Everyday Decisions* (Toronto: PDE Publications, 1994).

ênfase cada vez maior na procura de potenciais problemas e a cortá-los pela raiz. De facto, a dedicação ao rastreio, uma manifestação da lógica da otimização, está a conduzir ao que muitos concordam ter-se tornado uma epidemia de sobrediagnóstico.

Entre os médicos, esta dinâmica é encorajada por um *éthos* profissional que preza a especialização. Como H. Gilbert Welch e colegas escrevem, «Uma vez que estes médicos são tão dedicados às patologias em que se especializaram, acredito que por vezes perdem de vista uma perspetiva mais ampla. O seu foco é fazer tudo o que estiver ao seu alcance para evitar as manifestações malignas associadas à patologia; a principal preocupação é não deixar escapar ninguém que possa eventualmente beneficiar do diagnóstico e tratamento. Por isso, tendem a estabelecer limites expansivos para o diagnóstico, levando muitos resultados a serem rotulados de anormais»[10].

Para além disso, a fé nas tecnologias cada vez mais sofisticadas estreita o foco, exacerbando ainda mais o problema dos sobrediagnósticos: «As nossas tecnologias de diagnóstico têm uma resolução de tal modo elevada que acabamos por descobrir anomalias mais ambíguas e outras que não esperávamos encontrar. Ambas podem levar a um ciclo de mais testes de seguimento — incluindo mais rastreios —, revelando resultados ainda mais ambíguos e novas surpresas.»[11] Mas descobrir anomalias com uma peneira cada vez mais fina não conduz necessariamente a melhores resultados; conduz, isso sim, a custos mais elevados, a maior número de falsos positivos e a tratamentos potencialmente desnecessários[12].

Se for como a maioria dos americanos, provavelmente vai uma vez por ano ao médico para um *check-up*, que muito provavelmente verifica os seus níveis de colesterol. Se o seu médico lhe tiver dito que os níveis de colesterol (ou, mais especificamente, os níveis de colesterol mau) são mais elevados do que o ideal, descanse que não é o único. Os Centros de Controlo de Doenças dos EUA estimam que 73,5 milhões de americanos foram diagnosticados com colesterol elevado.

Talvez o médico tenha sugerido que seria útil tomar um medicamento que baixe o colesterol, como o *Lipitor*. Se tomou *Lipitor*, mais uma vez não foi o único. Entre 1996 e 2012 (altura em que este medicamento perdeu

---

[10] H. Gilbert Welch, Lisa Schwartz e Steven Woloshin, *Overdiagnosed: Making People Sick in the Pursuit of Health* (Boston: Beacon Press, 2011), 15–16.

[11] *Idem*, 35.

[12] *Idem*.

a patente), o *Lipitor* tornou-se o medicamento mais vendido em todo o mundo e gerou mais de 125 mil milhões de dólares em vendas. É um número astronómico! Também reflete a eficácia generalizada do medicamento na redução do colesterol; afinal de contas, os médicos prescreveram receitas para 29 milhões de pacientes (um número superior à população da Austrália!) e não o teriam feito se não funcionasse, não é verdade?

Bem… depende do que se entende por funcionar. Estão em jogo dois factos importantes: primeiro, *o* Lipitor *funciona no que respeita a baixar o colesterol.* Sim, é isso mesmo, faz o que promete. Na verdade, não é exclusivamente o *Lipitor*, mas todo o tipo de estatinas que bloqueiam uma enzima produzida pelo fígado que desempenha um papel fundamental na produção de colesterol. Em segundo lugar, *o* Lipitor*, na realidade, não previne os ataques cardíacos.* Se estiver a ler com atenção, provavelmente vai querer parar e reler esta última frase. Não é uma gralha. As estatinas, em geral, não previnem os ataques cardíacos. Na verdade, a investigação sugere que teria de se tratar 50 pessoas com estatinas para prevenir um ataque cardíaco e que teria de se tratar 890 pessoas para prevenir uma morte. Como o Dr. Mark Hyman observou, «não é um medicamento muito eficaz»[13].

Mas calma! Seria correto notar a aparente contradição entre o primeiro facto que apresentei — que as estatinas baixam o colesterol — e o segundo facto — que as estatinas, em geral, não previnem ataques cardíacos. Ambas as afirmações são verdadeiras. Mas é uma questão de foco. E se eu lhe dissesse que os cardiologistas estão tão focados em baixar o colesterol que raramente consideram os efeitos secundários de o fazer? (Todos os medicamentos têm efeitos secundários; relembro que o *Viagra* foi originalmente criado para ajudar a baixar a tensão arterial!) Os efeitos secundários normalmente associados às estatinas incluem lesões hepáticas, perda de memória, diabetes e lesões musculares. E, uma vez mais, se sentisse alguns destes efeitos secundários durante o período de toma deste medicamento, não seria o único. Mais de 17% dos doentes relataram alguns efeitos secundários!

Para que não se pense que não passa de uma «patranha jurídica», uma lista onde simplesmente se debitam potenciais efeitos indesejáveis para proteger as empresas farmacêuticas e que raramente afetam realmente os doentes, devo

---

[13] Mark Hyman, «The Harm of Statins and Right Diet for Cancer Prevention», Dr. Hyman (blogue), consultado a 26 de janeiro, 2020, https://drhyman.com/blog/2017/03/05/harm-statins-right-diet-cancer-prevention/.

dizer que a FDA exigiu recentemente que os rótulos das estatinas declarem que o medicamento pode aumentar o risco de desenvolver diabetes.

Portanto, vamos lá esclarecer: vamos ao médico para um exame de rotina e ficamos a saber que o nível de colesterol é mais elevado do que o que é considerado saudável. O médico recomenda que comecemos a tomar medicamentos para reduzir o colesterol, fazendo notar que milhões de pacientes foram bem-sucedidos ao fazê-lo. Diz-nos então que ele próprio está a tomar *Lipitor* e que todos os cardiologistas que conhece também tomam.

«É seguro», afirma ao entregar-lhe uma receita para aviar. Saímos agradecidos por a medicina moderna ter uma solução para a nossa patologia.

Começamos a tomar a estatina e *voilà*! Os níveis de colesterol descem. Abençoada medicina moderna! Mas depois fazemos o teste aos níveis de açúcar no sangue. Oh, oh... estão muito elevados. O médico diz que temos diabetes tipo 2 e que esta doença acarreta um elevado risco de... (rufar de tambores!)... ataques cardíacos. Só em 2015 é que a ligação entre as estatinas e a diabetes foi abertamente discutida. Uma reportagem da National Public Radio de março de 2015 questionava explicitamente se os medicamentos redutores de colesterol se limitavam a trocar doenças cardíacas por diabetes[14].

A maioria dos médicos acredita genuinamente que níveis de colesterol mais baixos são mais saudáveis do que níveis de colesterol mais elevados. Mais uma vez, isso é verdade, se todo o resto for igual. A investigação frequentemente citada é o Framingham Heart Study, iniciado em 1948 e que acompanhou a saúde de mais de cinco mil residentes dos subúrbios de Boston[15]. Dezasseis anos após a realização do estudo, os investigadores observaram uma correlação entre as doenças cardíacas e os níveis de colesterol. O que descobriram foi que o nível médio de colesterol dos pacientes com doenças cardíacas era 11% mais elevado do que o dos pacientes saudáveis. Mas as doenças cardíacas atingiram algumas pessoas com níveis de colesterol muito baixos e não atingiram algumas com níveis de colesterol muito elevados. Estes factos foram descartados como anomalias a nível individual; a perceção verdadeira provém da análise a nível populacional — ou, pelo

---

[14] Wendy Wolfson, «Playing the Odds with Statins: Heart Disease or Diabetes?», National Public Radio, 10 de março, 2015, https://www.npr.org/sections/health-shots/2015/03/10/390944811/playing-the-odds-with-statins-heart-disease-or-diabetes.

[15] Ver Framingham Heart Study (website), consultado a 26 de janeiro, 2020, https://www.framinghamheartstudy.org.

menos, assim nos foi dito. «Evite consumir gordura e colesterol e viverá mais tempo», surgiu como o mantra do dia.

A indústria alimentar apressou-se a desenvolver opções com baixo teor de gordura (ou nenhum) que eram isentas de colesterol, a que alguns chamaram fenómeno Snackwell[16]. A gordura e o colesterol foram removidos dos alimentos para criar opções saudáveis para o coração, a manteiga foi substituída por margarina sem colesterol, e assim por diante. Aquilo em que poucos repararam, no entanto, foi que os hidratos de carbono processados e os açúcares substituíram estas gorduras... e estes, a longo prazo, tendem a ser veículos mais importantes de doenças cardíacas do que o colesterol! Ah, e não esqueçamos que anos depois descobrimos que as gorduras *trans* da margarina também não eram propriamente benéficas para a saúde.

Em 1996, as condições eram as ideais para o surgimento de uma resposta farmacêutica à questão de como baixar o colesterol: e eis que chega o *Lipitor*. Escolher os alimentos apropriados era demasiado confuso para a maioria dos americanos entenderem, mas um comprimido? É como aqueles botões vermelhos grandes que se vendem na maioria das lojas Staples, de material de escritório, que dizem «Isto foi fácil!» quando carregamos neles. Tome este comprimido, coma o que quiser e o seu colesterol baixará. Os pacientes (e os médicos) aderiram em massa. E funcionou. Os níveis de colesterol baixaram.

Porém, atualmente, mais americanos sofrem de doenças cardíacas do que nunca. Jonny Bowden e Stephen Sinatra, autores do *bestseller The Great Cholesterol Myth*, afirmam explicitamente que «a prescrição padronizada de dietas pobres em gorduras e medicamentos à base de estatina estão a contribuir para uma crise de saúde de proporções monumentais»[17]. O quê?! Como é que é possível? Bem, o primeiro facto que apresentei foi que as estatinas funcionam na redução do colesterol... mas o segundo foi que não previnem os ataques cardíacos. Vamos investigar este segundo facto.

Quis a má sorte que os efeitos secundários fossem muito mais substanciais do que os reconhecidos originalmente. Esta é a parte em que eu poderia começar a discursar o melhor que conseguisse sobre as propensões

---

[16] Marion Nestle, «Did the Low-Fat Era Make Us Fat?», *Frontline*, PBS, 10 de dezembro, 2003, https://www.pbs.org/wgbh/pages/frontline/shows/diet/themes/lowfat.html.

[17] Jonny Bowden e Stephen Sinatra, *The Great Cholesterol Myth* (Beverly, MA: Fair Winds Press, 2012), texto da contracapa.

marginais para desenvolver doenças cardíacas e diabetes com base numa análise bayesiana do histórico familiar, condições médicas existentes *a priori* e na análise de regressão multivariada tendo em conta o estilo de vida, mas descanse que não o farei. Digamos apenas que quem se foca estritamente no coração, em vez de no estado geral do corpo, considera um sucesso quando os níveis de colesterol baixam.

Mas se pensarmos num corpo humano como um sistema que inclui outros órgãos (tais como o fígado e o pâncreas) e outras substâncias para além do colesterol (como a insulina), então precisamos de adotar uma visão mais ampla. O fígado é o centro de desintoxicação do corpo, por isso, está a ser submetido a uma pressão acrescida ao enfrentar uma substância que lhe é desconhecida, como uma estatina. De facto, parece que o aumento dos níveis de enzimas hepáticas (uma medida de *stress* no fígado) é um efeito secundário da toma de estatinas. O foco no colesterol é um equívoco, ainda que bem-intencionado. Sim, um nível baixo de colesterol — partindo do princípio de que todo o resto é igual — reduz o risco de ataque cardíaco. Mas as estatinas estão longe de «todo o resto ser igual», pois tendem a afetar o fígado, aumentam o risco de diabetes e possivelmente têm um impacto nos músculos e nervos. Todo o resto *não* é, definitivamente, igual. E não deveríamos estar a tratar o corpo inteiro, ao invés de apenas o coração? Não é o corpo humano um grande sistema interligado?

Se olharmos para a forma como as estatinas funcionam, descobrimos que estas se dirigem à enzima redutase da HMG-CoA. (Ah! Eu disse que não o atolaria em estatísticas, mas nunca afirmei que não utilizaria jargão médico complicado! Prometo não o fazer daqui em diante.) Esta enzima controla a produção de colesterol no corpo; os medicamentos visam a sua inibição. Mas a insulina (a hormona que ajuda o corpo a converter o açúcar no sangue em energia) também controla essa enzima. E assim, em alguns pacientes, os níveis de insulina competem com o medicamento — colocando uma pressão adicional no pâncreas e aumentando a probabilidade de resistência à insulina. Isto significa que pode ser mais fácil controlar o nível de colesterol através do controlo do nível de açúcar no sangue. Mas espere, a indústria alimentar acabou de fazer o contrário! Eliminou o colesterol e a gordura e adicionou açúcar! Ups.

Apesar do mercado em expansão dos medicamentos que reduzem o colesterol, a incidência de doenças cardíacas é maior do que nunca. Segundo o CDC, mais de 600 mil americanos morrem todos os anos (aproximadamente 25% do total de mortes) de doenças cardíacas, sendo que é a principal causa de morte tanto para homens como para mulheres nos Estados Unidos[18].

Estou certo de que estes factos enfurecerão alguns pacientes que tomam estatinas para reduzir o colesterol. Por falar em raiva, já agora, esta emoção parece ser um efeito secundário em pelo menos alguns casos. Eis uma citação de um artigo da *Slate* de 2011:

> O paciente 1 queria matar alguém. O homem de 63 anos, habitualmente uma pessoa equilibrada, acordava com uma raiva incontrolável e o desejo de esmagar objetos. Os seus impulsos violentos começaram depois de ter começado a tomar *Lipitor*, a estatina para baixar o colesterol, e desapareceram dois dias depois de ter deixado a medicação. O paciente 2, de 59 anos, passou a ferver em pouca água após ter começado a tomar *Zocor*, outra estatina popular. Começou a sentir o impulso de matar a sua mulher e chegou a tentar fazê-lo, ainda que sem sucesso. As tendências violentas diminuíram no espaço de algumas semanas após ter parado de tomar *Zocor*. A paciente 3, uma mulher de 46 anos, tornou-se invulgarmente irritável enquanto tomava *Lipitor*, explodindo repetidamente contra o marido sem qualquer motivo aparente. Tal como nos outros casos, o seu comportamento pouco característico desapareceu depois de ter deixado de tomar estatinas[19].

Antes que os leitores corram para casa para ver se os cônjuges estão a tomar *Lipitor* em segredo ou para preparar uma defesa por insanidade induzida pelo *Lipitor* para conspirar para os matar, vamos pensar na desconexão fundamental que fica exposta por esta nossa luta pela saúde cardíaca. O corpo humano é um sistema de partes interligadas delicadamente equilibrado, e embora seja útil ter especialistas que compreendam extremamente bem os elementos individuais, é igualmente fundamental que alguém olhe para o todo.

Portanto, vamos reavaliar o problema de nos focarmos demasiado no colesterol. A maioria de nós está dependente de especialistas (médicos) que, por sua vez, dependem de dados (como os níveis de colesterol) que emergem das tecnologias (testes laboratoriais e os seus algoritmos para interpretação

---

[18] «Heart Disease Facts», Centers for Disease Control and Prevention, atualizado a 2 de dezembro, 2019, https://www.cdc.gov/heartdisease/facts.htm.

[19] Christie Aschwanden, «Lipitor Rage», *Slate*, 2 de novembro, 2011, https://slate.com/technology/2011/11/lipitor-side-effects-statins-and-mental-health.html.

preliminar) e que são percebidos de acordo com certas regras (ou seja, os níveis de limiar de preocupação) que foram determinadas pelos sistemas médicos em que operam.

Será que o nosso enfoque no diagnóstico e prevenção de doenças cardíacas é um fator que contribui para o aumento da própria doença que os nossos esforços procuraram prevenir? Poderá um pensador orientado para os sistemas e centrado no *feedback* abordar o problema de forma diferente? Será que a nossa abordagem redutora não está a conseguir ver as conexões cruciais que afetam o todo?

PTSD com origem... num diagnóstico?

Tive o prazer de falar com Trisha Torrey, uma mulher que desenvolveu uma perturbação de *stress* pós-traumático (PTSD) a partir de um diagnóstico errado, há alguns anos.[20] A história de Trisha continua a assombrar-me até hoje e deveria assustar toda e qualquer pessoa que alguma vez tenha interagido com os sistemas de saúde modernos. Eis o que aconteceu. Trisha era uma consultora de 52 anos que trabalhava por conta própria quando descobriu um nódulo do tamanho de uma bola de golfe no tronco. «Não doía — simplesmente estava lá», observou. Como qualquer pessoa no seu lugar provavelmente faria, foi ao médico de família. Incapaz de identificar o caroço, este enviou Trisha a um cirurgião nessa mesma tarde, que o retirou de imediato e o enviou para uma avaliação mais aprofundada. Prometeu voltar a entrar em contacto assim que tivesse notícias do laboratório. Após cerca de uma semana de espera com muita ansiedade, Trisha telefonou para o consultório do cirurgião para verificar o estado da sua biópsia. Foi-lhe dito que o feriado do Dia da Independência tinha atrasado o processo. Passou-se mais uma semana até receber um telefonema devastador[21].

«Quando o cirurgião finalmente me ligou com os resultados do laboratório, disse-me que eu tinha um cancro muito raro chamado linfoma subcutâneo de células T tipo paniculite, conhecido como LSCT», disse-me ela. Pior, Trisha contou que o cirurgião disse que os resultados do laboratório demoraram tanto tempo porque sentiram a necessidade de confirmar os

---

[20] Trisha Torrey, entrevista telefónica com a autora, 6 de janeiro, 2016.

[21] Trisha Torrey, «Trisha's Misdiagnosis Story», Trisha Torrey (blogue), consultado a 27 de janeiro, 2020, https://trishatorrey.com/who-is-trisha/misdiagnosis/.

resultados num segundo laboratório. Ambos os laboratórios tinham confirmado o diagnóstico e o cirurgião disse-lhe que tinha marcado uma consulta de oncologia o mais cedo possível.

Segundo Trisha, «o mais cedo possível» era dali a duas semanas, as quais passou de forma muito emotiva e cheia de medo. Fez o que qualquer pessoa nessas condições provavelmente faria — ligou o computador e começou a ler tudo o que conseguiu encontrar sobre o LSCT. Mas em 2004 não havia muita informação online sobre a doença, por ser uma patologia muito rara. «O que descobri foi que todos os pacientes morriam. E morriam depressa... Fiquei cheia de medo», disse-me Trisha.

O oncologista foi desanimador e condescendente, o que irritou Trisha desde o início. Mandou-a fazer mais análises ao sangue e uma TAC, sempre sem conseguir identificar algo de anormal. Nenhum dos testes deu sinais de qualquer tipo de linfoma. Além disso, Trisha não tinha outros sintomas além de suores noturnos e afrontamentos... mas como a própria comentou: «Era uma mulher de 52 anos! Todas temos estes sintomas, não é?»[22] O oncologista descartou a hipótese de os sintomas se deverem à menopausa e insistiu que estavam a ser causados pelo linfoma. Aconselhou vivamente a quimioterapia, o mais depressa possível. Como Trisha contou, o médico disse-lhe que estaria morta dentro de cinco meses se não o fizesse.

Ao questionar se havia a possibilidade de os resultados do laboratório estarem errados, foi-lhe dito que, uma vez que dois laboratórios independentes o tinham confirmado, não havia qualquer hipótese de o diagnóstico estar incorreto. Devastada, Trisha contou a poucas pessoas, à sua família e a muito poucos amigos íntimos. O seu negócio começou a sofrer, porque, como ela disse, «era trabalhadora independente e tinha um péssimo seguro de saúde, o que significava que o meu diagnóstico também era caro, além de assustador... A vida, ou o que restava dela, estava a ir por água abaixo, e depressa».

Por isso, decidiu voltar a contactar os seus médicos. Quando ligou para o consultório de oncologia, soube que o médico que a acompanhava estava de baixa por doença e que outro médico do consultório tinha tomado conta do seu caso. Quando Trisha finalmente falou com o médico recém-designado, este perguntou de imediato porque é que ainda não tinha começado a quimioterapia. Ela disse-lhe que estava a tentar obter uma segunda opinião de outro oncologista. A resposta que deu a Trisha tresandava a arrogância de especialista: «O que a senhora tem é tão raro, que ninguém saberá mais

---

[22] *Idem.*

sobre isso do que eu!»[23] Trisha ficou estupefacta com esta declaração, que a despertou de um torpor de obediência irrefletida e externalização cega do seu pensamento. Decidiu investigar mais a fundo.

No final dessa semana, após alguns copos a mais com uns amigos, contou-lhes sobre o seu diagnóstico e eles ficaram consternados. Uma amiga sentiu-se impelida a falar com um oncologista que conhecia e que por acaso estava a tratar alguém com LSCT. Ele disponibilizou-se para ver Trisha, caso ela se dispusesse a marcar uma consulta.

Imediatamente após marcar uma consulta com o novo oncologista, Trisha contactou o anterior e pediu uma cópia dos seus registos médicos. Assim que os obteve, fez o que poucos de nós provavelmente fariam. Em vez de simplesmente entregar o envelope selado ao novo médico, Trisha começou a folhear o ficheiro e pesquisou online cada palavra e conceito que não conhecia. Sentiu-se compelida a aprender mais até que, de facto, *conseguiu ler* o seu ficheiro médico[24].

Aquilo que descobriu perturbou-a. Os resultados do laboratório indicavam que os dados «levantavam uma grande suspeita de» e «eram muito consistentes com» LSCT, mas nenhum dos dois era conclusivo. Além disso, o relatório do segundo laboratório referia que tinha enviado a biópsia a mais um laboratório para testar algo chamado «clonalidade», para se perceber se as células estavam a multiplicar-se. Trisha contactou de imediato o primeiro consultório de oncologia e pediu esses resultados. Incapazes de os encontrar no arquivo original, tiveram de os procurar. Quando apareceu, o relatório dizia que as células não estavam a multiplicar-se, uma descoberta que basicamente significava que o nódulo não era cancerígeno.

Trisha entrou no consultório do segundo oncologista sentindo-se fortalecida. Embora fosse ainda dependente, foi capaz de recuperar o controlo e pensar por si própria. Este novo médico enviou a amostra a alguns colegas de diferentes Institutos de Saúde para confirmar (ou rejeitar) a crença de Trisha de que tinha sido mal diagnosticada. Três semanas mais tarde, o diagnóstico que veio foi de inflamação de células adiposas — uma questão menor que não voltou a incomodar Trisha desde então[25].

Embora Trisha tivesse ficado aliviada com esta nova descoberta, ficou igualmente furiosa. Acusou os primeiros oncologistas de insistirem na

---

[23] *Idem.*

[24] Torrey, entrevista.

[25] *Idem.*

quimioterapia para que pudessem ganhar mais dinheiro à sua custa, uma acusação que mantém passados todos estes anos. «Também os culpo por nunca terem dado seguimento aos testes de "clonalidade", que eram tão essenciais para obter o diagnóstico correto.»

Até hoje, Trisha continua a ser afetada por esta experiência. Sofre de sintomas de stress pós-traumático e dá por si a chorar descontroladamente quando lê, observa ou ouve falar de uma pessoa que está a morrer de cancro. «Afinal», observou ela, «se me tivesse submetido a quimioterapia e sobrevivido, ter-me-iam dito que tinha sido curada de uma doença que nunca tive. E, igualmente assustador, encontrei casos de pessoas que tinham sido diagnosticadas com LSCT e tratadas e que tinham morrido durante a quimioterapia — e as autópsias demonstraram que nunca tinham tido LSCT»[26].

Trisha é uma mulher de fé e acredita que tudo acontece por um motivo, por isso desistiu da consultoria de marketing e dedicou a sua vida à defesa dos doentes e à criação de um movimento para fortalecer os pacientes. «Estou a fazer o meu melhor para transformar os limões dos diagnósticos errados em limonada de fortalecimento.» Como parte deste esforço, Trisha escreveu vários livros e ajudou muitos pacientes a reassumirem o controlo dos seus relacionamentos com os médicos.

O frenesim dos superalimentos

Não é só evitar substâncias nocivas como o colesterol que é tão aliciante para quem se debate com problemas de saúde. É igualmente apelativo a adição de alimentos coadjuvantes! Mas é também o motivo pelo qual estamos dispostos a seguir a mais recente moda alimentar, consumindo quantidades absurdas de couves, mirtilos ou outros designados «superalimentos» na busca de uma saúde melhor. Não passa de mais um sintoma de foco excessivo, da nossa busca incessante por uma solução mágica.

De facto, desde a publicação do *bestseller Superfoods*, de Michael van Straten e Barbara Griggs[27], em 1990, houve uma explosão do interesse por estes alimentos supostamente milagrosos. Se fizermos uma pesquisa por *superfoods*, a Amazon apresenta quase três mil títulos, incluindo tudo, desde livros de receitas a manuais de dieta. Títulos como «Superalimentos de que

---

[26] Torrey, «Trisha's Misdiagnosis Story».

[27] Michael van Straten e Barbara Griggs, *Superfoods* (Nova Iorque: Dorling Kindersley, 1990).

necessita já» são muito comuns[28]. Há também listas de superalimentos menos conhecidos, ainda por identificar, ou sugestões de que «comer em situações de *stress* é benéfico, quando se trata destes superalimentos»[29].

As empresas que vendem superalimentos tentam evocar sentimentos de longevidade, e muitos destes alimentos milagrosos são redescobertos a partir de culturas antigas, adicionando uma camada adicional de mistério e intriga às suas histórias, já de si sedutoras. A quinoa e o seu parente próximo, o amaranto, foram inicialmente domesticados, cultivados e consumidos pelos incas[30]. O cacau está igualmente associado aos astecas e maias[31]. Isto não quer dizer que não sejam saudáveis… podem até ser. Estou apenas a sugerir que há uma forte componente de marketing nas suas histórias.

Estas empresas focam tanto a nossa atenção nos benefícios específicos para a saúde dos seus produtos em particular que não se consegue pensar em mais nada. Também aproveitam para esticar o âmbito das alegações — Marion Nestle, professora de nutrição, estudos alimentares e saúde pública na Universidade de Nova Iorque, que se reformou em 2017, descreveu como os produtores de frutas e legumes pagam pela investigação que lhes permita comercializar os seus produtos como superalimentos. Por exemplo, a Pear Bureau Northwest pagou pela investigação e emitiu comunicados de imprensa sobre resultados do género «Novas pesquisas indicam que o consumo regular de pera fresca pode melhorar a tensão arterial em homens e mulheres de meia-idade com síndrome metabólica». Se as peras são superalimentos, Nestle conclui, então, que «*todas* as frutas são superalimentos. Comam as que vos apetecer»[32].

Os aniversários são um momento natural para refletir sobre a vida e fazer mudanças. Vejamos o caso de Jo Abi, uma mulher australiana que decidiu

---

[28] «Superfoods You Need Now», *Health*, 27 de outubro, 2009, https://www.health.com/food/superfoods-you-need-now.

[29] Lindsey Funston, «Stress Eating Helps, When They're These Superfoods», CNN, 13 de abril, 2015, https://www.cnn.com/2015/04/13/health/superfoods-stress-relief/index.html.

[30] «What Did the Incas Eat?», Eat Peru (website), 12 de junho, 2019, https://www.eatperu.com/what-did-the-incas-eat-foods-of-the-ancient-peruvian-empire/.

[31] Devin Windelspecht, «Cacao: Mayan "Food of the Gods"», Ricochet Science (website), 12 de abril, 2016, http://ricochetscience.com/cacao-mayan-food-gods/; «Chocolate Use in Early Aztec Cultures», International Cocoa Organization, atualizado a 8 de janeiro, 2011, https://www.icco.org/faq/54-cocoa-origins/133-chocolate-use-in-early-aztec-cultures.html.

[32] Marion Nestle, «The Latest in Food-Industry Sponsored Research: Pears!», *Food Politics*, 12 de julho, 2016, https://www.foodpolitics.com/2016/07/the-latest-in-food-industry-sponsored-research-pears/.

mudar radicalmente a sua dieta quando fez 39 anos. Decidiu fazer uma dieta apenas de superalimentos durante três semanas seguidas. Afinal, tinha ouvido falar nas incríveis qualidades destes alimentos e nos seus benefícios para a saúde. Por isso, começou ansiosamente a dieta. Articulou explicitamente o que pensava que iria ocorrer: «Esperava que a minha roupa ficasse mais solta, a pele mais brilhante e que um sorriso sereno não saísse do meu rosto. Esperava olhos límpidos e brilhantes, faces rosadas e cabelos e unhas mais fortes.»[33]

Eis o que aconteceu. Embora inicialmente os legumes, nozes, feijões e bagas lhe parecessem bastante apelativos, não tardou a que Jo fosse vencida por um enorme desconforto. Relata que passou as três semanas inteiras num estado de ligeira náusea e sentiu necessidade de estar sempre perto de uma casa de banho. Inicialmente, associou as corridas para a casa de banho a sintomas de desintoxicação do seu sistema, mas rapidamente desistiu. «No final da terceira semana», disse, «estava a hastear a bandeira branca de rendição juntamente com um rolo de papel higiénico extra-suave». Resumindo a sua experiência em três palavras, chamou-lhe, sem rodeios, «rabo a arder»[34].

Será que a experiência nada «super» de Jo foi motivada por um foco injustificado nos superalimentos? Duvido que ela seja a única. O *feedback* proveniente do foco pode prejudicar até mesmo as melhores intenções. Senão vejamos os mirtilos, o fruto milagroso que está no topo da maioria das listas de superalimentos. Estão cheios de vitaminas, fibras solúveis, fitoquímicos e antioxidantes, parecem cumprir com tudo o que é desejável numa dieta num só alimento. Como não os querer?

Acontece que comer demasiados mirtilos tem o potencial de perturbar o equilíbrio entre antioxidantes e pró-oxidantes no corpo. O Professor David C. Poole descobriu que demasiados antioxidantes podem prejudicar a função muscular e aumentar o cansaço durante a prática de exercício[35]. E se isto ainda não é o suficiente para pousar os seus mirtilos, e se lhe dissesse que há quem acredite que os antioxidantes não só não previnem o cancro como (pasme-se!) podem mesmo causá-lo?

---

[33] Jo Abi, «What Happens When You Only Eat "Superfoods" for Three Weeks?», *MamaMia*, 12 de dezembro, 2015, https://www.mamamia.com.au/only-eatin-superfoods/.

[34] *Idem.*

[35] Alastair Jamieson, «Too Many Superfoods Could Be Harmful», *Telegraph*, 28 de janeiro, 2010, https://www.telegraph.co.uk/foodanddrink/foodanddrinknews/7091143/Too-many-superfoods-could-be-harmful.html.

Não é um qualquer cientista charlatão que o sugere. O Prémio Nobel James Watson, famoso por ter proposto a estrutura em dupla hélice do ADN, sugeriu que a cura para muitos cancros pode estar a escapar-nos ao utilizarmos mirtilos e brócolos para eliminar as moléculas de oxigénio adicionais (conhecidas como radicais livres) que flutuam no nosso sistema. Os radicais livres colhidos pelos antioxidantes, crê Watson, podem ter a chave para a compreensão do cancro[36]. O QUÊ?! Será que os nossos esforços para diminuir o risco de cancro através da ingestão de grandes quantidades de alimentos ricos em antioxidantes está de facto a aumentar o nosso risco de ter cancro?

Nem todos os superalimentos são *super* para toda a gente

Vejamos, por exemplo, a couve de folha frisada, aquele vegetal de folha verde que tanto as celebridades como quem aspira a sê-lo promovem[37]. A couve começou a aparecer em muitos menus. Certamente, há algo de especial nela, certo? Bem, acontece que pode afetar negativamente as funções da tiroide. Também tem o potencial de causar pedras nos rins, uma vez que contém oxalato, uma substância que se une ao cálcio[38]. É verdade, estes são riscos que provavelmente afetam apenas uma pequena percentagem da população, mas é precisamente essa a questão.

Mas as sementes de chia parecem incontroversas, certo? Não é bem assim. Afinal, parece que podem interferir com a absorção dos minerais de que necessitamos e prejudicar o sistema digestivo[39]. E as bagas góji? Também não. São ricas num composto (saponinas) que pode aumentar a permeabilidade intestinal em algo conhecido como síndrome de «intestino poroso». E seria necessário beber 13 porções de sumo de bagas góji para ter os mesmos antioxidantes que uma maçã vermelha[40].

---

36 Annalee Newitz, «James Watson Says Antioxidants May Actually Be Causing Cancer», *Gizmodo*, 10 de janeiro, 2013, https://io9.gizmodo.com/james-watson-says-antioxidants-may-actually-be-causing-5975002.

37 Caitlin White, «That Kale Sweatshirt from Beyonce's "7/11" Video Is Cropping up Everywhere», MTV News, 10 de janeiro, 2015, http://www.mtv.com/news/2043813/beyonce-kale-sweatshirt-celebs/.

38 Ross Bridgeford, «The Truth about Oxalate (Is Kale Bad after All?)», *LiveEnergized*, consultado a 27 de janeiro, 2020, http://liveenergized.com/live-energized-tv/truth-about-oxalate/.

39 Anna Hodgekiss, «Why So-Called "Superfoods" Could Be Bad for You», *Daily Mail*, 7 de abril, 2014, https://www.dailymail.co.uk/health/article-2598694/Why-called-superfoods-BAD-Nutritionist-says-kale-send-thyroid-haywire-quinoa-irritates-gut.html.

40 *Idem*.

Petronella Ravenshear escreveu na *Vogue* sobre o seu desconforto relativamente à mania dos superalimentos num artigo intitulado «Lifting the Lid on Superfoods». Após uma descrição da propaganda e do marketing que envolve cada um destes alimentos, desde a chia e as bagas góji até ao açaí e ao agave, ela sugere que coloquemos esta lógica de marketing do «intemporal» em contexto: «Será que precisamos de comer bagas pouco conhecidas vindas de lugares longínquos ou alimentos de civilizações antigas para nos mantermos saudáveis? Sem prejuízo dos superalimentos, as vidas desses povos eram curtas e brutais; o asteca médio vivia até aos 37 anos.»[41] Isto não é para dizer que não há algum mérito em comer estes chamados superalimentos. Estou apenas a sugerir que um plano para alcançar a imortalidade através do consumo duas vezes por dia de batidos de açaí, couve e quinoa com uns salpicos de puré de mirtilos orgânicos e sem glúten, com agave biológico e proveniente de comércio justo é capaz de merecer um segundo olhar. Talvez haja mais mito do que magia nestes superalimentos.

Um dos principais motivos pelos quais estas supostas soluções mágicas são tão problemáticas é que o nosso foco nelas nos deixa cegos a outros fatores potencialmente importantes. Concentramo-nos tão intensamente nos antioxidantes que deixamos de ter em conta os pró-oxidantes ou as possibilidades de que os radicais livres possam ser úteis. Os superalimentos despertam a nossa imaginação enquanto nos privam do bom senso. Tornamo-nos cegos a alternativas. Pior ainda, deixamos que estes alimentos supostamente bons eclipsem outros. Relembremos a comparação entre as bagas góji e as maçãs. Treze doses de sumo *versus* uma maçã!

Adicionar estes alimentos super-heróis à nossa dieta pode criar complicações, dando origem a consequências precisamente opostas ao que pretendemos, como se viu na experiência de Jo. Mas o problema não é só o dos super-heróis que não são realmente super-heróis. Também podemos ficar toldados por um foco irrefletido nos vilões que não são realmente vilões.

Pensemos no glúten

Um vilão que parece ter captado muita atenção por parte dos consumidores é o glúten. Os produtos sem glúten competem com os *produtos locais*,

---

[41] Petronella Ravenshear, «Lifting the Lid on Superfoods», *Vogue*, 8 de abril, 2014, https://www.vogue.co.uk/gallery/foods-of-the-gods.

orgânicos e *sem*-OGM pela atenção dos modernos fãs da cozinha, *yuppies* e amadores autointitulados nutricionistas, todos eles conscientes das questões da saúde, insensíveis aos preços e seguidores das tendências. Tornou-se tão na moda que até o Bobi e o Tareco aderiram, tendo as vendas de alimentos sem glúten para animais de estimação ascendido a novos recordes. Tal como todas as tendências de peso, tem uma poderosa força sedutora que leva os inocentes incautos a questionarem-se se também eles deveriam juntar-se à festa. A *New Yorker* até publicou um artigo intitulado «Against the Grain: Should You Go Gluten Free?»[42], para ajudar os leitores a responder a essa mesma pergunta. *Grain Brain* e *Wheat Belly* mantiveram-se durante várias semanas nas listas de *bestsellers*.[43]

Tal como com as bolhas financeiras, o comportamento de manada identificado por uma atenção popular dessas nunca é sustentável. Eis a grande incongruência que capta a essência do problema: cerca de 1% da população tem doença celíaca, menos de 10% é intolerante ao glúten e... (rufar de tambores!)... quase 30% dos adultos americanos estão a tentar evitar o glúten[44]. Um dos principais motivos pelos quais os consumidores o fazem é por ser supostamente mais saudável não consumir glúten. Em geral, não é.

A realidade é que muitos alimentos sem glúten não são mais saudáveis para os mais de 90% da população que não têm doença celíaca ou sensibilidade ao glúten. Vale a pena referir, a título de exemplo, que um *bagel* sem glúten da Glutino tem 26% mais calorias, 250% mais gordura, 43% mais sódio, 50% menos fibra e o dobro do açúcar do que um *bagel* simples da Thomas' — por um preço (à data desta publicação) 74% mais alto![45] Além disso, como muitos produtos sem glúten utilizam farinha de arroz, correm também o risco de conter níveis mais elevados de arsénico do que o

---

[42] Michael Specter, «Against the Grain: Should You Go Gluten Free?» *New Yorker*, 27 de outubro, 2014, https://www.newyorker.com/magazine/2014/11/03/grain.

[43] David Perlmutter, *Grain Brain* (Nova Iorque: Hachette, 2013); e William David, *Wheat Belly* (Nova Iorque: Rodale, 2011).

[44] Rita Rubin, «The Gluten Debate Continues», WebMD, 12 de dezembro, 2013, https://www.webmd.com/digestive-disorders/news/20131212/celiac-disease-glute-sensitive#1; e Elaine Watson, «30% of Americans Trying to Cut down on Gluten, NPD Group Claims», FoodNavigator (website), 8 de março, 2013, https://wwwfoodnavigator-usa.com/Article/2013/03/08/30-of-US-adults-trying-to-cut-down-on-gluten-claims-NPD-Group.

[45] Vikram Mansharamani, «We're in a Gluten-Free Bubble That's about to Burst», *Fortune*, 5 de maio, 2015, https://fortune.com/2015/05/05/gluten-free-foods/.

desejável[46]. Outros produtos sem glúten utilizam farinhas de milho, sorgo, painço ou amaranto — nenhum dos quais é objetivamente melhor do que o trigo.

Apesar destes factos, a loucura do sem glúten ganhou impulso. A empresa de estudos de mercado Nielsen estimou que as vendas de produtos com o rótulo «sem glúten» tinham aumentado para mais de 25 mil milhões de dólares em 2016, com mais de 10% de todos os novos lançamentos a reivindicar o estatuto de sem glúten[47]. Embora a tendência seja impressionante, é em grande parte impulsionada por esforços de marketing. Muitas marcas, por exemplo, adicionaram rótulos «sem glúten» a produtos que nunca tinham tido glúten. Adicione um rótulo e aumente as suas vendas! Faz-me lembrar quando surgiu a moda da Internet; bastava anunciar um URL que a valorização aumentava de um dia para o outro. Outro sinal de que a bolha sem glúten está prestes a rebentar é a reação popular contra os comensais que aleatoriamente não ingerem glúten (e não por sofrerem de doença celíaca).

Nada disto é para sugerir que existe uma real necessidade subjacente de produtos sem glúten. Existe, e eu sei-o por experiência própria. Em outubro de 2011, o meu médico informou-me que as minhas análises indicavam que eu tinha uma sensibilidade acentuada ao glúten. A sensibilidade era tão elevada que ele recomendou uma dieta sem glúten. Protestei, sugerindo que ele estava a exagerar no diagnóstico, que, certamente, se deveria à minha dieta pouco saudável.

Perguntei-lhe: «Já colocou a hipótese de ser uma *geladite*? Essa é uma doença que eu sei que tenho», admitindo assim o vício do celestial açúcar cremoso congelado a que me dedicava. Insisti para que realizasse um teste genético para determinar se eu tinha um marcador genético para a doença celíaca. Quando os resultados chegaram, entristeceu-me saber que tinha de facto o gene.

Não como alimentos com glúten desde 2011 e, realmente, sinto-me melhor. Perdi peso, ganhei energia e, pelo menos aos meus próprios olhos, pareço mais jovem. A minha mulher parece não notar e os meus filhos dizem que pareço mais velho e, pensando bem, também estou mais cansado… mas

---

[46] «Arsenic in Your Food», *Consumer Reports*, novembro de 2012, https://www.consumerreports.org/cro/magazine/2012/11/arsenic-in-your-food/index.htm.

[47] Donna Berry, «Special Report: Glute-Free Enters the Mainstream», *Food Business News*, 13 de julho, 2017, https://www.foodbusinessnews.net/articles/9612-special-report-gluten-free-enters-the-mainstream.

este é o meu livro e estou a escrever a minha história. Por isso, tenho dito. Quer tenha doença celíaca, seja intolerante ao glúten ou apenas faça parte da multidão que segue a tendência da moda, pode ter a certeza de que este capítulo é certificadamente sem glúten! Não posso dar garantias quanto ao resto do livro, uma vez que as instalações onde foi produzido também processam trigo.

Os dois principais motivos pelos quais o nosso foco no glúten enquanto vilão é tão prejudicial são que o glúten não é realmente um vilão para toda a gente e que, ao eliminarmos o glúten da nossa dieta, criámos um vácuo que o açúcar, o sal e a gordura se apressaram a preencher, naturalmente ajudados por empresas de alimentos embalados ansiosas por fazer biscoitos, bolachas e outros produtos sem glúten cujo sabor se parecesse menos com o do papelão. O nosso enfoque no glúten cega-nos para as calorias, gordura e açúcar adicionais. Deixe de consumir glúten para perder peso… e, oh, ficou mais pesado!

É difícil culpar os consumidores por reagirem desta forma. Mesmo que tenham uma boa noção do que devem comer em abstrato, é difícil pô-lo na prática, dado o número esmagador de opções à escolha e as restrições de tempo e dinheiro. Pouca gente consegue arranjar tempo todos os dias para procurar, escolher, comprar, cortar, temperar e assar vegetais frescos. Que opções escolher que sejam menos perecíveis e mais acessíveis? A massa dura mais tempo e é barata, mas certamente não é tão saudável (especialmente quando combinada com os molhos açucarados que o marketing nos direciona). E as massas à base de leguminosas e os molhos com baixo teor de açúcar? Mais saudáveis, mas seis vezes mais caros!

Por vezes, parece que o futuro pode realmente estar em opções como o batido *Soylent*: nutrição completa numa garrafa com um preparado suave e leitoso. Não implica escolhas e é a solução supostamente perfeita que contém todos os nutrientes de que necessitamos. Uma espécie de leite em pó para bebés, só que para adultos. À medida que forem sendo aperfeiçoados, talvez um dia os batidos *Soylent* nos permitam remover a variável de escolha em algumas das nossas refeições. Até lá, porém, precisamos de ser mais proficientes a fazer boas opções no nosso dia a dia.

Neste ponto, as evidências são arrebatadoras. O foco em calorias, gordura, colesterol, glúten, antioxidantes, couve e tantas outras agulhas perdidas distanciou-nos de uma abordagem holística da saúde. Estamos tão ocupados com esta procura no palheiro da alimentação saudável que não nos perguntamos sequer se estaremos no celeiro certo. Comemos menos gordura, mas engordámos mais. Consumimos mais antioxidantes para combater o cancro, mas as taxas de cancro aumentaram.

O livro *Calories and Corsets*, de Louise Foxcroft, encerra um levantamento exaustivo de dois mil anos de conselhos dietéticos apelando a um regresso ao conceito grego de *díaita*, de onde provém a palavra «dieta». O conceito «descrevia todo um modo de vida em vez de... um regime restrito de emagrecimento. Indicava um caminho completo para a saúde física e mental».[48] Será possível que estejamos tão concentrados na alimentação que deixamos escapar o objetivo principal? Será que podemos beneficiar ao diminuir um pouco o foco e adotar uma perspetiva mais ampla?

Um artigo da *New York Times Magazine* intitulado de forma provocatória «The Island Where People Forget to Die» [A ilha onde as pessoas se esquecem de morrer] punha em evidência a cegueira do pensamento americano em matéria de dieta e saúde. Fazia notar que os americanos tendem a «concentrar-se no exercício físico e naquilo que pomos na boca», enquanto para quem vive na ilha grega de Icária «a dieta só em parte explicava uma esperança de vida mais elevada» e o exercício «desempenhava um papel menor, na melhor das hipóteses»[49]. Na verdade, pode ser a interação entre os componentes do sistema que o conduz para o tão perseguido objetivo da longevidade generalizada. Voltaremos a este assunto mais adiante.

...

A lógica do pensamento sistémico ajuda-nos a entender os ciclos de *feedback* que um foco estreito pode deixar passar. Ao concentrarmo-nos intensamente num domínio, muitas vezes não conseguimos ver como as nossas ações podem criar precisamente o problema que estamos a procurar evitar. É necessário recuar, diminuir o *zoom* e olhar para todo o sistema, em vez de apenas para as suas partes. A triste realidade é que muitas das nossas supostas soluções estão a agravar os nossos problemas. Vejamos o mecanismo vigente para tratar aqueles que lutam contra a diabetes tipo 2. Uma vez que estes doentes sofrem de glicemia elevada, é-lhes frequentemente prescrita insulina

---

48 Louise Foxcroft, *Calories and Corsets: A History of Dieting over 2000 Years* (Londres: Profile Books, 2011), 15.

49 Dan Buettner, «The Island Where People Forget to Die», *New York Times Magazine*, 24 de outubro, 2012, https://www.nytimes.com/2012/10/28/magazine/the-island-where-people-forget-to-die.html.

para a baixar. Porém, têm níveis elevados de açúcar no sangue *ao mesmo tempo que têm níveis elevados de insulina*, uma condição resultante da resistência à insulina.

O Dr. Jason Fung sugeriu que as prescrições de insulina estão provavelmente a aumentar a resistência. Ele afirma: «Acontece que a insulina causa resistência à insulina. O corpo responde a níveis excessivamente elevados de qualquer substância, desenvolvendo resistência à mesma». Prossegue, salientando as consequências não-intencionais da abordagem atual: «Estávamos a receitar insulina para tratar a diabetes, quando o excesso de insulina era o problema inicial... À medida que os pacientes tomavam insulina, ganhavam peso, e quando o faziam, a diabetes tipo 2 piorava, exigindo mais insulina. E o ciclo repetia-se.»[50] O clássico círculo vicioso.

Ou pensemos em como as redes sociais, concebidas para nos conectarem com amigos e familiares, agravaram o medo de estar a perder algo, do qual já falámos aqui. Dada a propensão das pessoas para publicar apenas imagens positivas, as redes sociais encorajam sentimentos de que a realidade de cada um é pior do que o mundo em que vivem todos os outros. O resultado é que as redes sociais levam frequentemente à solidão, ao desespero e à depressão — o oposto de aproximar os utilizadores.

Uma abordagem sistémica e uma apreciação dos ciclos de *feedback* que acompanham as nossas escolhas podem ser úteis. O pensamento sistémico mostra de forma bastante poderosa o valor de recuar, fazer *zoom out* e olhar para o enquadramento geral. As conexões são importantes, e embora a maioria dos conselhos que nos são dados sejam precisos, conquanto «todo o resto seja igual», raramente «todo o resto é igual». De facto, as nossas decisões quase sempre asseguram que todo o resto não seja igual, pelo que precisamos de analisar regularmente o *feedback* resultante das nossas ações. Uma vez que os especialistas qualificados e os peritos mais restritos não conseguem ver o contexto geral, a tarefa de o fazer recai necessariamente sobre nós.

---

[50] Jason Fung, *The Complete Guide to Fasting* (Las Vegas: Victory Belt Publishing, 2016), 8, 9.

CAPÍTULO 5

Dependência adquirida e obediência cega

A dura realidade da vida no século XXI é que simplesmente não conseguimos acompanhar toda a informação disponível. A dependência daqueles que sabem mais do que nós é um dado adquirido, mas isto não significa que tenhamos de seguir cegamente especialistas, tecnologias ou regras. Ao repensar o que significa ser autossuficiente no século XXI, temos de aprender a trabalhar com aqueles que sabem mais sobre vários assuntos do que nós, sem sermos cegamente obedientes ou insensatamente submissos.

Manutenção do motor

Aproximadamente de nove em nove meses, levo o meu carro à oficina da marca para a habitual procura de coisas pelas quais me possam cobrar (mais conhecida por revisão). É que a garantia só é válida se a manutenção do carro for feita de acordo com as regras rigorosas do fabricante. Assim, a cada cerca de 15 mil quilómetros, o carro vai para a oficina e... *voilà*, surge uma coleção de coisas a fazer, juntamente com as salutares mudanças de óleo e de pneus ou outra atividade potencialmente necessária.

Lembro-me perfeitamente da chamada que recebi de um consultor após uma dessas experiências. Foi muito educado e desempenhou o papel de mensageiro do bem. Anunciou que havia boas e más notícias. Perfeito. Literalmente o que dizia todos os anos. Haverá um guião no manual dos consultores? A boa notícia era que o meu carro estava pronto para ser levantado. A má notícia era que tinham identificado várias peças que provavelmente deveriam ser substituídas. Não posso dizer que tenha ficado chocado. Mas havia uma novidade: se eu os autorizasse a substituir o condensador de fluxo e o díodo de luz de impulso hidropónico que mantém o filamento para o alternador de ignição regulado dentro de 17% das condições ideais de ponto morto, então o carro estaria pronto à hora prometida.

Parei um instante. «Pode avançar», disse eu, com uma autonomia fingida. É anedótico. Ele sabia que eu provavelmente faria tudo o que ele dissesse. Tinha conseguido que a minha atenção se focasse em ter o carro arranjado e de volta nesse mesmo dia. Conseguiu enquadrar a minha decisão como uma escolha entre arranjar e estar pronto a tempo ou não arranjar e precisar de gastar mais tempo para lá voltar noutra altura. Com esse enquadramento, a escolha pareceu-me óbvia (ou assim fui levado a crer). Não perguntei quão necessárias eram as reparações. Não perguntei se as reparações poderiam esperar. Estava cego à alternativa de não agir.

Para ser franco, nem sequer sei se mudaram alguma coisa — para além do saldo do meu cartão de crédito. O carro funciona bem e, por isso, penso que estou grato. Mas o que queriam que eu fizesse? Uma segunda opinião custaria tempo valioso e dinheiro adicional. O que me leva a um tema crucial na nossa discussão sobre dependência e obediência. *Temos de considerar os custos e os benefícios das nossas decisões de externalização.* Para tópicos de baixo custo, pode não fazer sentido para mim procurar uma segunda opinião. Pode, no entanto, fazer muito sentido fazê-lo quando a aposta é mais alta.

Confie em mim, sou um perito

Para nos empoderarmos através do domínio do foco, precisamos de entender como a síndrome da obediência cega se espalhou pela sociedade. Felizmente, há um amplo corpo de investigação para nos ajudar. Talvez até venhamos a desenvolver uma vacina em breve.

Imaginemos que chegamos a um laboratório de psicologia de uma importante universidade para participar numa experiência sobre memória e aprendizagem. Ficamos a saber que vamos desempenhar o papel de professor e que a experiência vai testar o impacto que as punições podem ter na memória. Somos apresentados ao aluno, que também é voluntário na experiência. Trocamos algumas frases agradáveis e depois observamo-lo enquanto é amarrado a uma cadeira e lhe prendem elétrodos a um braço.

Entramos noutra sala, onde nos sentamos em frente a um dispositivo que controla os choques administrados ao aprendiz através dos elétrodos. O profissional que conduz a experiência coloca então um sensor na nossa mão e liga o interruptor rotulado com «45 volts». Sentimos o choque. O painel à nossa frente tem interruptores com rótulos que vão de «ligeiro» a «intenso». A voltagem começa nos 15 volts e vai até 450 volts.

A experiência começa e o aprendiz comete erros. O diretor da investigação pede-nos que aumentemos a voltagem a cada resposta errada. Com o aumento da intensidade dos choques, o aluno começa a queixar-se e a pedir para parar. Olhamos para o líder da experiência, que nos diz que temos de continuar. A experiência assim o exige. Aos 75 volts, o aprendiz já emite grunhidos; aos 120 volts, grita alto; aos 150, exige que o deixem ir embora. Os seus protestos tornam-se mais intensos à medida que a voltagem sobe. Aos 285 volts, só se ouve um grito agonizado. A partir daí, o aprendiz fica em silêncio.

Quão longe podemos ir?

Para os participantes nesta experiência, que na realidade teve lugar em New Haven nos anos 60, sob a liderança do psicólogo de Yale Stanley Milgram, 60% dos professores foram até à voltagem máxima[1]. Os alunos eram, na verdade, meros atores e não recebiam quaisquer choques. Contudo, os professores acreditavam que os choques eram reais. A experiência, afinal, não era sobre aprendizagem e memória. Tinha sido concebida, isso sim, para estudar a obediência à autoridade.

Houve colegas investigadores que criticaram imediatamente Milgram, sugerindo que os obedientes estudantes de Yale não eram representativos das pessoas em geral. Subsequentemente, muitos tentaram replicar a experiência com populações diferentes. Os resultados foram confirmados em localidades de Princeton a Munique, de Roma à África do Sul — e, inquietantemente, com resultados ainda mais significativos do que os de Milgram, em alguns casos com uma obediência que chegou a atingir os 85%[2]. Esta descoberta chocante criou um enorme alarido no campo da psicologia. Antes da

---

[1] Philip Zimbardo, «When Good People Do Evil», *Yale Alumni Magazine*, janeiro/fevereiro de 2007, http://archives.yalealumnimagazine.com/issues/2007_01/milgram.html.

[2] Stanley Milgram, *Obedience to Authority* (Nova Iorque: Harper, 2009); ver também Mitri Shanab e Khawla Yahya, «A Cross Cultural Study of Obedience», *Bulletin of the Psychonomic Society* 11, n.º 4 (1978): 267–269, https://link.springer.com/content/pdf/10.3758%-2FBF03336827.pdf.

experiência, Milgram tinha perguntado a colegas, estudantes e cidadãos comuns de New Haven qual a percentagem de sujeitos que pensavam que iria infligir a punição máxima. A sondagem feita antes da experiência produziu uma estimativa de 4%, atingindo 300 volts e uma minúscula percentagem atingindo o máximo de 450 volts[3].

Estas experiências ensinaram-nos muito sobre os seres humanos. Quando alguém tem poder ou autoridade sobre nós, tendemos a obedecer. Esta é uma das dinâmicas em ação quando o foco se espalha pela sociedade. Permitimos que os peritos — ou qualquer outra pessoa ou coisa que percecionemos como autoritária — façam a gestão do foco. Curvamo-nos aos seus desejos, geralmente sem protestar, e permitimos que sejam eles a realçar ou a eliminar a informação disponível, enquadrando assim as nossas escolhas. Permitimos que tirem da mesa opções que nem sequer sabíamos que lá estavam; caramba, fomos nós que os deixámos construir a mesa e tudo.

Na maioria das vezes, a dinâmica de obediência é socialmente útil, para não dizer necessária. Mas também significa que ficamos incapacitados em muitas situações, quase sempre de uma forma que nos passa despercebida.

Na verdade, não há forma de nos apercebermos, porque a nossa própria atenção está a ser manipulada. Se alguém nos dá três opções e diz «Pode escolher uma», quantas vezes dizemos «Espere, na verdade não me agradam essas opções — vou escolher uma quarta opção que não mencionou» ou «não vou fazer absolutamente nada»? Em geral, focamo-nos nas opções que nos foram dadas. Em contrapartida, as pessoas a quem delegamos o pensamento — os peritos e, indiretamente, os governantes, engenheiros e projetistas — estão autorizadas a dirigir a nossa atenção, colocando eficazmente vendas nos nossos olhos, limitando o nosso campo de visão.

Uma espantosa aventura do coração

Sempre que penso na experiência de Milgram e na deferência extrema às pessoas de bata branca, lembro-me do meu amigo Craig Cerretani. Craig está em grande forma. A dada altura da sua vida, foi recrutado pelos Chicago Cubs para jogar basebol profissional. Embora isso tenha acontecido em meados da década de 1970, ele ainda hoje faz exercício de forma consistente. Vai regularmente ao médico de clínica geral, cumprindo religiosamente os testes

---

[3] Zimbardo, «When Good People Do Evil».

por ele recomendados. Contudo, em setembro de 2009, durante um exame anual de rotina, o médico ficou preocupado com o seu batimento cardíaco irregular e mandou-o consultar de imediato o chefe de cardiologia num hospital próximo. À chegada, após uma rápida avaliação, Craig foi internado e ficou sob vigilância.

O cardiologista concluiu que Craig tinha fibrilação auricular (arritmia cardíaca), uma condição que supostamente afeta entre 2 e 3% da população americana. A fibrilação auricular é perigosa porque um batimento cardíaco irregular pode gerar coágulos de sangue causadores de AVC e potencialmente letais. A AF também pode afetar a pressão arterial.

O cardiologista que estava a cuidar de Craig tinha as credenciais certas. Ajudara atletas profissionais, estava afiliado a escolas médicas de topo na área, completara numerosos internatos de prestígio, publicara nas revistas mais exclusivas e era diretor de uma das clínicas médicas de maior sucesso na área da Grande Boston. Parecia a pessoa ideal.

Depois de observar Craig e rever os resultados dos seus exames, o médico prescreveu-lhe um anticoagulante para reduzir o risco de um derrame provocado por coágulos. Quando se apresentou para uma consulta de seguimento seis semanas mais tarde, Craig estava com ótimo aspecto e sentia-se bem — e o médico testemunhou-o. Após avaliar o estado de Craig, o cardiologista disse-lhe para parar de tomar a medicação anticoagulante.

Para decidir se Craig devia ou não continuar a tomar o anticoagulante, o médico limitou-se a seguir as regras prevalecentes do sistema médico. Por mais assustador que isto possa parecer, um teste de cinco perguntas conhecido como CHADS2 determina se se deve manter um paciente sob o efeito deste tipo de medicação. Mais especificamente, o médico observou que Craig tinha menos de 75 anos, tensão arterial normal, não tinha sido diagnosticado como diabético e não tinha tido um ataque cardíaco ou um AVC. Esta lista de verificação de cinco perguntas é o motivo pelo qual o médico disse a Craig para parar de tomar os comprimidos.

As listas de verificação têm um poder tremendo para ajudar os especialistas a mitigar o impacto negativo do excesso de autoconfiança. Podem obrigar-nos a prestar atenção a coisas que de outra forma não estariam no nosso foco, ajudando-nos a evitar enganos em domínios tão variados como finanças, medicina e aviação. Como Atul Gawande nos mostra no *The Checklist Manifesto*, os extraordinários avanços da medicina nas últimas décadas acarretaram grande complexidade de requisitos, e a realidade é que mesmo os médicos mais competentes saltarão involuntariamente etapas e ignorarão possíveis explicações e tratamentos[4]. Uma lista de verificação pode ajudar a corrigir os inevitáveis deslizes que podem surgir quando até os médicos mais experientes são confrontados com situações de excecional complexidade. Os médicos podem ter o seu foco treinado numa determinada linha de raciocínio, mas, se bem concebida, uma lista de verificação pode ajudar a assegurar que os fatores que estejam completamente fora dessa linha não ficam por examinar.

Um desses fatores é o histórico familiar — que não consta da lista de verificação CHADS2. Uma das principais conclusões da medicina moderna é que os antecedentes familiares são importantes. Dado o poder admirável da genética, esta não é uma descoberta surpreendente. Os pais fornecem material genético aos filhos. Não quero com isto sugerir que outros fatores não têm importância, apenas que o historial familiar é relevante.

A questão é que o pai de Craig tinha tido um AVC aos 55 anos de idade e que essa era a idade que Craig tinha nesse momento. Compreendo que isto não altera as respostas à lista de verificação, mas não deveria levar um dos melhores cardiologistas do mundo a pensar por si próprio, em vez de se limitar a externalizar a decisão para uma regra prescrita pelo sistema médico?

De facto, muitas destas regras e listas de controlo médicas deveriam ser ajudas à tomada de decisão e não o elemento decisor em si. Por que motivo deveríamos confiar cegamente nas conclusões de estudos académicos detalhados realizados em pacientes aleatórios que podem ou não ter sido pagos para participar? Quando esses estudos são traduzidos em regras, os médicos esquecem-se de pensar por si próprios sobre a validade da extrapolação da experiência de populações geograficamente específicas para indivíduos num contexto completamente diferente.

Infelizmente, é provável que já esteja a perceber onde esta história vai parar.

Apenas três meses depois de ter sido aconselhado pelo cardiologista a deixar de tomar anticoagulantes, Craig teve um AVC. Foi levado de urgência para o hospital, onde o neurologista de serviço lhe disse que acabara de ter um derrame e recomendou a administração imediata de tPA, um forte anticoagulante que tem uma probabilidade de 6% de morte. É um procedimento cirúrgico padrão, disse o médico. Apesar da dificuldade que tinha em articular a fala, Craig autorizou-o.

---

[4] Atul Gawande, *The Checklist Manifesto* (Nova Iorque: Metropolitan Books, 2009).

Felizmente, o tPA funcionou. Findos dois dias de monitorização rigorosa na unidade de cuidados intensivos, Craig teve alta do hospital. Três meses depois, foi à consulta de cardiologia previamente agendada e disse ao médico que tinha tido um AVC, altura em que o estimado Senhor Dr. Diretor--Sumidade-com-Obra-Publicada-Chefe-de-Cardiologia se tornou muito defensivo: «Mas a sua pontuação CHADS não indicava qualquer risco.»

Craig lembrou ao médico que o seu pai tinha tido um AVC aos 55 anos, algo que já lhe tinha dito numa consulta anterior... e que o AVC de Craig sucedeu quando também ele tinha 55 anos.

«Mas a regra do CHADS não tem em conta os antecedentes familiares no que diz respeito ao AVC. A questão é claramente sobre o *seu* historial de AVC», protestou o médico.

Parece evidente que o médico delegou o seu julgamento numa regra. Acontece que uma simples pesquisa no Google é o que basta para identificar as origens deste teste. Baseia-se numa investigação realizada num universo de 1733 beneficiários da Medicare com idades compreendidas entre os 65 e os 95 anos com AF a quem não tinham sido prescritos anticoagulantes[5]. Como?! Leia novamente esta frase, prestando especial atenção à faixa etária. A pesquisa que o médico utilizou nem sequer incluía pessoas com a idade de Craig — ainda assim, o médico aplicou a regra cegamente, sem pensar, a uma situação que era totalmente diferente.

Escusado será dizer que Craig foi à procura de um novo cardiologista. Desta vez, recorreu a alguém especializado na sua patologia, acreditando que um perito em AF evitaria mais complicações. Acabou por encontrar um cardiologista num dos principais hospitais de Boston — autor de uma extensa lista de publicações, certificado pela direção e professor na faculdade de medicina. E... atenção, por favor... um especialista em eletrofisiologia cardíaca, o estudo dos impulsos elétricos que fazem bater o coração. Como me disse Craig, «Este tipo era perfeito. Era um tiro certeiro, tudo-em-um, nota 10. Senti-me como se tivesse acertado na lotaria».

Craig foi então visto por este médico, que pareceu compreender a situação de imediato. Além disso, disse-lhe que na semana seguinte daria uma palestra sobre opções de tratamento de AF e encorajou-o a participar. Craig assim fez e ficou a par da hierarquia das soluções disponíveis para tratar ou

---

[5] Brian Gage *et al.*, «Selecting Patients with Atrial Fibrillation for Anticoagulation», *Circulation* 110, n.º 16 (19 de outubro, 2004), https://www.ahajournals.org/doi/full/10.1161/01.CIR.0000145172.55640.93.

curar a AF. Sem entrar nos detalhes sangrentos, o primeiro passo é a terapia medicamentosa, seguida da terapia de choque cardíaco. (Aqueles dois aparelhos nas mãos do médico que grita «*Clear!*») Se esses dois tratamentos não conseguirem regularizar o batimento cardíaco, existe um procedimento minimamente invasivo conhecido como ablação por cateter, no qual pequenas tochas de laser são utilizadas para conectar manualmente as vias elétricas do coração. Se esse terceiro passo falhar, a quarta e última opção de tratamento para a AF é algo conhecido como MAZE, na qual o coração de um paciente é literalmente retirado do seu corpo e submetido a cortes para criar tecido cicatrizado, forçando a que se formem novas ligações de impulsos elétricos para fazer o coração bater corretamente. Qualquer descrição de um MAZE é para lá de assustadora de ler.

Após o seminário, Craig marcou outra consulta com o médico para rever o seu caso específico. Nesta consulta, estava tanto o cardiologista como um cirurgião que tinha analisado o seu caso. Eles recomendaram um MAZE, fazendo ver que, uma vez que o seu coração era consistentemente irregular, os três passos prévios para abordar a AF não iriam funcionar. «O senhor não é um candidato a nenhum dos outros tratamentos», disseram. O cirurgião falou com autoridade: «Estamos sempre a ver casos destes; o senhor é um candidato perfeito. Os outros métodos não vão funcionar para si.»

Enquanto ouvia, Craig reparou que o cardiologista parecia ter algumas reservas. Mas como era apenas o cardiologista, não era suficientemente perito ou o seu estatuto não era suficientemente elevado para questionar o cirurgião. Nas palavras de Craig, «O cardiologista claramente não queria pisar os calos do cirurgião e não me respondia diretamente à pergunta se um MAZE era apropriado para mim... hesitava, explicava e definia, enquanto o cirurgião dizia sem rodeios que eu precisava de um MAZE».

Após a consulta, Craig foi para casa e viu um vídeo no YouTube de um procedimento MAZE. Eis a descrição que me fez: «Estás ligado a uma máquina que bombeia o sangue por ti, eles tiram-te o coração e cortam-no! É de doidos! Tiram-te o coração ainda a bater do corpo! Tenho medo, não consigo dormir. É assustador, mas o que raio sei eu!? Ele é que é o médico! Estamos a falar do cirurgião que é a autoridade máxima mundial em fibrilação auricular. Ele deve saber o que diz, certo? Já aprendeu tudo o que havia para saber. Ele é o perito... e recomenda um MAZE. Quem sou eu para o questionar?»

Mas questionou. O desconforto que Craig detetou no cardiologista incitou-o a procurar outra opinião. Por esta altura, estava numa ansiedade tal que, provavelmente, o seu risco de ataque cardíaco estaria mais alto! Imaginem só, um ataque cardíaco induzido por cardiologistas! Craig falou com amigos que acabaram por o encaminhar para o Dr. Jeremy Ruskin, que Craig descreveu como um homem de «talvez um metro e meio de altura, calmo, atencioso e intenso».

Nos primeiros minutos da consulta, o Dr. Ruskin perguntou: «O que está aqui a fazer? O que o traz cá?» Craig contou então a malfadada história que o levou de um exame de rotina à recomendação de um MAZE. O Dr. Ruskin respondeu que, embora um MAZE possa vir a ser necessário, é melhor começar por procedimentos menos invasivos. Craig sentiu-se imediatamente à vontade com o Dr. Ruskin e aderiu instintivamente à abordagem por ele recomendada. Tentaram a via da medicação, alguma terapia por ondas de choque e acabaram por recorrer à ablação. Ao cabo de uma hora de um procedimento minimamente invasivo com a duração de sete horas, o coração de Craig começou a bater normalmente. E assim tem estado desde então.

A história de Craig é simultaneamente fascinante e perturbadora a vários níveis. É uma história do poder divino que os especialistas parecem exercer sobre as nossas mentes. Quando o cardiologista o mandou parar de tomar o anticoagulante, porque é que Craig não disse: «Doutor, tem a certeza de que isso é sensato, dado que o meu pai tinha problemas de saúde debilitantes aos 55 anos... e eu agora tenho 55 anos?» Porque não o fez? Porque os médicos é que sabem! Não é verdade?

A maioria de nós, suspeito eu, cederia à injustificada convicção de que um MAZE era necessário e iria funcionar. Confiaríamos que a medicação ou a terapia de choque não funcionariam, porque foi isso que os médicos especialistas disseram. Mas o que custa perguntar: «O que acontece se tentarmos e não funcionar? Haverá algum efeito negativo residual de tentarmos?» Neste caso, a resposta teria provavelmente sido «não».

De facto, foi graças à sua aguçada capacidade de observação do comportamento humano que Craig viu o seu estado de saúde ser levado a bom porto. A observação de um subtil desconforto do cardiologista na presença do cirurgião pode ter ajudado Craig a evitar os riscos de uma cirurgia de peito aberto, de coração aberto. Mais a mais, assistir ao vídeo de um procedimento MAZE chocou Craig, levando-o a pensar por si próprio. Uma vez que o fez, percebeu que os especialistas tinham tomado conta do rumo da sua saúde. Não estava simplesmente em piloto automático a seguir conselhos de especialistas: era um refém num avião sequestrado por especialistas que estavam a basear os seus vaticínios em diagramas de decisão automatizada.

Uma das principais lições da história de Craig é que os médicos de topo podem nem sempre ser os ideais para a situação que temos entre mãos. Na verdade, pode ser que os médicos de topo sejam maus para a saúde. Como é que isso é possível? Um artigo de 2015 na *JAMA Internal Medicine* analisou mais de uma década de dados envolvendo dezenas de milhares de pacientes com doenças cardíacas agudas e potencialmente fatais[6]. O que os investigadores descobriram é contraintuitivo, mas consistente com a história de Craig. Quando os cardiologistas seniores se encontravam ausentes, os pacientes recuperavam melhor! Os dados indicam que os doentes de alto risco com insuficiência cardíaca ou paragem cardíaca tinham taxas de sobrevivência até 30% melhores quando os médicos de topo estavam em encontros nacionais de cardiologia. Será que a nossa fé inabalável no Senhor Dr. Diretor Chefe Especialista, MD, PhD, está mal orientada? Estaremos a permitir que a nossa necessária e aceitável dependência de especialistas se transforme em desnecessária obediência cega?

Perigo no Japão

Os problemas causados por sistemas excessivamente focados são ampliados quando os empregados aderem ativamente à subserviência face a uma hierarquia. A sociedade japonesa há muito que presta culto no altar da eficiência, com todos os riscos que isso acarreta. O indivíduo é considerado menos importante do que o grupo e os empregados são treinados e requalificados para nunca agirem sem a devida aprovação ou autorização dos superiores — uma dinâmica que desencoraja o pensamento independente em todos os sectores da sociedade. No Japão, muitos aprendem explicitamente a não pensar por si próprios.

Na tarde de 11 de março de 2011, a extrema importância que no Japão é dada à primazia do grupo, à deferência à autoridade e à obediência maquinal às regras do local de trabalho quase transformou uma catástrofe natural numa catástrofe nuclear. Tudo começou às 14h46, quando ocorreu um terramoto de magnitude 9.0, aproximadamente a cerca de 370 km a

6 Anupam Jena, Vinay Prasad, Dana P. Goldman e John Romley, «Mortality and Treatment Patterns among Patients Hospitalized with Acute Cardiovascular Conditions during Dates of National Cardiology Meetings», *JAMA Internal Medicine* 175, n.º 2 (fevereiro de 2015): 237–244, https://jamanetwork.com/journals/jamainternalmedicine/fullarticle/2038979.

nordeste de Tóquio, no mar[7]. Na província de Fukushima, os pescadores perspicazes tinham pressentido a desgraça e, como frequentemente fazem durante esses acontecimentos, logo entraram nos seus barcos e partiram para o mar. Sabem bem que é mais fácil navegar sobre uma ondulação do que sobreviver ao rebentar de uma onda. Alguns dirigiram-se para o interior em direção às montanhas, recordando que os terramotos provocam frequentemente *tsunamis*[8].

Mas na Central Nuclear de Fukushima Daiichi tudo parecia estar bem — pelo menos inicialmente. Dos seis reatores existentes, três já se encontravam encerrados para manutenção rotineira. Os outros três reatores ativos foram automaticamente desligados, tal como deve acontecer quando as suas fundações tremem. O chefe, os controladores e os reguladores que observavam de perto ficaram aliviados quando, pouco depois do terramoto, as luzes voltaram a acender-se. Porém, dentro dos reatores, os trabalhadores pressentiram que não estava tudo bem[9].

Segundo Carl Pillitteri, um técnico americano que estava a trabalhar na central, «ouvi dizer que o terramoto durou seis minutos, mas a mim pareceu-me uma vida inteira. Sentíamo-lo debaixo dos pés. Todo aquele edifício gigantesco se movimentava de uma só vez. Caíam muitas coisas. Apagaram-se quase todas as luzes da sala. O aço da estrutura estava a mover-se sobre as nossas cabeças. As luzes estavam a rebentar por todo o lado... num nanossegundo, o piso inteiro ficou na escuridão... Nos primeiros dois ou três minutos do terramoto, senti que ia ser marcante»[10].

Assim que Pillitteri e a sua equipa conseguiram escapar da fábrica, a primeira vaga do *tsunami* despenhou-se a cerca de 100 metros deles: «Não parecia uma onda prestes a rebentar, mas sim uma enorme elevação do mar... A água simplesmente chegou, contornou as paredes e voltou a sair». Dirigiu-se para o seu carro alugado, que tinha estacionado na colina para poder fazer uma curta caminhada nessa bela manhã luminosa. Mas quando

---

[7] National Academy of Sciences, *Lessons Learned from the Fukushima Nuclear Accident for Improving Safety of U.S. Nuclear Plants* (Washington, DC: National Academies Press, 2014), https://www.ncbi.nlm.nih.gov/books/NBK253939/.

[8] *Frontline*, série 30, episódio 7, «Inside Japan's Nuclear Meltdown», escrito, produzido e realizado por Dan Edge, emitido a 28 de fevereiro, 2012, no PBS, https://www.pbs.org/wgbh/frontline/film/japans-nuclear-meltdown/.

[9] *Frontline*, série 30, episódio 7, «Inside Japan's Nuclear Meltdown».

[10] Carl Pillitteri, «None of You Are Getting out of Here», *Salon*, 9 de março, 2012, https://www.salon.com/2012/03/09/none_of_you_are_getting_out_of_here/.

a primeira vaga recuou, «uma enorme frente negra e tenebrosa desceu» da montanha e começou a nevar. Eram 15h27[11].

Oito minutos depois de a primeira vaga ter recuado, veio outra. Esta era muito maior, com cerca de 12 metros de altura, e passou por cima da parede de betão de dez metros concebida para proteger a central dos tufões. Os reatores e geradores foram imediatamente inundados. Camiões, carros e equipamento pesado foram atirados pelos ares como penas numa tempestade de vento. Às 15h37, dois minutos após a chegada da grande onda, a sala de controlo ficou sem energia elétrica[12].

A energia elétrica numa central nuclear é essencial porque é utilizada para arrefecer as barras de combustível radioativo. Quando o combustível radioativo não é continuamente arrefecido com água bombeada, tem o potencial de derreter as caixas de proteção das barras, acabando por fazer ferver a água à sua volta. O vapor no ar mistura-se então com as barras de combustível, criando um ambiente inflamável rico em hidrogénio. Eventualmente, a pressão gera uma explosão que pode romper as câmaras de contenção e libertar isótopos radioativos para a atmosfera[13].

Assim, quando a energia falhou, foi como se se tivesse acendido o rastilho de uma bomba. O sucedido tornou-se instantaneamente num assunto de extrema urgência que exigia atenção imediata. Às 3 da manhã, o governo do Japão e a direção da Companhia de Energia Elétrica de Tóquio (TEPCO), proprietária e operadora da central, compreenderam este risco e consideraram prudente abrir a ventilação dos reatores para reduzir a pressão e minimizar o risco de explosão. Os respiradouros libertariam alguns elementos radioativos, mas uma mera fração do que seria libertado se houvesse uma explosão. Todos os envolvidos compreenderam que este era um mal necessário para evitar um colapso total[14].

Porém, às sete da manhã, os respiradouros ainda não tinham sido abertos. Os dirigentes da central estavam a seguir o protocolo, certificando-se de que os residentes locais tinham sido evacuados. Ninguém foi capaz de ver o gigantesco elefante na sala até ao momento em que o primeiro-ministro Naoto Kan foi a voar, literalmente, para a central num helicóptero e exigiu à TEPCO que abrisse os respiradouros. A abertura dos respiradouros

---

[11] Pillitteri, «None of You».

[12] *Frontline*, série 30, episódio 7, «Inside Japan's Nuclear Meltdown».

[13] *Idem*.

[14] *Idem*.

foi importante para evitar que um desastre muito pior viesse a acontecer — mas não por muito. Os responsáveis estavam tão focados em limitar as fugas de radiação, que foram incapazes de ver a possibilidade de um derretimento e consequente libertação explosiva de uma quantidade muito maior de radiação[15].

O diretor da central tratou então de organizar aquilo a que chamou um «esquadrão suicida» para abrir os respiradouros. Às nove da manhã, três equipas de duas pessoas dirigiram-se para os respiradouros. A primeira conseguiu abrir ligeiramente a conduta de ventilação, a segunda equipa teve de voltar para trás devido à pressão radioativa causada por essa ligeira abertura e a terceira equipa abandonou a missão[16].

No dia 12 de março, às 15h36, quase 24 horas após a segunda vaga do *tsunami* ter cortado a energia da sala de controlo, o Reator n.º 1 explodiu, o que interrompeu todos os esforços para restaurar a energia aos outros reatores da central. Os níveis de radiação tornaram insustentáveis quaisquer esforços de alívio e, nos dias seguintes, dois dos restantes reatores sofreram explosões que libertaram radiação. A situação assumia contornos catastróficos[17].

A decisão de inundar com água do mar um reator nuclear no valor de vários biliões de dólares tem um enorme peso, uma vez que o inutilizaria de forma permanente. No entanto, a água do mar tem o potencial de impedir um derretimento. É também, para qualquer pessoa que esteja atenta, uma declaração de que a situação está a ficar fora de controlo[18].

Portanto, quando os executivos da TEPCO começaram a injetar água do mar nas instalações quatro horas após a explosão, a decisão deve ter sido seriamente ponderada. Mas não tinham pedido a opinião do primeiro-ministro. Acontece que, naquela tarde, o primeiro-ministro estava a discutir a utilização de água do mar com Haruki Madarame, o presidente da Comissão de Segurança Nuclear. Os dois tinham considerado a possibilidade de criticalidade nuclear, uma ocorrência de baixa probabilidade em que a geração de calor acelera com o recomeço do processo de fissão, enquanto as barras de combustível estão na água. O primeiro-ministro foi avisado de que a probabilidade de isto acontecer «não era zero».

---

[15] *Idem.*

[16] *Idem.*

[17] *Idem.*

[18] Justin McCurry, «Fukushima Boss Hailed as Hero Dies», *The Guardian*, 10 de julho, 2013, https://www.theguardian.com/world/2013/jul/10/fukushima-plant-boss-hero-dies.

O contacto da TEPCO no gabinete do primeiro-ministro transmitiu à direção da empresa que o governo parecia ser contra as injeções de água do mar. Logo, o diretor da TEPCO ordenou então a Masao Yoshida, o diretor da central, que suspendesse as operações com a água do mar. Quando mais tarde lhe foi pedido que justificasse esta ordem, o vice-presidente executivo da TEPCO, Sakae Muto, afirmou que o seu contacto lhe tinha dito que «era o ambiente ou o estado de espírito» no gabinete do primeiro-ministro. Até o antigo chefe de Segurança do Governo, Atsuyuki Sassa, achou isto perturbador: «Estado de espírito? Isto é alguma piada? Tomar decisões com base no estado de espírito?»[19]

Felizmente, Yoshida fez o que é absolutamente notável numa sociedade tão regulamentada como o Japão. Ignorou a ordem e continuou a bombear água do mar. Desobedeceu abertamente às ordens dos seus superiores. Pensou por si próprio, em vez de seguir como um robô as ordens emitidas. Enquanto o gabinete do primeiro-ministro se tinha focado no risco de baixa probabilidade de criticidade, Yoshida focou-se nos perigos imediatos de neutralizar as barras através da inundação[20].

Em retrospetiva, os peritos concordam que a água do mar era a única forma de continuar a arrefecer o reator, e não o fazer teria aumentado o risco de um derretimento mais severo e da libertação de mais radiação. Vários meses após as explosões, Yoshida explicou a sua ação de rebeldia a um repórter, afirmando que não bombear água do mar teria piorado muito a situação, já de si péssima. «Suspender a água do mar poderia ter implicado a morte» dos que se encontravam na central, nas áreas circundantes e, possivelmente, até em Tóquio. As suas ações impediram quase de certeza a evacuação dos 13 milhões de habitantes de Tóquio[21].

Engane-se quem pensar que Masao Yoshida é de alguma forma uma pessoa diferente dos comuns mortais. A julgar pelas aparências, era uma pessoa perfeitamente normal. Na altura da explosão, era um homem de 56 anos que gostava de beber, fumar e de cozinhar comida italiana[22]. Orgulhava-se do seu trabalho e, no momento de crise, compreendeu que tinha uma enorme responsabilidade. Na sua ideia, o seu trabalho não era apenas executar ordens de Tóquio,

---

[19] Norimitsu Onishi e Martin Fackler, «In Nuclear Crisis, Crippling Mistrust», *New York Times*, 12 de junho, 2011, https://www.nytimes.com/011/06/13/world/asia/13japan.html.

[20] Onishi e Fackler, «In Nuclear Crisis, Crippling Mistrust».

[21] *Idem*.

[22] *Idem*.

mas sim ajudar a salvar as vidas daqueles que se encontravam na fábrica e para além dela. Teve em conta o panorama geral, recusando-se a limitar a sua visão ao foco que a hierarquia e as regras exigem. Focou-se na missão, não na tarefa. E o mais importante, confiou em si próprio. Yoshida é um herói que salvou muitas vidas, ainda que ninguém o celebre. Alguns acreditam que o seu ato de desobediência foi, de facto, a única decisão que impediu uma fusão total dos reatores e uma libertação descontrolada de radiação que teria afetado Tóquio e, muito possivelmente, a maior parte do país.

Estaríamos à espera que fosse considerado um herói nacional, certo? Que fosse condecorado com o equivalente japonês da Medalha de Honra do Congresso? Não.

Pelas suas ações corajosas, a direção da TEPCO deu-lhe uma reprimenda verbal por ter desafiado as ordens. Yoshida reformou-se antecipadamente no final de 2011, após lhe ter sido diagnosticado um cancro do esófago. Morreu em 2012. Crê-se que o cancro não estava relacionado com a sua experiência na fábrica[23].

Infelizmente, Yoshida não é um caso típico no Japão, na TEPCO ou até em qualquer uma das grandes organizações atuais. Pouco depois do acidente e pela primeira vez na história japonesa, o governo ordenou uma investigação independente sobre o que aconteceu[24]. O comité encarregado de investigar os acontecimentos produziu um relatório contundente que foi divulgado em julho de 2012[25]. Kiyoshi Kurokawa, professor de medicina da conceituada Faculdade de Medicina da Universidade de Tóquio, foi incumbido de liderar a investigação. O seu resumo das causas do acidente foi o mais incisivo possível: «as causas fundamentais foram: o reflexo de obediência; a relutância em questionar a autoridade; a devoção ao "cumprimento do programa"; o grupismo e a insularidade»[26].

---

[23] McCurry, «Fukushima Boss Hailed as Hero Dies».

[24] «Fukushima Nuclear Accident "Man-Made," Not Natural Disaster», *Sydney Morning Herald*, 5 de julho, 2012, https://www.smh.com.au/world/fukushima-nuclear-accident--manmade-not-natural--disaster-20120705-21jrl.html.

[25] *Official Report of The Fukushima Nuclear Accident Independent Investigation Commission, July 2012* (Tóquio: National Diet of Japan, 2012), http://japan311disaster.com/wp-content/uploads/2013/05/Kurokawa-Commission-Report-7-5-12-English.pdf.

[26] Kiyoshi Kurokawa, «Message from the Chairman», em *Official Report of the Fukushima Nuclear Accident Independent Investigation Commission, July 2012* (Tóquio: National Diet of Japan, 2012), 9, http://japan311disaster.com/wp-content/uploads/2013/05/Kurokawa--Commission-Report-7-5-12-English.pdf.

Na conferência de imprensa em que foram anunciados os resultados, Kurokawa advertiu que «se outros japoneses tivessem estado no lugar daqueles que foram responsáveis por este acidente, o resultado poderia muito bem ter sido o mesmo»[27]. Não estou de acordo. Sem Yoshida ao leme, receio que o resultado pudesse ter sido muito, muito pior. Além disso, não estou tão certo de que este problema seja realmente japonês. Claro que a homogeneidade cultural e a devoção da sociedade a grupos em detrimento de indivíduos podem ter exacerbado a situação, mas, francamente, penso que a visão de Kurokawa em relação ao Japão pode ser muito mais abrangente do que ele reconheceu. Porventura, a maioria de nós não segue cegamente as regras, os conselhos de peritos e as opiniões das autoridades?

Será possível que ele tenha apontado o dedo a um problema muito mais universal? Cada vez que leio o relatório, fico abismado com a relevância do «reflexo de obediência (...) da relutância em questionar (...) da devoção ao cumprimento do programa» no mundo para além do Japão. Não serão estas as mesmas condições em que todos nos encontramos com o nosso reflexo de obediência às ordens de um médico, a relutância em questionar a lógica de um tratamento ou a devoção ao seu estatuto de especialista médico? E se um mecânico nos sugerir que o carro necessita urgentemente de novos travões? Quem tem a ousadia de questionar essa recomendação?

É um facto pouco conhecido que perto de Fukushima Daiichi havia outra central, a Fukushima Danini, que se saiu ainda melhor — também em parte devido a um líder que pensava por si próprio. Conhecido como «Masuda de coração de ferro», o responsável do local, Naohiro Masuda, tomou decisões difíceis — contra os instintos do seu pessoal e dos seus supervisores — que salvaram a fábrica.

Apesar do perigo aparente, obrigou todos os funcionários a permanecerem na fábrica, porque sabia que o moral era tão importante como a eficiência e que a união impulsionava o moral. Além disso, tomou uma posição contra a sede em várias ocasiões. Quando os superiores, dotados de uma frustrante combinação de autoridade e ignorância, exigiram que Masuda desligasse a energia que era crucial para a monitorização dos reatores, ele negou-se terminantemente a fazê-lo[28]. Noutra altura,

---

[27] Kiyoshi Kurokawa, «Message from the Chairman», 9.

[28] Ranjay Gulati, Charles Casto e Charlotte Krontiris, «How the Other Fukushima Plant Survived», *Harvard Business Review*, julho-agosto 2014, https://hbr.org/2014/07/how-the-other-fukushima-plant-survived.

quando pediu 4000 toneladas de água, a administração em Tóquio concedeu-lhe 4000 litros[29]. Felizmente, Masuda pensou por si próprio e, em vez de aceitar a fração que lhe foi concedida, voltou atrás e exigiu mais água. A certa altura, basicamente incitou o que, em quaisquer outras circunstâncias, seria visto como uma rebelião. A sua diretiva para os seus colegas e pares foi: «Não dependam dos outros. Vamos fazer as coisas por nós próprios.»[30]

Masuda, à semelhança do colega da outra fábrica de Fukushima, é um herói desconhecido desta crise. A sua capacidade de pensar por si próprio salvou a central. De facto, acredita-se que os seus esforços resultaram em zero emissões radioativas[31]. Quantas pessoas desobedeceriam às ordens dos chefes em vez de se esconderem cegamente atrás da desculpa de «sou só um funcionário» ou «só estava a fazer o que me foi dito»? Infelizmente, menos do que seria ideal.

...

O que fazer da nossa predisposição simultaneamente apetecível e desprezível para entregar a nossa autonomia a pessoas que sabem mais do que nós? Uma grande parte da resposta é o ambiente de esmagadora complexidade que sobrecarrega a nossa capacidade de lidar com a frequência e intensidade das decisões que somos levados a tomar. A externalização de muitas destas decisões pode permitir taxas de sucesso mais elevadas nos domínios em que se mantém a autonomia. Certamente que há um custo na externalização das nossas decisões, mas há também um benefício.

Afinal de contas, pelo menos para mim, investir tempo e energia a aprender sobre os aspectos técnicos do meu carro não é provavelmente a melhor utilização do meu tempo — nem aprender sobre canalização ou sobre determinados elementos do meu corpo e respetivo funcionamento. Se queremos viver neste mundo altamente complexo mantendo uma certa aparência de normalidade, precisamos de aprender a confiar nos outros. Resumindo,

---

29 Mami Onoda, «Fukushima No. 2 Scrambled to Avoid Same Fate as Sister Site Fukushima No. 1», *Japan Times*, 10 de setembro, 2014, https://www.japantimes.co.jp/news/2014/09/10/national/fukushima-2-scrambled-avoid-fate-sister-site-fukushima-1/#.XiM5jy2ZPfY.

30 Onoda, «Fukushima No. 2 Scrambled».

31 Chuck Casto, «Interview with Chuck Casto», Quality World (website), 9 de agosto, 2016, https://www.quality.org/knowledge/%E2%80%8Bfukushima-daiichi-an-daini---tale--two-leadership-styles.

estamos todos dependentes uns dos outros em certa medida; é um facto da vida moderna. Mas esta dependência não precisa de se traduzir em obediência cega. Ao dirigirmo-nos àqueles que nos podem ajudar, devemos recordar as suas limitações e apreciar outras perspetivas.

PARTE 3

RECUPERAR A AUTONOMIA

O problema de obedecer cegamente aos conhecimentos especializados é o facto de esta condição se ter tornado a norma. Para recuperar a nossa autonomia e capacidade de autodeterminação, precisamos de pensar por nós próprios. Temos de começar por compreender os constrangimentos que existem sobre o saber especializado de que necessitamos. Ter consciência de como a nossa escassa atenção está a ser utilizada é fundamental e exige que sejamos conhecedores de quem ou o quê está a enquadrar as nossas escolhas. Mas também precisamos de nos manter focados nos objetivos, compreendendo que aqueles que têm um foco restrito podem ajudar nas tarefas, mas a responsabilidade pela missão, todavia, continua a ser nossa. Devemos igualmente lutar contra a tirania da sabedoria estabelecida, se esta não for aplicável à nossa situação específica. Não podemos ser peritos em tudo e as perspetivas diferentes podem ajudar-nos, mas devemos manter os peritos à mão, não à cabeça. A profundidade da perícia deve ser equilibrada com a valorização da amplitude de perspetiva.

CAPÍTULO 6

Fazer uma gestão consciente do foco

Uma das práticas mais determinantes que podemos adotar ao pensarmos por nós próprios é tomarmos consciência dos gestores de foco que exercem constantemente a sua influência sobre as nossas vidas. Quem está a enquadrar as nossas escolhas para a tomada de decisões? Que opções podem estar a ser deixadas fora dos holofotes que terceiros apontam por nós? Temos de gerir conscientemente para onde canalizamos o nosso foco e os temas que merecem a nossa atenção.

Como magia

Há alguns anos, tinha acabado de me sentar para jantar durante uma conferência, quando reparei num homem que circulava pela sala, cumprimentando as pessoas de forma aleatória, e que por fim se dirigiu ao palco. Foi apresentado como sendo «Apollo Robbins, *o Ladrão Cavalheiro*».

Robbins é possivelmente o estudante mais avançado do mundo em matéria de foco. Ele domina a arte de gerir a atenção dos outros, e fá-lo de uma forma tão discreta que consegue esvaziar os bolsos de uma pessoa sem que esta dê por isso. É um especialista em gestão da perceção e usa truques de magia para demonstrar como as distrações podem levar ao autoengano. Empresas, governos e organizações de todo o tipo procuram os seus conselhos e perícia.

Robbins tornou-se famoso ao realizar um dos «furtos» mais audaciosos da história dos carteiristas. Em 2001, encontrou o destacamento dos

Serviços Secretos de Jimmy Carter enquanto o antigo Presidente estava a jantar. A *New Yorker* resumiu o encontro da seguinte forma:

> Robbins encetou conversa com vários homens dos Serviços Secretos [de Jimmy Carter]. Em poucos minutos, esvaziara os bolsos dos agentes de praticamente tudo, menos das suas armas. Robbins brandiu uma cópia do itinerário de Carter e quando um agente lho arrancou das mãos, disse: «Não tem autorização para ver isso!» Quando o agente lançou a mão ao seu distintivo, Robbins fê-lo aparecer e devolveu-lho. Depois virou-se para o chefe do destacamento e entregou-lhe o relógio, o distintivo e as chaves da comitiva de Carter[1].

Ao longo dos anos que tem passado enquanto animador a tempo inteiro, Robbins conseguiu tirar (e devolver) um anel de noivado da então namorada de Ben Affleck, a atriz Jennifer Garner, um espesso maço de notas do bolso da estrela da NBA Charles Barkley e um relógio *Patek Philippe* do pulso de Ace Greenberg, antigo presidente da Bear Stearns. Com um truque, conseguiu retirar a carta de condução de um homem da sua carteira, colocar a carteira no lugar e fazer com que a carta aparecesse num saco selado de *M&M* na mala da sua mulher.

As habilidades de Robbins não foram simplesmente relegadas para o campo do entretenimento; é um formador ativo e partilha regularmente os seus conhecimentos de gestão da perceção com plateias, clientes e até mesmo com o público. Produziu e apresentou um programa de televisão popular na National Geographic chamado *Brain Games*. Os organizadores das conferências TED aclamaram a sua palestra como uma revelação das falhas na perceção humana. Constituiu também uma empresa de educação e formação para proporcionar uma formação imersiva em apoio à aprendizagem experimental.

OK, creio que já transmiti a ideia. Quando se trata de retirar coisas dos bolsos e outros truques de ilusionismo, Apollo Robbins está o mais próximo do sobre-humano que existe neste planeta. Tendo-o observado em ação, posso dizer que é espantoso. Provavelmente estará interessado em perceber, como eu estava, como ele o faz. Qual é o seu segredo?

---

[1] Adam Green, «A Pickpocket's Tale», *New Yorker*, 30 de dezembro, 2012, https://www.newyorker.com/magazine/2013/01/07/a-pickpockets-tale.

O segredo, disse-me Robbins durante uma conversa telefónica, é gerir o foco[2]. Robbins está sempre a pensar no local para onde as pessoas estão a canalizar a sua atenção. De forma inata, tem consciência do facto de que as pessoas têm uma quantidade fixa de atenção e usa isso em seu proveito. Chega mesmo a descrever os seus métodos nessa linguagem. Ao explicar o que faz e como o faz, Robbins disse-me: «Consigo gerir a atenção como se fosse um fluxo de água e vejo para onde ela vai. Depois, tenho de me movimentar de acordo com isso.»[3] Ele até fala em cortar uma fatia da «tarte da atenção» de alguém. Soa familiar? Robbins direciona ativamente o pouco foco que temos, levando-nos a ignorar os seus esforços para nos tirar a carteira, desapertar o relógio ou esvaziar os bolsos.

Robbins não se limita a direcionar o nosso foco visual, usando igualmente o tato e a voz para nos distrair. Nas suas palavras: «Uma vez que tens de escolher entre todos os teus sentidos — a visão, a audição — e toda essa informação está a chegar a um só lugar, se eu conseguir aceder ao teu sistema de prioridades, posso começar a piratear a ordem das tuas prioridades para que te foques em certas coisas enquanto outras ficam fora do radar.»[4]

Leia novamente esta última frase. Robbins está atento ao que ignoramos e usa todas as ferramentas à sua disposição para o fazer. Um toque no pulso, uma palmadinha no ombro, mover o corpo de um alvo para a esquerda, olhá-lo nos olhos. É tudo uma questão de concentração e desatenção. Mais a mais, a ansiedade que Robbins suscita nas pessoas por estas saberem que ele vai tentar mexer nos seus bolsos funciona realmente em seu benefício. Leva a que, na sua presença, as pessoas dediquem ainda mais atenção ao que ele toca, ao que ele diz, ao que ele faz.

O aumento da intensidade do foco leva a maiores ângulos mortos. Basta pensar que nos pediam para contar o número de bolas de basquetebol a serem passadas da esquerda para a direita e, em simultâneo, contar as bolas aéreas (mas não dribladas) a serem passadas da direita para a esquerda. As hipóteses de ver o gorila (discutido no Capítulo 3) caem a pique à medida que o exercício leva fatias cada vez maiores da nossa tarte de atenção. Robbins ataca os sistemas sensoriais e controla a atenção. À medida que nos concentramos, drenamos os nossos reservatórios de atenção e perdemos a capacidade de ver acontecimentos inesperados.

---

[2] Apollo Robbins, entrevista telefónica com o autor, 30 de novembro, 2015.

[3] National Geographic, «Apollo Robbins on Focus: Brain Games», YouTube, 15 de abril, 2013, 1h51, https://www.youtube.com/watch?v=d54ydsKUNGw.

[4] National Geographic, «Apollo Robbins».

Quando Robbins gere o que sentimos, para onde olhamos e o que ouvimos, deixamos literalmente de sentir, olhar e ouvir. As lições de Robbins revelam a importância da consciência em torno do foco. Estamos atentos àquilo em que nos concentramos e descuidamos aquilo que está fora do nosso foco. Robbins recorda-nos que devemos concentrar-nos no foco. A atenção é uma variável que precisa de ser gerida intencionalmente, tal como o tempo e o dinheiro. Não o fazemos por nossa própria conta e risco, como mostram os exemplos deste livro. Quando temos consciência do nosso foco, temos em mente aquilo que decidimos ignorar, tornando-nos preparados para os riscos que o nosso foco cria e para as oportunidades que ignora.

Susana Martinez-Conde, investigadora do Laboratório de Neurociência Visual no Arizona e coautora de *Sleights of Mind: What the Neuroscience of Magic Reveals about Everyday Deceptions*, passou muito tempo a estudar a abordagem de Robbins ao foco. A sua pesquisa confirma que os gorilas estão em todo o lado e Robbins é um mestre a produzi-los. «Quando Apollo sobe ao palco, faz as pessoas olharem para coisas, fala com elas, toca nos seus corpos, aproxima-se muito delas e provoca uma resposta emocional ao penetrar no seu espaço íntimo… É uma total sobrecarga de atenção.»[5]

Sobrecarga de atenção? Lembremo-nos de que a atenção é apenas um dos lados da moeda; no outro lado está a desatenção. Mais vale substituir a palavra *atenção* por *desatenção*, porque Robbins está efetivamente a criar uma sobrecarga de desatenção. Pressiona de tal forma as nossas capacidades de processamento sensorial que mais valia desligar as nossas cabeças dos nossos corpos, razão pela qual tantas pessoas se sentem totalmente impotentes e confusas ao pé dele.

O jornalista da área científica do *New York Times*, George Johnson, escreveu em 2007 que «Apollo, com a força do seu olhar e o arco da sua mão, direcionou a minha atenção como um candeeiro articulado, de modo que estava sempre a apontar na direção errada. Quando aparentava estar a alcançar o meu bolso esquerdo, estava a tirar algo do bolso direito»[6].

Direcionar a *atenção* como um candeeiro articulado? Se isto não capta a essência de Apollo Robbins, então não sei o que captará! Assim, não é de surpreender que a Warner Brothers o tenha tido como conselheiro

---

[5] Caroline Williams, «How Pickpockets Trick Your Mind», *BBC Future*, 18 de novembro, 2014, https://www.bbc.com/future/article/20140629-how-pickpockets-trick-your-mind.

[6] George Johnson, «Sleights of Mind», *New York Times*, 21 de agosto, 2007, https://www.nytimes.com/2007/08/21/science/21magic.html.

enquanto produzia *Focus*, um filme de 2015 protagonizado por Will Smith como Nicky, um vigarista maduro e experiente que se envolve romanticamente com Jess, interpretada por Margot Robbie, uma mulher que quer aprender as suas habilidades.

Numa cena do filme, Nicky e Jess saem para um jardim coberto de neve, onde Nicky tira o casaco e começa uma pequena lição: «Este é, bem vistas as coisas, um jogo de concentração.»[7] Neste momento, Nicky mostra a Jess o anel que acabara de lhe retirar do dedo sem que ela desse por isso.

Nicky continua, dando-lhe a volta por completo: «Ora, a atenção é como um holofote e o nosso trabalho é dançar na escuridão.» Mostra-lhe então o relógio que há instantes estava no pulso dela.

Jess está genuinamente impressionada, mas de forma ingénua. Enquanto utiliza a sua atenção limitada para descobrir como é que ele lhe tirou o relógio, Nicky avança para o alvo seguinte.

Continua, dizendo: «O cérebro humano é lento e não pode fazer múltiplas tarefas em simultâneo.» Nicky mostra-lhe o anel que mais uma vez lhe roubou.

Nicky explica que a perceção de Jess tem de partir da perspetiva da sua vítima: «O comportamento humano é muito previsível. Se eu olhar para a minha mão, o teu olhar será naturalmente atraído, o que me permitirá entrar no teu espaço. Mas quando olho para ti, isso faz com que olhes diretamente para mim.» Nicky revela que lhe tirou os óculos de sol.

Demonstra em seguida o poder do foco sensorial. Tal como o foco visual pode tornar-nos cegos ao que pode até estar mesmo à nossa frente, também o foco numa determinada parte do corpo pode entorpecer a sensibilidade noutras partes. Depois de lhe tocar no ombro, Nicky diz: «Toco-te aqui e roubo dali.» Depois devolve-lhe o telemóvel que lhe tirara no bolso. Depois toca no lado esquerdo do corpo dela, dizendo: «Toco-te aqui e roubo dali», e revela que lhe tirou as chaves do bolso direito.

Nicky termina com: «Se conseguires a atenção das pessoas, levas o que quiseres.» Depois devolve-lhe o anel que lhe tirara pela terceira vez do dedo. Ela ri-se enquanto abana a cabeça e sorri.

Quando vi o filme *Focus* pela primeira vez, pensei imediatamente em Apollo Robbins e só mais tarde soube que ele tinha sido assessor dos

---

[7] *Focus*, dirigido e escrito por Glenn Ficarra e John Requa, protagonizado por Will Smith, Margot Robbie e Rodrigo Santoro (Burbank, CA: Warner Home Video, 2015), DVD. O guião do filme *Focus* pode ser encontrado em Scripts (website), https://www.scripts.com/script-pdf/8369. Todas as citações do filme nesta parte são provenientes desta fonte.

produtores. Na verdade, Robbins treinou Will Smith e Margot Robbie durante mais de três meses, ensinando-os a fazê-lo a sério. Smith diz ter aprendido com Robbins que desviar a atenção não é olhar numa direção enquanto a atividade acontece noutra. Em vez disso, «Podemos estar a olhar diretamente para lá mas, se não estivermos a pensar nisso, não o processaremos»[8]. Soa ao caso do gorila, não?

O cão que não ladrava

Para desvendar os mistérios que envolvem o inesperado, vamos recorrer a uma das mais famosas histórias de Sherlock Holmes, «Silver Blaze»[9]. *Silver Blaze* é um cavalo de corrida premiado que desaparece na véspera de uma competição importante. O seu treinador é encontrado morto na manhã seguinte. Sherlock Holmes dirige-se ao local para ajudar na investigação. Ao chegar, Holmes descarta o suspeito óbvio, Fitzroy Simpson, sobre o qual o inspetor Gregory e a polícia estão concentrados.

Apesar de Simpson ter aparecido perto dos estábulos na noite do crime a indagar sobre as capacidades do cavalo (pois estava a apostar na corrida) e o seu casaco e lenço terem sido encontrados perto do cadáver, Holmes diz que Simpson poderia facilmente ter matado ou ferido o animal no seu estábulo. Não havia qualquer motivo para levar o cavalo até ao charco para o magoar. E o facto de o cavalo não se encontrar em lado nenhum não corrobora o caso contra Simpson. Onde e porque é que ele o esconderia?

A polícia tinha vasculhado todos os estábulos vizinhos, mas não tinha encontrado o cavalo. Quando Holmes encontrou o cavalo, este estava num estábulo vizinho, com a testa branca disfarçada com tinta. O inspetor Gregory e a polícia estavam tão concentrados na descoberta da testa branca que não conseguiram ver as semelhanças com o animal desaparecido. A cor tornou-se nos seus passes de basquetebol. O cavalo era o seu gorila.

Holmes debruçou-se então sobre a questão do treinador morto. O rapaz do estábulo que estava de serviço naquela noite tinha sido drogado com

---

[8] Gregory Miller, «How Will Smith Learned to Pickpocket for His New Role», *New York Post*, 21 de fevereiro, 2015, https://nypost.com/2015/02/21/will-smith-learns-how-to-pickpocket-for-focus-role/.

[9] Arthur Conan Doyle, «Silver Blaze», The Complete Sherlock Holmes Canon (website), consultado a 27 de janeiro, 2020, https://sherlock-holm.es/stories/pdf/a4/1-sided/silv.pdf.

ópio em pó misturado no jantar. A refeição que comera nessa noite era de carneiro frito, um prato picante que ocultava o sabor distinto do ópio. Simpson não podia ter escolhido a refeição, por isso Holmes suspeitou de imediato do treinador e da sua mulher.

Mas havia outras incongruências. Em vez de se debruçar sobre a forma como o treinador tinha morrido, Holmes adota uma perspetiva mais geral. Descobriu que o treinador andava a viver de forma luxuosa e que tinha um bisturi no bolso. Havia também o facto aparentemente irrelevante de três ovelhas terem ficado mancas nas semanas anteriores.

Mas foi «o curioso incidente do cão durante a noite»[10] que fez com que Holmes resolvesse o caso. O cão não ladrou a meio da noite, um facto que todos tinham negligenciado. O inspetor Gregory e a polícia tinham-se concentrado nos acontecimentos invulgares e estavam, portanto, cegos a acontecimentos que não fossem invulgares, mas que pudessem ser significativos. O cão não ladrou porque deve ter sido o treinador que levou *Silver Blaze* do estábulo; se não fosse o caso, o cão teria certamente feito barulho.

Holmes conclui que o treinador tinha planeado cortar cirurgicamente alguns dos músculos do cavalo de uma forma que prejudicaria as suas capacidades competitivas, mas que permaneceria escondida de todos os observadores. O treinador deve ter praticado nas ovelhas, motivo pelo qual três delas estavam coxas. Além disso, a mulher do treinador andava a usar vestidos caros, atípicos para uma família com os seus meios. Quando o treinador estava prestes a mutilar o cavalo a meio da noite, este assustou-se e deu-lhe um coice na cabeça, matando-o instantaneamente.

O conto é um ótimo exemplo de um mistério que se resolve com a gestão do foco. Os inspetores da polícia não conseguem resolver o caso porque estão demasiado concentrados em determinadas coisas. Não lhes resta nenhuma atenção para despender em temas como as ovelhas mancas, os vestidos caros ou o cão que não ladrou à noite. A polícia está alheia a estes acontecimentos porque está concentrada noutros aspectos. Não conseguiram ver o gorila.

É necessária uma perspetiva independente, externa e menos focada para relacionar os factos de uma forma conclusiva. Com efeito, ao longo da história, Holmes elogia o investigador da polícia como sendo um agente extremamente competente, mas a quem falta imaginação. Se a imaginação é a capacidade de pensar de forma ampla, deixando a mente vaguear à medida que cria cenários possíveis, provavelmente não é uma grande extrapolação sugerir que

---

[10] Doyle, «Silver Blaze», 9.

Holmes está, na verdade, a criticar o inspetor Gregory por estar demasiado focado. O inspetor Gregory não tinha largura de banda para relacionar os factos, por estar demasiado ocupado a cavar mais fundo em busca de novos factos. Ele devia ter alargado o seu foco, feito um *zoom out* e visto o panorama geral.

Uma vez que o inspetor Gregory dedicou a sua atenção a Simpson, ao ferimento na cabeça que matou o treinador e à testa branca do cavalo desaparecido, já não lhe restava atenção para direcionar às ovelhas coxas, ao carneiro picante ou ao cão que não ladrou. O inspetor estava impedido de ver devido ao foco.

Mudar de foco

Não nos damos conta da quantidade de informação que transmitimos sobre nós próprios. Na realidade, estamos constantemente a dizer imenso ao mundo através de sinais subtis e contraditórios. Pensemos no facto de os carteiristas tenderem a rondar os avisos de «Cuidado com os carteiristas». Porquê? Porque a primeira coisa que a maioria das pessoas faz depois de ler estes avisos é verificar se ainda tem os seus bens de valor — produzindo um mapa eficaz da sua localização. Aqui, mais uma vez, o foco cega-nos. A concentração nos nossos pertences é tão completa que nos tornamos inconscientes da mensagem que estamos a veicular: «Aqui estão os meus pertences! No bolso superior!»

Tive a sorte de ter muitos amigos ao longo dos anos que entraram para os serviços secretos. Eles entendem os sinais que transmitimos involuntariamente. Quando viajei por várias economias emergentes pouco seguras há alguns anos, um amigo da faculdade que trabalhava em Langley, Virgínia, aconselhou-me a não utilizar uma escolta de segurança. O conselho do meu amigo foi simples: a utilização de uma escolta chama a atenção. Aconselhou-me igualmente a não me registar na Embaixada dos EUA para uma viagem de curta duração. Porquê? Salientou que as pessoas que constam dessas listas podem tornar-se (e muitas vezes tornam-se) alvos.

Em vez disso, aconselhou: «Vai de calças de ganga rasgadas com os pertences numa mochila, veste uma camisola e uns ténis e, se alguém te for buscar, pede-lhe que conduza um carro vulgar e senta-te no banco da frente ao lado do condutor.» Ao desviar o meu foco da minha segurança, olhando através da perspetiva dos potenciais bandidos, acredito ter reduzido os riscos associados a viajar em muitos dos ambientes mais desafiantes do mundo em matéria de segurança, conduzindo negócios na Ásia, África, América Latina, Europa Oriental e Médio Oriente.

Reféns do foco

Embora a gestão da atenção seja sempre importante, é absolutamente essencial em situações que envolvem vida ou morte. Veja-se, por exemplo, a negociação de reféns. Talvez mais do que qualquer outra profissão para além da de carteirista profissional, o negociador de reféns tem de ser um mestre na gestão do foco. Alguns negociadores concentram-se amplamente na missão geral de resolução e recuperação de reféns. Outros seguem mecanicamente os procedimentos dos manuais, concentrando-se estritamente nos passos ensaiados para negociar libertações.

Veja-se o caso de Michael Schneider, um negociador profissional de reféns que trabalha para o Departamento de Polícia de Antioch. Em julho de 1993, o agente Schneider foi convocado para uma situação em que um homem tinha feito os seus dois filhos reféns sob a ameaça de uma arma. Schneider falou com o homem durante horas, convencendo-o a entregar algumas armas e pedindo-lhe que tirasse a camisa como sinal de rendição. Estava empenhado em assegurar a libertação das crianças, independentemente do tempo que levasse. O capitão de Schneider, no entanto, estava intensamente concentrado no fator tempo e pressionou-o a impor um prazo[11].

O agente Schneider convenceu o capitão a dar-lhe mais tempo mas, por fim, o foco no tempo em que o capitão insistia prevaleceu. Impôs um prazo de dez minutos. Nove minutos mais tarde, o homem tinha matado os filhos e tinha-se suicidado. Foi encontrado sem camisa, sugerindo que de facto estava disposto a render-se, mas mudara de ideias quando se sentiu pressionado. O capitão estava determinado a controlar a situação impondo um prazo rigoroso, enquanto o agente Schneider se tinha comprometido com uma resolução pacífica, por mais tempo que demorasse. A visão limitada baseada no tempo pode ter contribuído para as mortes desnecessárias e trágicas[12].

Uma dinâmica semelhante ocorreu numa das mais famosas negociações com reféns da história americana recente. Em 1993, o negociador de reféns do FBI Gary Noesner foi notificado através do seu *beeper* de uma situação de reféns que se estava a agravar, num complexo isolado perto de Waco, Texas. O Ramo Davidiano, um culto religioso dirigido por um líder autoritário

---

[11] Gary Noesner, *Stalling for Time: My Life as an FBI Hostage Negotiator* (Nova Iorque: Random House, 2010), 74–75.

[12] Noesner, *Stalling for Time*, 74–77.

chamado David Koresh, tinha protegido o terreno com armas ilegais e estavam supostamente a abusar de crianças. Os agentes do departamento de Álcool, Tabaco e Armas de Fogo (ATF) tinham tentado invadir o recinto num domingo, acreditando que os membros do culto estariam vulneráveis e desprovidos de armas por ser o dia de descanso religioso. Mas os agentes tinham deitado a perder o elemento surpresa por causa de uma equipa de jornalistas que inadvertidamente deixara o cunhado de Koresh em alerta ao pedirem-lhe direções[13].

Os funcionários do ATF perceberam que o seu plano tinha sido descoberto, graças a um agente infiltrado que estava no complexo quando o cunhado de Koresh se apressou a informar o líder da rusga iminente. Apesar de saberem que os davidianos estavam preparados, os líderes da ATF preferiram focar-se obstinadamente no plano que tinham, em vez de se adaptarem às novas circunstâncias. Como seria de esperar, a rusga desencadeou uma escaramuça que resultou em mortes de ambos os lados. A negociação de reféns começou a sério depois da troca de balas.

Nessa noite, Noesner encarregou-se das negociações com Koresh. Começou de imediato por tentar entender a perspetiva do líder. Pretendia ganhar a confiança de Koresh, em parte explorando o facto de que este estava zangado com os agentes da ATF e não tanto com o FBI, a organização para a qual Noesner trabalhava. Conversou pacientemente com Koresh, sem nunca implicar qualquer má-fé. Tentou criar empatia com ele e quando percebeu que não havia nenhuma «grande rendição» à vista, Noesner começou a concentrar-se na libertação de cada vez mais crianças (e, eventualmente, adultos). Chamou a isto a estratégia «gotejar, fluir, jorrar». Começou a funcionar, com 21 crianças libertadas nos primeiros cinco dias após esta abordagem ter sido adotada.

Mas como Noesner fazia parte da equipa de negociação, que era um grupo distinto e diferente da equipa de resgate de reféns, não tinha capacidade para controlar as ações dos agentes mais agressivos. O armamento pesado que o Ramo Davidiano possuía preocupava esta outra equipa. Queriam fazer uso de uma demonstração de força para provar aos cultistas que a posição deles não tinha saída. Como disse Noesner, «enquanto os negociadores tentavam ser compreensivos e encontrar um meio-termo, as pessoas da equipa tática não podiam deixar de transmitir uma imagem bélica que aumentava a tensão. Uma voz empática ao telefone não tem influência

[13] Noesner, *Stalling for Time*, 97.

suficiente para compensar a poderosa impressão disponível aos olhos do próprio sujeito»[14].

A tarefa de Noesner era gerir o foco de Koresh, mas era minado pelas ações da equipa tática no terreno. Era difícil dirigir o foco do Ramo Davidiano quando a equipa de resgate competia com Noesner utilizando veículos blindados. Eventualmente, Koresh concordou em render-se em troca de um sermão seu transmitido na televisão. Quando os negociadores avançaram, Koresh começou a empatar, acabando por se recusar a render-se, alegando mais tarde que Deus lhe tinha dito para esperar.

Segundo Noesner, os seus superiores fora da equipa de negociação, Dick Rogers e Jeff Jamar, ficaram indignados com o que eles acreditavam ser o logro intencional de Koresh, decidindo nesse momento que o queriam castigar. Como Noesner explicou, o seu desejo de retaliação violava «um princípio fundamental do programa de negociações do FBI: nunca confundir vingança com conseguir o que se quer»[15]. E assim deslocaram os veículos blindados em direção ao complexo.

Isto irritou os davidianos, que alegaram não ter quebrado quaisquer promessas. Na ideia deles, ainda planeavam render-se; simplesmente Deus tinha-lhes dito que esperassem. A empatia de Noesner permitiu-lhe ver que aqueles que se encontravam no complexo provavelmente *acreditavam* nos pronunciamentos claramente egocêntricos de Koresh. Presumir que estavam a agir de má-fé só confundia mais ainda a situação. Mesmo assim, Noesner persistiu na comunicação empática com Koresh. Quando ouviu na rádio uma história sobre uma nebulosa em forma de guitarra, sugeriu a Koresh, ele próprio guitarrista, que isto poderia ser um sinal para que saísse.

Depois, inexplicavelmente, a equipa de resgate aprovou uma ação para cortar a energia ao complexo — precisamente quando Noesner julgava que a sua equipa estava a ganhar terreno com os cultistas, tendo recentemente entregado leite, tão necessário ao complexo. Sem energia, o leite começou a estragar-se pouco depois de ter chegado. Este padrão continuou, com Noesner a fazer incursões emocionais e a ser minado pelas táticas agressivas da equipa de salvamento. Continuaram com os cortes periódicos de energia, instalaram luzes ofuscantes apontadas para o recinto e autorizaram que se emitisse música alta para dentro do mesmo. Todas estas ações se focavam em acelerar e antagonizar; enquanto isso, Noesner estava focado em criar empatia.

---

[14] Noesner, *Stalling for Time*, 104–105.

[15] Noesner, *Stalling for Time*, 110.

No exemplo mais flagrante desta dinâmica, Jamar ordenou uma vez mais aos veículos pesados blindados que avançassem, mas desta vez cortaram acidentalmente a linha telefónica que o negociador estava a utilizar para comunicar. Depois disso, sentindo-se pressionada a produzir resultados, a equipa de resgate ordenou aos agentes que desmontassem e retirassem a maquinaria em redor do complexo — destruindo a propriedade dos cultistas, numa altura em que o negociador tentava conquistar a sua confiança.

Pouco tempo depois, Noesner foi retirado do caso. Em seguida, a situação deteriorou-se rapidamente. O seu substituto, um cristão devoto, tentou argumentar teologia com Koresh, em vez de tentar compreender a sua perspetiva. Em pouco tempo, os antigos superiores de Noesner organizaram uma intervenção no complexo. Agentes encheram o recinto com gás lacrimogéneo, fazendo buracos nas paredes para permitir que as pessoas escapassem. Em minutos, os davidianos atearam fogo ao complexo e cometeram suicídio. Morreram 76 pessoas.

Noesner tinha um foco radicalmente diferente de Jamar e Rogers. Muito embora todos quisessem acabar com o impasse, estes últimos estavam preocupados em suscitar reações e acelerar o conflito. O seu principal foco era fazer com que o impasse terminasse rapidamente. Noesner, em contrapartida, tentou compreender a perspetiva dos cultistas e acreditar na sua palavra, convicto de que uma abordagem lenta e constante resultaria na saída de inocentes do complexo, ainda que aos poucos. O seu foco principal era um desanuviamento pacífico do conflito e a libertação dos reféns. Embora não seja claro se a abordagem de Noesner teria sido bem-sucedida, parecia estar a fazer progressos. Será que a mudança do foco para o tempo foi parcialmente responsável por dezenas de mortes?

Teorias falhadas

O poder de uma perspetiva mais ampla também é útil no domínio político para compreender que políticas estão a conduzir a que comportamentos. Pensemos na ação de gerir o foco como um processo iterativo em que cada novo ciclo gera uma compreensão cada vez maior. Passemos ao tema da criminalidade e das políticas de policiamento.

Vejamos Nova Iorque, uma cidade que muitos consideravam tipificar o problema do crime urbano no início dos anos 90. Como criança que cresceu em Nova Jérsia não muito longe da cidade, acreditava que Nova Iorque não era segura e que o melhor era evitá-la à noite. Assim, quando tive a oportunidade única, durante o liceu, de trabalhar no Bear Stearns, o famoso ou infame banco de investimento de Nova Iorque, os meus pais ficaram um pouco preocupados. Apesar das suas inquietações, convenci-os a deixarem-me fazer o estágio, que implicava um trajeto de duas horas em cada sentido, envolvendo um autocarro até à cidade e uma caminhada pela Forty-Second Street até à Park Avenue.

Se os meus pais tivessem sabido desta última etapa do trajeto, tenho quase a certeza de que não me teriam deixado aceitar o trabalho. A caminhada de 20 minutos passava por inúmeras lojas de entretenimento para adultos, pelo menos cinco a dez vendedores de droga ambulantes e julgo eu várias frentes de crime organizado disfarçadas de lojas de conveniência. A palavra que me vem hoje à mente quando penso na Forty-Second Street de 1990 é *decadente*. Não é o tipo de lugar para onde se enviaria um rapaz de 16 anos dos subúrbios. Seja como for, sobrevivi.

Recordo-me, em 1993, quando era estudante universitário, que o candidato a presidente da câmara de Nova Iorque, Rudy Giuliani, dirigiu uma campanha que sobre tornar a cidade segura. Na qualidade de antigo procurador, Giuliani fez do crime a questão decisiva da campanha, e parecia estar bem credenciado para «limpar» a cidade. Por mais difícil que seja de imaginar hoje, os nova-iorquinos no início dos anos 90 sentiam que a cidade estava sitiada por criminosos, traficantes de droga, prostitutas e outras influências nefastas. Estas impressões baseavam-se em factos concretos: entre os anos 60 e o início dos anos 90, as taxas de violação tinham aumentado quase 400%, as taxas de homicídio tinham aumentado 500% e os roubos tinham subido para um valor 14 vezes maior[16]. Foi no seio deste ambiente que o candidato a presidente da câmara, o grande defensor da Lei e Ordem Rudy Giuliani, alcançou a vitória.

Pouco depois de ganhar as eleições, Giuliani nomeou o chefe da polícia de Boston, Bill Bratton, como comissário do Departamento de Polícia de Nova Iorque. Bratton e Giuliani perseguiram agressivamente o policiamento de «janelas partidas», uma estratégia de combate ao crime baseada numa teoria descrita num artigo da revista *The Atlantic* de março de 1982, escrito

---

[16] Kevin Drum, «Lead: America's Real Criminal Element», *Mother Jones*, janeiro–fevereiro 2013, https://www.motherjones.com/environment/2016/02/lead-exposure-gasoline-crime-increase-children-health/.

por James Q. Wilson e George Kelling[17]. A abordagem foi mais tarde tornada famosa pela descrição de Malcolm Gladwell em *The Tipping Point*[18]. A prática concentrava-se em travar os pequenos crimes para criar um ambiente em que pequenas infrações eram penalizadas, passando a mensagem a potenciais criminosos de que absolutamente nenhum crime seria tolerado. Ao consertar janelas partidas, a mensagem era clara: as pessoas interessavam-se. Se pararmos os pequenos crimes, os grandes crimes não acontecerão.

Para além de punir ladrões e criminosos violentos, Bratton trabalhou no sentido de banir pedintes e saltadores de torniquetes nas estações de metro, alcoólicos e traficantes de droga nas ruas e até mesmo os homens que, sem ninguém pedir, lavavam os para-brisas dos carros, esperando uma gorjeta em troca. As taxas de criminalidade baixaram.

Entre 1993 e 1996, os índices de violações em Nova Iorque caíram 17%, os assaltos 27%, os roubos 42% e os homicídios quase 50%[19]. A teoria de Wilson-Kelling, posta em prática por Giuliani e Bratton, parecia funcionar. Um enorme sucesso, certo?

Bem, na verdade não é claro. Por um lado, de acordo com um artigo na *Mother Jones*, os crimes violentos tinham atingido o auge em Nova Iorque em 1990, anos antes de a equipa Giuliani e Bratton ter assumido o controlo. Para mais, diz-nos o artigo, «ainda mais intrigante… numas cidades atrás das outras, os crimes violentos atingiram o auge no início dos anos 90 e depois entraram num declínio constante e espetacular»[20]. Muitas cidades não adotaram esta abordagem do policiamento «das janelas partidas», e as suas taxas de criminalidade caíram a par das de Nova Iorque. Em Washington, a criminalidade violenta caiu mais de metade, em Dallas 70%, em Newark quase 75% e em Los Angeles 78%[21].

Surgiram muitas teorias alternativas, desde explicações económicas (o *boom* económico dos anos 90 criou novos empregos e reduziu a motivação para o crime) a lógicas demográficas (menos homens jovens = menos criminosos). Numa explicação particularmente famosa para a diminuição

---

[17] George Kelling e James Wilson, «Broken Windows», *Atlantic*, março de 1982, https://www.theatlantic.com/magazine/archive/1982/03/broken-windows/304465/.

[18] Malcolm Gladwell, *The Tipping Point* (Nova Iorque: Little Brown, 2002).

[19] Clifford Krauss, «New York Crime Rate Plummet to Levels Not Seen in 30 Years», *New York Times*, 20 de dezembro, 1996, https://www.nytimes.com/1996/12/20/nyregion/new-york-crime-rate-plummets-to-levels-not-seen-in-30-years.html.

[20] Drum, «Lead».

[21] Drum, «Lead».

dos crimes violentos, os autores de *Freakonomics*, Steven Levitt e Stephen Dubner, sugeriram que a diminuição do crime poderia ter sido devida ao aborto legalizado (*Roe v. Wade* foi a decisão histórica de 1973 de legalizar o aborto) e à prevenção do nascimento de bebés indesejados que cresceriam sem atenção ou modelos a seguir[22]. Fazia sentido que 17 a 20 anos após esta decisão o crime tivesse diminuído, certo? Mas todas estas coisas aconteceram ao mesmo tempo, fazendo com que não ficasse claro o que realmente tinha causado o quê.

Numa peça persuasiva de jornalismo de investigação, Kevin Drum analisou todos os estudos relacionados com estas e outras teorias sobre os motivos subjacentes ao declínio dos crimes violentos[23]. As correlações que estabeleceu não se assemelham em nada às ideias que acabei de rever. Na tentativa de encontrar as ligações entre o crime e as suas causas, começou por procurar a orientação de Karl Smith, professor na Universidade da Carolina do Norte, Chapel Hill, que estuda as epidemias. Drum resume as regras básicas que Smith lhe ensinou para perceber as epidemias:

> Se se dissemina ao longo das linhas de comunicação, diz ele, a causa é a informação, como no caso da Febre Bieber [*Bieber Fever*]. Se se propaga ao longo das principais vias de transporte, a causa é microbiana, como acontece com a gripe. Se se espalha em todas as direções, a causa é um inseto, como a malária. Mas se está ao mesmo tempo em todo o lado — tal como o aumento do crime nos anos 60 e 70 e o seu declínio nos anos 90 pareciam estar —, a causa é uma molécula[24].

O quê?! Uma molécula? Sim. De facto, Drum passa em revista vários estudos que associaram um material específico — o chumbo — a crimes violentos, QI reduzidos e mesmo à epidemia de TDAH. Drum mostra como Rick Nevin, consultor do Departamento de Habitação e Desenvolvimento Urbano, demonstrou que o envenenamento por chumbo tinha produzido vários tipos de problemas em crianças, mas também mostrou que 90% das mudanças nos crimes violentos na América poderiam ser explicadas por mudanças nas emissões de chumbo dos automóveis. Será que o Clean Air

---

[22] Steven Levitt e Stephen Dubner, *Freakonomics: A Rogue Economist Explores the Hidden Side of Everything* (Nova Iorque: Harper Perennial, 2005), introdução.

[23] Drum, «Lead».

[24] Drum, «Lead».

Act de 1970, que visava muito especificamente o ambiente, teve um impacto não-intencional, mas poderoso, nas taxas de criminalidade, ao estimular as empresas do sector automóvel a passarem de combustíveis com chumbo para combustíveis sem chumbo?

Embora ainda não seja claro se todos estes factos estão realmente relacionados, uma análise da evolução do nosso entendimento demonstra-nos como relacionar factos é um processo que pode e deve ser iterativo. Com cada ciclo de triangulação, os nossos conhecimentos aumentam. No caso do crime, a chave para os decisores políticos estaria em fazer a ligação entre estudos de saúde e estudos sociais, bem como análises econométricas, atravessando os compartimentos da compreensão.

Um treinador mágico

Devemos ter consciência daquilo que sabemos — e, mais importante ainda, daquilo que não sabemos. Passamos uma grande parte do nosso tempo de vigília a trabalhar. O trabalho, a seguir às relações pessoais significativas, é o fator que potencialmente mais pode contribuir para uma vida satisfatória. Não é motivo de surpresa que uma gestão cuidadosa do foco seja um fator importante para o sucesso no trabalho. No entanto, poucos fazem um esforço deliberado de analisar como o foco excessivo pode dificultar o trabalho e como uma gestão ativa da atenção pode despertar o potencial e levar ao sucesso.

Sendo um dos treinadores mais respeitados na história do basquetebol, Phil Jackson era um mestre da gestão de foco. Conduziu os Chicago Bulls a seis vitórias nos campeonatos nos anos 90 e os Los Angeles Lakers a cinco, nos anos 2000. O seu sucesso enquanto treinador dependia fortemente da sua capacidade de orientar a atenção (tanto a sua como a dos jogadores) de uma forma que os outros treinadores não foram capazes de fazer.

No seu livro *Eleven Rings*, Jackson descreve o esforço deliberado e direto que fez para orientar os seus jogadores no sentido oposto de uma visão afunilada[25]. Por terem adotado uma perspetiva ampla e abrangente, os jogadores que treinou desenvolveram uma apreciação global e centrada na missão do contexto das suas ações. Estavam mais aptos a enfrentar os altos e baixos inerentes ao basquetebol profissional do que os seus pares. Ensinou-os a fazer *zoom out*.

---

[25] Phil Jackson, *Eleven Rings: The Soul of Success* (Nova Iorque: Penguin, 2013).

Para o fazer, Jackson esforçou-se por adotar uma perspetiva mais ampla do que a dos treinadores rivais. Enquanto a maioria dos concorrentes se concentrava nos elementos fundamentais da tática, Jackson concentrava-se em aprimorar a mentalidade dos seus jogadores — desenvolvendo neles aquilo a que chama «a natureza espiritual do jogo»[26].

Enquanto a maioria dos treinadores tentava fazer discursos bombásticos antes dos jogos, Jackson descobriu que essa abordagem fazia com que os jogadores perdessem o controlo da sua concentração. Em vez disso, «desenvolveu uma série de estratégias para os ajudar a acalmar as suas mentes e a aumentar a lucidez para que pudessem ir para a batalha preparados e com autocontrolo»[27]. Isto incluía pôr os jogadores a fazer dez minutos de meditação *zen* antes dos jogos. Ao ajudar os jogadores a estarem presentes no «agora» e a estarem conscientes dos próprios pensamentos, encorajava a subserviência do «eu» para com os «nós» nas suas equipas. Tendo em conta a quantidade de estrelas que as suas equipas tiveram, este foi certamente um importante fator de diferenciação.

Mas Jackson não os sujeitava a um só processo hiperfocado, pois era demasiado sensível ao poder que o excesso de foco tem para cegar. Como ele próprio disse:

> Para reforçar a atenção dos jogadores, gostava de os manter na dúvida sobre o que viria a seguir. Durante um treino, estavam tão letárgicos que decidi apagar as luzes e fazê-los jogar às escuras — não é uma tarefa fácil quando se está a tentar apanhar um passe relâmpago de Michael Jordan. Uma outra vez, após uma derrota embaraçosa, obriguei-os a fazer o treino inteiro sem dizer uma palavra. Alguns treinadores pensavam que eu era louco. O que me interessava era fazer com que os jogadores acordassem, um instante que fosse, e vissem o que ainda não tinham visto, ouvissem o que ainda não tinham ouvido[28].

Jackson também fazia questão de expor os seus jogadores a perspetivas diferentes. Por exemplo, trazia «especialistas para lhes ensinar ioga, *tai chi* e outras técnicas que envolvessem o corpo e a mente». Mas as perspetivas externas não se confinavam às práticas de *mindfulness* orientais. Convidava

---

[26] *Idem*, 10.

[27] *Idem*, 99.

[28] *Idem*, 101.

diversos oradores a fornecer novas perspetivas, incluindo «um nutricionista, um detetive e um guarda prisional»[29].

Também oferecia aos jogadores livros que pensava que ajudariam a alargar o seu foco, selecionando-os com base no que sabia sobre cada um e no que julgava que poderia especificamente ajudar a expandir os seus horizontes individuais. As recomendações de um determinado ano incluíram *O Cântico dos Cânticos* (para Michael Jordan), *Quando Tudo se Desmorona* (Bill Cartwright), *Zen and the Art of Motorcycle Maintenance* (John Paxson), *The Ways of White Folks* (Scottie Pippen), *Joshua: A Parable for Today* (Horace Grant), *Mente Zen, Mente Principiante* (B. J. Armstrong), *O Caminho do Guerreiro Pacífico* (Craig Hodges), *Pela Estrada Fora* (Will Perdue) e *Beavis and Butt-Head: This Book Sucks* (Stacey King)[30].

Jackson também aproveitou a intensa agenda de viagens da equipa para expor os seus jogadores a novas ideias. Por vezes, quando as distâncias eram curtas — entre Houston e San Antonio, por exemplo —, enfiava todos num autocarro para lhes proporcionar a oportunidade de verem como era o mundo para lá das salas de espera dos aeroportos. Uma vez, após uma dura derrota numas eliminatórias com os Knicks, Jackson surpreendeu toda a gente ao levar a equipa numa viagem de *ferry* para Staten Island, em vez de os fazer passar por outra ronda de entrevistas com os *media*[31].

Mas Jackson não restringia as suas diligências para ampliar os horizontes dos jogadores a passeios panorâmicos. Fazia questão de que conhecessem pessoas de todos os estratos sociais e aprendessem a apreciá-las a todas. Numa certa viagem, Jackson levou a equipa a visitar o senador Bill Bradley, um antigo jogador de basquetebol, no seu gabinete em Washington[32]. O senador partilhou com a equipa as suas opiniões sobre raça, política e basquetebol — instantes depois de ter acabado de proferir um discurso inflamado no plenário do Senado dos EUA para chamar a atenção para as questões levantadas pelo que acontecera a Rodney King. Mostrou à equipa a fotografia que tinha no seu gabinete do remate que falhara no sétimo jogo das finais da Eastern Conference de 1971, que pôs um fim à esperança dos Knicks de ganharem o campeonato nesse ano. Como disse Jackson, «Bill tinha-a ali

---

[29] *Idem*, 126.

[30] *Idem*, 126.

[31] *Idem*, 126.

[32] *Idem*, 127.

como lembrança da sua própria falibilidade»[33]. Esta foi uma mensagem que não passou despercebida aos jogadores.

Jackson tinha plena consciência de como o foco exagerado misturado com a ambição pessoal em jogadores confiantes produzia um *cocktail* tóxico de arrogância e pensamento limitado. Veja-se que o próprio Jackson estava hiperfocado nas estatísticas individuais, querendo bater o máximo de recordes individuais que podia. Mas Jackson compreendeu os riscos desta abordagem individualista; dito de uma forma simples, não resultaria em campeonatos ganhos.

...

O problema fundamental de recorrer à ajuda externa para tomar decisões — independentemente de provir de especialistas focados, algoritmos incorporados nas tecnologias ou regras burocráticas — é que tendemos a aderir irracionalmente à orientação destes gestores da atenção. É uma forma subtil e muitas vezes velada, através da qual deixamos de pensar por nós próprios. A gestão do foco é um papel crucial que deve ser feito com intenção e plena consciência dos constrangimentos enfrentados por aqueles de quem possamos estar dependentes.

Imaginemos que estamos lá fora, completamente perdidos na escuridão. Logo chegam os peritos e as tecnologias a brandir uma lanterna muito útil, mas que só eles podem operar. Ao olharmos para os locais onde fazem incidir a luz, conseguimos ter uma visão do terreno e podemos até encontrar o nosso caminho. Mas ao controlarem os pontos de luz, estão a controlar onde nos focamos — o que, por si só, não é negativo. Contudo, têm o potencial de nos induzir em erro, se assumirmos cegamente que a luz está a iluminar o local ideal.

Questões para colocarmos a nós próprios

- **Estarei concentrado nos temas certos?** Pense no seu foco e em como as tecnologias e os peritos podem estar a influenciar o seu foco de atenção. Será que o seu foco é realmente uma expressão dos seus interesses?

[33] *Idem*, 127.

- **O que poderia encontrar se mudasse os holofotes para outro lugar? Existirão opções a considerar para além daquelas que lhe foram oferecidas?** Lembre-se de que a atenção é limitada e o próprio ato de focalizar é também um ato de filtrar e ignorar. Tenha cuidado para não filtrar as opções potenciais mais úteis.
- **O que é que os peritos e as tecnologias não sabem (ou não têm como saber) sobre o meu contexto que pode mudar o meu foco?** Lembre-se de que os peritos e as tecnologias, por natureza, só conseguem ver dentro da sua área de especialização e não têm uma visão geral daquilo que está a enfrentar. Como poderão estes constrangimentos enviesar as orientações bem-intencionadas que nos fornecem?
- **Estarei a aplicar o nível adequado de zoom?** Muitas vezes, o nosso nível de zoom pode não refletir o grau ótimo de focalização. Pondere fazer um zoom out para ter uma visão mais ampla e depois determine o nível correto de análise para o ajudar a enfrentar o desafio em questão.

CAPÍTULO 7

Orientar o foco para a missão

Há uma diferença entre tática de batalha e estratégia de guerra. As batalhas são importantes, mas apenas na medida em que promovem o objetivo de ganhar a guerra. Um elemento-chave para que pensemos por nós próprios no século XXI é dedicar a nossa atenção aos objetivos e não nos distrairmos com as muitas batalhas travadas ao longo do caminho. Trabalhar com peritos e especialistas, uma parte necessária da vida no século XXI, comporta um risco elevado de triunfos pírricos que nos podem impedir de alcançar os nossos objetivos. Para mitigar esta possibilidade, devemos estar sempre concentrados na missão.

Desobediência disciplinada

Os estrategas militares têm alertado frequentemente para a ideia de ganhar batalhas, mas perder a guerra. Dada a crescente ambiguidade, dispersão e incerteza dos moldes de fazer guerra no século XXI, é provável que os soldados de amanhã sejam incumbidos de tomar rapidamente decisões não supervisionadas e de alto risco que reflitam as intenções estratégicas dos seus comandantes. Esta é a lógica subjacente ao conceito de «comando de missão» do exército americano, uma doutrina que capacita os líderes a pensar por si próprios e a alinhar os seus esforços com o objetivo final[1].

---

[1] David Barno e Nora Bensahel, «Three Things the Army Chief of Staff Wants You to Know», *War on the Rocks*, 23 de maio, 2017, https://warontherocks.com/2017/05/three-things-the-army-chief-of-staff-wants-you-to-know/.

O general Mark Milley (na altura chefe do Estado-Maior do Exército dos EUA) declarou que o exército norte-americano se tinha tornado «excessivamente centralizado, burocrático e avesso ao risco», e que estas dinâmicas tinham criado uma cultura de tomada de decisões que «é o oposto daquilo de que iremos necessitar». Chegou ao ponto de apelar à «desobediência disciplinada», algo que parece absolutamente contra a cultura militar. Mais concretamente, afirmou que «um subordinado precisa de entender que tem a liberdade de e que está habilitado a desobedecer a uma ordem ou tarefa específicas, a fim de cumprir o objetivo». Milley esclareceu que esse comportamento não pode ser adotado indiscriminadamente, mas sim tendo em mira um propósito superior. Uma componente fundamental desta doutrina é que os comandantes tenham de dizer aos subordinados o propósito das ordens quando lhas dão[2]. O propósito, ao que parece, é o de fomentar uma focalização na missão.

Uma rapariga católica apanhada em flagrante

Ann Marie Murphy era uma rapariga de Dun Laoghaire, uma pequena cidade profundamente católica a cerca de dez quilómetros de Dublin. Cresceu num bairro social. O pai era varredor de rua e a mãe uma dona de casa que havia dado à luz dez filhos em 13 anos. Murphy, a quinta filha, era visivelmente tímida e bonita[3].

A rapariga frequentou a escola católica até aos 14 anos, altura em que foi trabalhar para a fábrica de meias Glen Abbey. Numa sala sem janelas das 8h às 17h, a ganhar o equivalente a 60 dólares por semana, as raparigas solteiras que trabalhavam na fábrica costuravam 1500 pares de *collants* por dia. Era um trabalho miserável, pelo que, após dez anos nestas condições, Murphy aceitou de bom grado a oferta de rescisão do contrato proposta pela fábrica.

Contrariamente à maioria das colegas, que deixavam o trabalho após o casamento e a gravidez, Murphy era solteira. Na verdade, destacava-se por ser atraente, doce e por, misteriosamente, não ter sequer um namorado.

---

2 Barno e Bensahel, «Three Things the Army Chief of Staff Wants You to Know».

3 Joyce Wadler, «With Promise of Happiness, She Became a Bomber's Pawn», *People Magazine*, 27 de outubro, 1986, https://people.com/archive/with-the-promise-of-happiness-she-became-a-bombers-pawn-vol-26-no-17/.

Durante os cinco anos seguintes, não conseguiu encontrar um emprego regular… mas depois as coisas começaram a mudar para melhor, e depressa.

A sua amiga Theresa Leonard encontrara trabalho para ambas como camareiras no Park Lane Hilton, em Londres. Poucas semanas após a sua chegada, Theresa começou a namorar com um jordaniano chamado Khalid Hassi, que tinha um companheiro de quarto chamado Nezar Hindawi, um jornalista bem-parecido que fumava cachimbo.

Murphy e Hindawi começaram a namorar e, poucos meses depois, Murphy estava grávida. Infelizmente para o jovem casal solteiro, ela sofreu um aborto espontâneo, o que criou uma grande tensão entre os dois, que tinham de lidar com as frequentes viagens dele e os encontros menos frequentes entre ambos. Lá arranjaram uma forma de ficarem juntos e, seis meses mais tarde, Murphy estava novamente grávida.

Embora as dificuldades de criar uma criança enquanto jornalista internacional fossem uma preocupação para Hindawi, este concordou, após alguns meses, em casar com Murphy. Sugeriu que voassem para Israel (para a Terra Santa) para que ela conhecesse a sua família, tendo o casal começado a planear a viagem. Hindawi deu dinheiro a Murphy para comprar um bilhete para Tel Aviv, bem como 150 dólares para um passaporte e um par de vestidos. Hindawi indicou que iria voar separadamente dela, uma vez que a sua empresa lhe fornecera um bilhete noutra companhia aérea.

Decorridas algumas semanas de planeamento, Hindawi chegou às sete e meia da manhã para levar Murphy ao aeroporto de Heathrow para apanhar o voo El Al 16. Ajudou a embalar alguns artigos de última hora numa mala nova, leve e com rodas, um presente que lhe tinha dado em antecipação da viagem, para a ajudar a deslocar-se sem ter de carregar com a bagagem. Também lhe disse para não mencionar o relacionamento deles, pois poderia complicar a sua viagem, mas que se reencontrariam em Tel Aviv. Dirigiram-se então para o aeroporto, onde ele a acompanhou até aos serviços de segurança; beijou-a nas faces e partiu.

A segurança do aeroporto em Heathrow levou algum tempo, mas Murphy conseguiu passar sem qualquer problema. Grávida de seis meses, passou ainda pela casa de banho e depois dirigiu-se para a porta, tendo chegado 40 minutos antes de fechar o balcão de *check-in*. Como é típico dos voos da El Al, foi então sujeita a rastreios complementares. O pessoal de segurança da El Al perguntou-lhe onde planeava ficar em Israel. Depois de indicar que ia ficar no Hilton e que estava a viajar sozinha, o segurança notou que ela tinha muito pouco dinheiro e nenhum cartão de crédito. Confundido pela aparente incoerência, o entrevistador selecionou-a para uma revista mais minuciosa. Grávida de seis meses, a viajar sozinha com recursos inadequados e aparentemente de férias foram três pontos que o entrevistador da El Al teve dificuldade em ligar.

A bagagem de porão de Murphy foi passada pelo *scanner*, devidamente etiquetada e autorizada a ser carregada no avião. Pediram-lhe então para esvaziar a bagagem de mão, o que fez obedientemente. O pessoal da segurança passou a mala pelo *scanner*. Mais uma vez, a bagagem passou, mas ao manusear a mala para ajudar a mulher grávida, o homem da El Al reparou que a mala vazia era «significativamente mais pesada do que o normal»[4]. Decidiu investigar o fecho de correr do fundo e encontrou uma placa de mais de um quilograma de explosivos plásticos denominados *Semtex* que tinha sido programada para detonar quando o avião Boeing 747 que transportava 395 pessoas se encontrasse a 39 mil pés (cerca de 12 mil metros) acima da Grécia. Murphy foi detida e levada para interrogatório, iniciando um processo que rapidamente revelou as ligações terroristas de Hindawi.

A data do ataque terrorista falhado foi 17 de abril de 1986. O desenrolar da intrincada trama ficou desde então conhecido como o Caso Hindawi.

Desde o primeiro sequestro em 1968, a El Al Airlines tornou-se o arquétipo da abordagem israelita à segurança. Estou a usar intencionalmente a palavra *abordagem* porque não é um conjunto de procedimentos que distingue a El Al, mas sim uma filosofia de gestão do foco.

Na sequência do 11 de Setembro, a revista *Fortune* rotulou a El Al como «o alvo terrorista mais tentador do mundo»[5]. No entanto, apesar desta distinção duvidosa, a companhia aérea tem tido regularmente êxito em frustrar planos terroristas, em grande parte devido à sua abordagem para lidar com a incerteza.

Veja-se, por exemplo, o Caso Hindawi. Murphy tinha sido inspecionada pelos seguranças do aeroporto de Heathrow, porém, ninguém detetou a presença de explosivos na sua posse. Porquê? Poderá ter sido o facto de ela ter uma «aparência inocente»? Talvez tenha sido o seu passaporte irlandês. Quem sabe, o facto de estar grávida... Terá o pessoal da segurança que analisou os

---

[4] «Ann-Marie Murphy and the Hindawi Affair: A 30th Anniversary Review», *Aviation Security International*, 13 de abril, 2016, https://www.asi-mag.com/ann-marie-murphy-hindawi-affair-30th-anniversary-review/.

[5] Nelson Schwartz, «Learning from Israel», *Fortune*, 21 de janeiro, 2002, https://archive.fortune.com/magazines/fortune/fortune_archive/2002/01/21/316588/index.htm.

passageiros no aeroporto de Heathrow na manhã de 17 de abril de 1986 pensado que conhecia o comportamento de um terrorista? Ou que tipo de passaporte transportaria? Ou a sua tipologia física? Ou o sexo do terrorista? Será que, no meio de tantos dados, os agentes da segurança se tinham tornado demasiado confiantes nas imagens que faziam dos maus da fita?

Do mesmo modo, o que teve de especial a abordagem da El Al que levou a que a equipa de segurança encontrasse os explosivos, salvando a vida de 395 passageiros e tripulação? Terá sido uma abordagem mais ampla ao pensar sobre os riscos? Ou possivelmente uma consciência de que o jogo do gato e do rato do terrorismo envolve um elemento de surpresa, o que significa que não se pode saber antecipadamente o que procurar? Se não sabiam o que procurar, porquê concentrar-se em qualquer elemento específico? Talvez uma abordagem que enfatizou ligações aparentemente irrelevantes numa tentativa de pintar um mosaico explique esta eficácia.

De acordo com o antigo CEO da El Al, Joel Feldschuh, a companhia aérea centra-se nos «terroristas, não apenas nas bombas». Isto significa que a companhia aérea não pede desculpa por traçar perfis («profiling»). Em reação às objeções relativas às liberdades civis, afirma: «Os bancos e as empresas de cartões de crédito nos EUA já utilizam a caracterização de perfis... Não deveria ser um palavrão.»[6] A caracterização de perfis carrega a conotação ominosa do racismo. De facto, a El Al já foi processada em múltiplas ocasiões por discriminar os passageiros árabes. A caracterização de perfis é uma ferramenta para dirigir o foco e pode ser orientada para variáveis restritivas como a cor da pele, o que compreensivelmente é criticado nas sociedades liberais e modernas. Mas a caracterização de perfis em função de variáveis menos óbvias pode ser inestimável para apanhar terroristas.

Zeev Friedman, um antigo *sky marshal* e responsável pela segurança da El Al, diz que a caracterização de perfis pode e deve ir além da mera etnicidade para incluir perguntas como: «O bilhete foi comprado em dinheiro? É um voo só de ida? O itinerário inclui múltiplas paragens quando poderia ter sido escolhido um percurso mais direto? O passageiro chegou atrasado à porta de embarque?» E prossegue: «Individualmente, nenhum destes factos tem grande importância. Significa apenas que o passageiro deve ser colocado numa segunda categoria, devendo esclarecer algumas coisas.»[7]

---

[6] *Idem.*

[7] *Idem.*

Mais adiante, cada passageiro da El Al é então interrogado por um entrevistador altamente treinado para ver como reage e se está a dizer a verdade. Friedman diz que todos os inquéritos da El Al são especificamente concebidos para não serem respondidos com uma só palavra (exigindo mais pormenores do que perguntas típicas, por exemplo: «Fez a sua própria mala?» ou «Alguém lhe deu alguma coisa para levar?»). Os passageiros da El Al devem, em vez disso, utilizar frases completas para responder a perguntas como onde planeiam ficar e como, quando e onde o bilhete foi comprado. Friedman observa: «É mais difícil mentir quando alguém lhe pergunta como chegou ao aeroporto ou onde planeia ficar, ou onde comprou o bilhete e como pagou.»[8]

Para muitas destas perguntas, o entrevistador tem as respostas nos registos dos passageiros e está a observar reações. Se o passageiro parecer nervoso ou as respostas forem inconsistentes, como aconteceu com Ann Marie Murphy, são feitas mais perguntas e a bagagem é cuidadosamente examinada.

A segurança na El Al não fica por aqui — prossegue com múltiplas fases de controlos redundantes que exemplificam uma abordagem na qual se reconhece que a companhia aérea não pode saber tudo. Todas as malas controladas são submetidas a raios X. Se algo levantar suspeitas por qualquer motivo, é colocado numa câmara de descompressão à prova de explosões que simula as condições de baixa pressão que podem ser utilizadas para detonar uma bomba. Em todos os voos há agentes infiltrados e armados e, nos raros casos em que um passageiro com um perfil suspeito embarca num avião depois de passar a entrevista e a sua bagagem estar autorizada, o agente é informado do número do lugar dessa pessoa[9]. Além disso, as portas do *cockpit* são reforçadas para proporcionar uma camada extra de segurança. Por último, alguns voos da El Al estão ainda equipados com o Flight Guard, um sistema de infravermelhos utilizado para desviar possíveis mísseis termoconduzidos dos motores a jato do avião, emitindo luzes de desvio durante a descolagem e a aterragem[10].

Ao concentrar-se nos terroristas e não nas bombas, o sistema de segurança da El Al adota uma abordagem de *zoom out* no ataque à incerteza e ao embuste. Está filosoficamente organizado em torno da crença de que

---

8 *Idem.*

9 *Idem.*

10 «El Al Deploying Anti-Missile Defense on Civilian Planes», *Defense Industry Daily*, 16 de dezembro, 2004, https://www.defenseindustrydaily.com/el-al-deploying-antimissile-defense-on-civilian-plane-027/ .

o controlo recorrente aumenta a probabilidade de apanhar um malfeitor astuto. Sim, é redundante. Sim, é resiliente. Mas é ainda mais do que isso. Melhora com cada tática terrorista falhada. (O Flight Guard foi desenvolvido em consequência direta de uma tentativa falhada de abater um avião israelita em 2002, utilizando mísseis terra-ar portáteis termoconduzidos.[11]) Concentra-se nas anomalias em vez de as rejeitar. O sistema de segurança El Al foi concebido para ser «antifrágil», recorrendo a uma nomenclatura útil desenvolvida pelo analista de riscos libanês-americano Nassim Taleb no seu livro de 2012, *Antifrágil: Coisas que Beneficiam da Desordem*. De acordo com Taleb, «antifragilidade» é a característica das coisas que na verdade beneficiam de choques, volatilidade, aleatoriedade, desordem e *stress*[12].

A bonança da zona azul

Dan Buettner, autor de um *best-seller* intitulado *A Solução das Zonas Azuis: Comer e Viver como as Pessoas mais Saudáveis do Mundo*, é um grande exemplo de alguém que adotou uma mentalidade orientada para a missão[13]. Enquanto a maioria dos escritores especializados em saúde tendem a concentrar-se em detalhes como a saúde do coração ou o peso corporal, Buettner optou, em vez disso, por investigar aqueles que vivem mais tempo, tentando perceber porquê. A saúde é, afinal, uma questão de vida, e temas como o colesterol e o açúcar no sangue são interessantes apenas na medida em que afetam a qualidade e a duração da vida.

O percurso de Buettner é tão revelador como as suas descobertas. Em vez de estudar a ciência por detrás da saúde, decidiu debruçar-se sobre as pessoas mais longevas do mundo ainda vivas, a fim de obter orientação sobre como comer. Começou pela saúde, tentando compreender as causas, mas o seu foco inicial estava estritamente definido pela dieta. A maioria das pessoas, e parece que Buettner não foi exceção, assume que a dieta é um dos fatores mais importantes no que diz respeito à saúde e longevidade.

---

[11] John Vause, «Missile Defense for El Al Fleet», CNN, 24 de maio, 2004, https://www.cnn.com/2004/WORLD/meast/05/24/air.defense/.

[12] Nassim Nicholas Taleb, *Antifragile: Things That Gain from Disorder* (Nova Iorque: Random House, 2012).

[13] Dan Buettner, *Blue Zones: Lessons for Living Longer from the People Who've Lived the Longest* (Washington, DC: National Geographic, 2008).

De facto, a motivação por detrás da famosa dieta mediterrânica foi a investigação demográfica que destacou a província de Nuoro, na Sardenha, como tendo uma concentração invulgarmente elevada de centenários. Mais adiante, os investigadores identificaram outras regiões idênticas, áreas que foram rapidamente denominadas «zonas azuis», devido aos círculos azuis concêntricos desenhados em mapas pelos investigadores da longevidade.

Para além da Sardenha, Buettner descreve no seu livro as quatro outras áreas do mundo que identificou. São elas Okinawa, no Japão; Nicoya, na Costa Rica; Icária, na Grécia e, para surpresa de muitos americanos, Loma Linda, na Califórnia. Ao longo de mais de uma década de encontros e observação com os que viviam nas zonas azuis, Buettner constata: «A dieta tende a ser uma rampa de lançamento para uma saúde melhor»[14], mas não se ficou por aí.

A simples existência de zonas azuis era em si mesma curiosa, naturalmente. O que tinha a geografia que ver com dieta e longevidade? Bem, temos de alargar um pouco o nosso horizonte e ter em conta o contexto. Acontece que a comunidade e as relações sociais são uma parte fundamental para entender as zonas azuis.

As relações sociais estão na base da explicação de muitos tipos de fenómenos, incluindo a propagação da obesidade. O Professor Nicholas Christakis e o seu colaborador James Fowler mostraram que ter um amigo obeso aumenta o nosso risco de obesidade em 45%. Ser amigo de alguém que tem um amigo obeso faz o mesmo em 25%, enquanto ser amigo de alguém que tem um amigo que tem um amigo obeso aumenta as probabilidades em 10%. Se um amigo nosso se tornar obeso, temos uma probabilidade de 57% de também nos tornarmos obesos durante esse mesmo período[15]. Curiosamente, Christakis salientou que quando este resultado foi anunciado no *New York Times*, a notícia dizia: «Está a engordar? A culpa é dos seus amigos gordos», enquanto os jornais europeus diziam: «Os seus amigos estão a ganhar peso? Talvez seja você o culpado.»[16] O individualismo americano no seu melhor.

---

[14] Simon Worall, «Here Are the Secrets to a Long and Healthy Life», *National Geographic*, 12 de abril, 2015, https://www.nationalgeographic.com/news/2015/04/150412-longevity-health-blue-zones-obesity-diet-ngbooktalk/#close.

[15] Nicholas Christakis e James Fowler, «The Spread of Obesity in a Large Social Network over 32 Years», *New England Journal of Medicine*, 26 de julho, 2007, https://www.nejm.org/doi/full/10.1056/NEJMsa066082.

[16] Nicholas Christakis, «The Hidden Influence of Social Networks», *TEDGlobal*, fevereiro de 2010, 17:59, https:// www.ted.com/talks/nicholas_christakis_the_hidden_influence_of_social_networks/transcript.

Christakis e Fowler também encontraram dinâmicas semelhantes em comportamentos como fumar, beber e votar. O facto de algo como a obesidade se poder espalhar como um «contágio social», analogamente à forma como, digamos, a gripe se propaga, é um sinal de que um forte enfoque nas escolhas alimentares deixa de fora pelo menos uma parte do que está em jogo[17]. A dieta é uma das peças do *puzzle*, mas um foco limitado impede que as muitas outras peças sejam vistas.

Podemos concluir que as zonas azuis existem por estarem cheias de pessoas que comem de forma saudável? Bastará rodearmo-nos de pessoas que se alimentam bem? Decerto que as relações sociais são importantes, mas as dinâmicas comunitárias não podem, por si só, explicar cabalmente as anomalias da longevidade. Só através de um contínuo questionamento sobre a dinâmica das zonas azuis é que Buettner foi capaz de apreciar a complexidade da situação. Não perdeu o foco na missão de compreender as causas da longevidade prolongada. As conclusões a que chegou só foram possíveis devido à sua abordagem orientada para a missão.

Buettner constata, em última análise, que está em jogo uma «dúzia de fatores pervasivos, subtilmente poderosos e que se reforçam entre si»[18]. Fatores como sono adequado e sexo regular conjugam-se com laços familiares, consumo diário moderado de vinho e exercício físico casual, mas regular. Acrescente-se a esta mistura um forte sentido de comunidade e propósito e, *voilà*, obtém-se uma zona azul. Fácil de descrever, mas difícil de replicar. E esta é a ideia-chave — que não estamos a falar de qualquer alimento, atividade ou mesmo ambiente específicos, mas sim de todos eles. «Para mim, a grande revelação», observa Buettner, «é como os fatores que encorajam a longevidade se reforçam uns aos outros a longo prazo... Para que as pessoas adotem um estilo de vida saudável, fiquei convencido, têm de viver num ecossistema que o possibilite»[19]. Ao que parece, não há uma solução mágica.

---

[17] Christakis e Fowler, *Connected: The Surprising Power of Our Social Networks and How They Shape Our Lives* (Nova Iorque: Little Brown Spark, 2009).

[18] Dan Buettner, «The Island Where People Forget to Die», *New York Times Magazine*, 24 de outubro, 2012, https://www.nytimes.com/2012/10/28/magazine/the-island-where-people-forget-to-die.html.

[19] Buettner, «The Island Where People Forget to Die».

Apontar para o objetivo

Dirigir o nosso foco para o lugar certo também pode ajudar a garantir o nosso bem-estar financeiro. Muita gente tem algum envolvimento no mercado de ações, quer através das contas de reforma, quer através de transações diretas ou de contas de consultoria financeira. Ao longo do tempo, os saldos das nossas contas sobem e descem. Alguns anos correm muito bem, outros não.

No entanto, muitos gestores de investimentos dizem-nos que essa é a forma errada de encarar o assunto. Uma vez que não se pode de facto prever os retornos de um tipo de investimento — sejam ações, obrigações, matérias-primas ou outro ativo —, concentramo-nos nos retornos relativos para determinar até que ponto um gestor de investimentos está a fazer um bom trabalho. O que interessa são os resultados face ao mercado, não os retornos reais que ganhámos — pelo menos assim nos é dito. A implicação prática disto é que um retorno de 30% num determinado ano é considerado péssimo (se o índice para essa classe de ativos em particular tiver subido 40%), enquanto uma perda de 30% é considerada espetacular num ano em que o índice tenha descido 40%. Pare e pense nisto por um momento: com uma subida de 30%, é suposto ficar descontente e com uma descida de 30% é suposto ficar satisfeito? O quê?!

Um dos motivos pelos quais isto acontece é devido ao nosso foco na otimização dos retornos dada a pletora de fundos de investimento que temos à disposição. Uma espécie de FOMO no investimento dos tempos modernos. E praticamente todas as evidências apontam para uma conclusão perturbadora: a maioria dos gestores de investimento tem um desempenho inferior ao seu *benchmark*. Porquê? Em termos muito simples, devido às comissões que os gestores de fundos cobram pelos seus serviços e que justificam uma grande parte da diferença.

Como escreveu David Swensen, o diretor de investimentos de Yale, no *New York Times*, as empresas com fins lucrativos que gerem fundos mútuos defrontam-se com um conflito entre a produção de lucros para os seus proprietários e a geração de rendimentos para os investidores. Os fundos mútuos com fins lucrativos investem em campanhas de marketing para reunir ativos. Há décadas que os investidores em geral têm tido rendimentos inferiores aos do mercado, enquanto os proprietários das empresas de gestão de fundos de investimento coletivo têm obtido resultados superiores aos do mercado.

Swensen condena esta prática, dizendo que «os lucros superaram o dever de servir os investidores»[20].

Contudo, sabemos há décadas que os fundos mútuos com fins lucrativos beneficiam os gestores e não os investidores. No entanto, os investidores continuam a recorrer a gestores com fraco desempenho. Porquê? É lógico que esta dinâmica nos confunda. Num esforço para esclarecer os motivos pelos quais este desempenho insatisfatório persiste, li um artigo do meu amigo, colega e professor Charles D. Ellis, intitulado «Murder on the Orient Express: The Mystery of Underperformance»[21]. Apesar da minha posição assumidamente tendenciosa, penso que o artigo de Ellis oferece a melhor explicação que já foi dada para o fraco desempenho generalizado. Numa abordagem lúdica ao estilo de Agatha Christie para desvendar o mistério, o artigo avalia quatro suspeitos — gestores de investimento, executivos de fundos, consultores de investimento e comités de investimento — no crime do fraco desempenho. A conclusão é a de que todos são culpados. Não faz lembrar a lógica das zonas azuis? Também aqui, olhar para as partes faz perder a dinâmica do todo.

Ellis argumenta que o sistema de peças interligadas que constitui o sector de investimento está orientado de forma tão restritiva que é incapaz de vislumbrar o objetivo principal em que devia estar concentrado. Enquanto não se afastar das tarefas específicas da gestão do investimento e se aproximar da missão fundamental que é a geração de retorno, é pouco provável que melhore: «Cada participante sabe que está a trabalhar conscienciosa e arduamente, e acredita piamente na sua própria inocência... [e] até que examinem as evidências e reconheçam os seus próprios papéis ativos, por muito que sejam desempenhados involuntariamente, o crime do fraco desempenho continuará a ser cometido»[22].

Ellis tem razão ao sugerir que a abordagem centrada nas tarefas adotada pelos principais intervenientes do sector desviou a orientação da missão. Mas e se levarmos esta lógica mais longe? E se o foco na maximização dos retornos nos estiver a cegar? Estará o pressuposto básico subjacente de que

---

[20] David Swensen, «The Mutual Fund Merry-Go-Round», *New York Times*, 13 de agosto, 2011, http://www.nytimes.com/2011/08/14/opinion/sunday/the-mutual-fund-merry--go-round.html.

[21] Charles D. Ellis, «Murder on the Orient Express: The Mystery of Underperformance», *Financial Analysts Journal* 68, n.º 4 (julho/agosto 2012): 13–19.

[22] Ellis, «Murder on the Orient Express», 19.

mais é melhor a induzir-nos em erro? Será possível conceber, talvez, uma nova forma de pensar sobre a missão de investir? Existirá a possibilidade de uma solução suficientemente boa? Podemos chegar a uma posição satisfatória ao investirmos?

De facto, à medida que as abordagens comportamentais penetram cada vez mais no mundo da economia e das finanças, assistimos a uma mudança das abordagens de maximização para a lógica da satisfação mencionada anteriormente. Para recordar, o Prémio Nobel Herbert Simon pensava que era impossível maximizar verdadeiramente, atendendo a que temos uma «racionalidade limitada», pelo que deveríamos, em vez disso, tentar alcançar os nossos objetivos. A aplicação desta lógica de satisfação no domínio do investimento é conhecida como investimento baseado em objetivos. Eu sei, provavelmente está a pensar: qual é o investimento que não está orientado para algum objetivo? Afinal de contas, não investimos todos com um objetivo em mente — reforma, poupança para a universidade dos filhos, casa nova?

Ainda que seja verdade, a lógica por detrás de uma abordagem baseada em objetivos é mais direcionada. É como os antigos clubes de férias popularizados pelo sector das poupanças e empréstimos na década de 1980, em que os montantes estabelecidos eram guardados em contas separadas com o objetivo explícito de gerar um montante fixo adequado para um alvo concreto. É mais específico do que os objetivos genéricos de se reformar, financiar a educação de uma criança ou comprar uma casa nova. Por exemplo, um objetivo pode ser algo tão específico como ter 210 mil dólares para a educação universitária de uma criança dentro de dez anos, dado um investimento inicial de 50 mil dólares e investimentos mensais de 500 dólares.

O foco de perseguir um objetivo concreto difere drasticamente dos planos de poupança universitários convencionais que carecem de um objetivo específico. Um objetivo em aberto presta-se a um enfoque na maximização, enquanto um objetivo específico gera um enfoque na realização. Antes de explicar, vamos dar um passo atrás para compreender a forma como os investimentos são feitos.

A ideia básica da teoria moderna da carteira de investimentos é que não há borlas quando se trata de investir. Ou seja, para um determinado montante de risco, existe uma estrutura de carteira ótima que pode maximizar os retornos. Para obter mais retornos, é preciso suportar mais riscos... ou, em alternativa, se o risco for menor, deverá esperar-se rendimentos mais baixos. Pode resumir-se da seguinte forma grosseira: há um compromisso entre risco e recompensa. Tudo isto faz sentido, mas não esqueçamos que esta lógica provém da ideia de maximização dos retornos, dada uma tolerância específica ao risco.

O investimento baseado em objetivos teve origem no sector das pensões, em que a obrigação futura de enviar cheques de pensão aos reformados gerou objetivos específicos. Os gestores de fundos de pensões geralmente não recebem mais se excederem as necessidades do fundo de pensões, pelo que alguns procuraram aumentar a probabilidade de atingir o seu retorno alvo, mesmo que isso ocorresse através de uma possibilidade de redução significativa do desempenho. Procurar satisfazer um mínimo aumenta a probabilidade de atingir os objetivos, mesmo que isso signifique renunciar potencialmente a um excedente não-intencional.

Há alguns anos, tive a oportunidade de ouvir o laureado com o Prémio Nobel Robert Merton a defender o investimento baseado em objetivos[23]. A sua argumentação centrava-se na mudança de foco — afastando-se da maximização em prol da probabilidade de concretização. Imaginemos que um determinado cliente tinha o objetivo específico que mencionei anteriormente de poupar 210 mil dólares para a educação universitária de um filho e não estivesse verdadeiramente preocupado em ganhar um cêntimo mais. Nesse caso, poderia assumir significativamente menos riscos e também aumentar a probabilidade de sucesso, abdicando dos ganhos potenciais. Poderia, efetivamente, vender uma opção para os retornos que excedessem os 210 mil dólares e utilizar a receita dessa venda para se aproximar do seu objetivo de atingir a dita soma. Ao passar para outrem a lógica da otimização e concentrando-se numa lógica de satisfação para si próprio, aumenta a probabilidade de atingir o seu objetivo.

Para este cliente hipotético, o que realmente importa é garantir a capacidade de pagar as propinas do filho quando essa necessidade chegar. A abordagem baseada em objetivos reconhece que as pessoas têm diferentes preferências de risco e retorno para diferentes objetivos, em vez de um modelo único para os diferentes aspectos das suas vidas. Uma educação universitária é tão importante que prevalece o desejo de minimizar o risco de não a poder pagar, ao passo que podemos estar dispostos a correr mais riscos ao poupar para um carro, sabendo que podemos adquirir outro mais modesto do que o planeado se as coisas não correrem como previsto. A abordagem baseada em objetivos desvia a nossa atenção das batalhas, concentrando-se

---

[23] Robert Merton (comentários no Boston Finance Forum organizado pela MIT Sloan Alumni Association, Boston, MA, 16 de maio de 2014).

em ganhar guerras. Em vez de encorajar a ganância e o receio de estar a perder um hipotético e ilusório desempenho superior, canaliza a atenção para a nossa missão principal.

Futebol, pegadas e o futuro

Quem não for versado nos detalhes arcanos da contabilidade pode pensar nos custos como uma categoria única. Mas, na realidade, há diferentes tipos de custos a ter em conta. Para formar um negócio, em primeiro lugar, há uma série de despesas únicas: por exemplo, comprar um terreno, construir um edifício naquele terreno e comprar maquinaria especializada para o rechear. Estes são chamados custos de capital e não envolvem apenas propriedades físicas como terrenos. Abrangem também, por exemplo, o desenvolvimento de *software* interno concebido para tornar o negócio mais eficiente ou a investigação necessária para a criação de um produto novo e revolucionário.

Uma vez instalado um sistema, o negócio implica também numerosas despesas correntes. Estas são chamadas despesas de funcionamento e podem incluir custos regulares e recorrentes, como alugueres e custos variáveis como salários — as despesas básicas para manter uma empresa simplesmente a trabalhar.

Cada vez mais, começamos também a ter em conta os custos ambientais das nossas atividades. Quando o fazemos, a maioria de nós tende a concentrar-se demasiado nos custos ambientais de funcionamento dos nossos dispositivos. Pensamos na gasolina que os nossos automóveis utilizam, na eletricidade consumida pelos nossos equipamentos ou na capacidade de reciclagem das embalagens em que os produtos chegam. Ao concentrarmo-nos tão intensamente nos custos de funcionamento, tendemos a minimizar os custos ambientais a montante e menos óbvios da própria produção dos equipamentos.

Tomemos o *iPhone* como exemplo. O consumo diário da bateria faz-nos ver a energia que estamos a gastar para satisfazer a nossa dependência das notificações do telefone. Quem nunca entrou desesperadamente num café só para dar a estes nossos aliados digitais um pouco mais de energia? Ao concentrarmo-nos no gasto diário, tendemos a ignorar os custos totais.

Utilizando algo chamado avaliação do ciclo de vida (LCA — Lifecycle Assessment), podemos calcular o impacto ambiental total de um dispositivo desde o fabrico, passando pelo funcionamento até, em última análise, à sua eliminação. Utilizando esses métodos analíticos, ficamos a saber que 61% das emissões de gases com efeito de estufa provenientes da vida útil de um *iPhone* provêm da extração de matérias-primas ou da conceção e fabrico do dispositivo. Outros 5% provêm da embalagem e do seu transporte por todo o mundo. O funcionamento dos telefones representa apenas 30% das emissões. O resto vem da sua eliminação[24]. Isso mesmo, o gasto diário de bateria é responsável por menos de um terço das emissões associadas aos nossos *smartphones*.

Se a origem do impacto ambiental do *iPhone* é chocante, nem vai acreditar no que acontece com os automóveis. Mudar a fonte de energia do nosso meio de transporte mais importante da (poluente) gasolina para a (aparentemente limpa) eletricidade parece ser uma boa abordagem à proteção do ambiente. Mas o enfoque extremo nas emissões imediatas dos automóveis — os custos operacionais ambientais — cega-nos a um problema maior: o impacto ambiental do fabrico dos veículos.

O empresário Kevin Czinger está seriamente empenhado em expandir o foco dos ambientalistas para além dos custos de funcionamento dos automóveis. Em vez de se concentrar nos gases emitidos pelos tubos de escape, a empresa que Kevin fundou em 2013, a Divergent3D, utiliza a LCA para analisar o impacto ambiental total do veículo, desde a produção até ao desmantelamento[25]. A empresa avalia a pegada de carbono tanto da produção do automóvel como do seu funcionamento, em vez de se concentrar estritamente neste último. E descobriu que «os materiais e energia necessários para o fabrico de um automóvel (extração mineira, processamento, fabrico e eliminação)» são responsáveis por uma percentagem do total das emissões muito superior à do funcionamento do automóvel. Para resumir as palavras de Kevin, «a forma como fabricamos os nossos carros é, na realidade, uma questão ambiental maior do que a forma como os abastecemos de energia»[26].

Kevin está particularmente familiarizado com a forma como a maioria dos ambientalistas do sector dos transportes se concentra cegamente

---

[24] Emeley Rodriguez *et al.*, «iGo Green: A Life Cycle Assessment of Apple's iPhone» (artigo apresentado na iConference 2015, University of Pittsburgh, 2015), https://www.ideals.illinois.edu/bitstream/handle/2142/73760/462_ready.pdf.

[25] Kevin Czinger, entrevista telefónica com o autor, 10 de fevereiro de 2016.

[26] Kevin Czinger, «The Future of Car Making: Small Teams and Fewer Materials», *O'Reilly Radar*, 24 de junho, 2015, http://radar.oreilly.com/2015/06/the-future-of-car-making-small-teams-using-fewer-materials.html.

nas emissões dos tubos de escape. Ele próprio já teve essa perspetiva. Ex-*linebacker*[27] de Yale, *marine* de reserva, fundador de uma editora discográfica, investidor na banca e executivo da era dotcom na Webvan, entrou no mundo das tecnologias limpas com ambições de salvar o ambiente, alterando a fonte de alimentação dos automóveis.

Em 2009, fundou uma empresa de automóveis elétricos, a Coda. «Pensávamos que estávamos a salvar o mundo», recordou posteriormente[28]. Mas a experiência de construir automóveis ampliou dramaticamente o seu foco. Ao visitar a fábrica chinesa que produzia os seus carros elétricos, deparou-se com a severa poluição que a envolvia, o que o levou a estudar os *inputs* e *outputs* envolvidos no processo de fabrico. Com esta nova perspetiva, percebeu que os custos ambientais decorrentes do funcionamento dos veículos eram apenas a ponta do *iceberg*; o impacto do fabrico estava abaixo da superfície. Embora a redução das emissões de escape fosse uma tarefa meritória, o seu objetivo final passou a ser a minimização da pegada ambiental, quer do processo de construção, quer do funcionamento dos veículos. Kevin não queria ganhar a batalha da pegada do funcionamento dos veículos enquanto perdia a guerra ambiental.

A Divergent3D está a promover a chamada «desmaterialização», ou seja, a redução dos materiais e energia necessários para a construção de um carro. A empresa tenta revolucionar o modelo tradicional da produção automóvel, tipicamente fabril e de grande investimento de capital. Em vez disso, a Divergent3D está a desenvolver métodos para construir automóveis utilizando tecnologias de impressão 3D. Kevin acredita que a abordagem da sua empresa poderia reduzir o impacto ambiental negativo do fabrico de automóveis em 70%. E a aposta é alta, pois nos próximos 40 anos será produzido o dobro dos automóveis que foram produzidos nos últimos 115 anos. A tecnologia da Divergent3D também permitirá que pequenas equipas flexíveis e diversificadas concebam os seus próprios carros com requisitos de capital muito mais baixos; nas palavras de Kevin, permitirá uma «democratização do fabrico»[29].

Kevin foi capaz de perceber que mesmo os mais brilhantes inovadores correm o risco de se concentrar demasiado em soluções tecnológicas

---

[27] Posição defensiva no futebol americano. [*N. da. T.*]

[28] Czinger, entrevista.

[29] O'Reilly, «Kevin Czinger: Dematerializing Auto Manufacturing», YouTube, 25 de junho, 2015, 14h19, https://www.youtube.com/watch?v=oKXpFmbEzs4&feature=youtube.

restritivas, em detrimento de um repensar mais amplo dos problemas sistémicos. Se o objetivo era reduzir a pegada de carbono do nosso sistema de transportes, então porque não fazer um *zoom out* e concentrar-se nesse objetivo, tendo em conta a pegada de todo o sistema? Fazendo a gestão do seu foco e mantendo-se orientado para a missão em curso, Kevin pode estar a reinventar o futuro da produção.

...

Propor uma abordagem consciente à concentração nos objetivos (em vez de na otimização ou maximização generalizadas) é contrário à sabedoria convencional. Independentemente de estarmos a falar de cuidados de saúde, segurança aérea ou gestão de dinheiro, a lógica predominante é parar a doença, identificar bombas e maximizar os retornos. Mas e se estas atividades orientadas para as tarefas, utilizando a linguagem dos pensadores de sistemas, produzirem ciclos de *feedback* que tornem o objetivo menos realizável? E se o próprio fabrico de carros elétricos acelerar as alterações climáticas?

A abordagem redutora orientada para as tarefas que muitos de nós adotamos na tomada de decisões do dia a dia pode desviar-nos do nosso caminho. É importante pararmos para rever o objetivo dos nossos esforços. Porque estamos nós a fazer o que estamos a fazer? Da mesma forma, em certos domínios pode fazer mais sentido proativamente atingir níveis satisfatórios. Temos de recordar que estamos a tentar ganhar guerras, não batalhas.

Questões para colocar a si próprio

- **Qual é o seu objetivo? As ações que está a realizar ou as decisões que está a tomar tornam esse objetivo mais ou menos provável?** Lembre-se de que os peritos e as tecnologias não têm a perceção que o leitor tem do panorama geral e podem não compreender os seus objetivos finais. Concentre-se em ganhar guerras, não batalhas.
- **Haverá especialistas ou tecnologias que estejam a orientar o seu foco para as tarefas e não para a sua missão?** Pondere ter uma discussão franca sobre os seus objetivos e como aumentar a probabilidade de os alcançar. Os peritos podem partir do princípio de que busca a otimização quando afinal pretende apenas aumentar a probabilidade de alcançar um objetivo mais modesto.

- **Será um caso para desobedecer de forma disciplinada?** Quando se aperceber de decisões de peritos ou de tecnologia que não são orientadas para os objetivos, considere a possibilidade de um empurrão ativo para se reorientar para a missão.

Capítulo 8

Pensar por si próprio

Como vimos, estarmos conscientes da forma como nos focamos é fundamental para a nossa prosperidade, saúde e felicidade. Continuamos a precisar de conselhos de especialistas e de filtros para a nossa atenção: o mundo é tão complexo que é impossível não destacar algumas coisas e ignorar outras. Todavia, quando deixamos que sejam os peritos a dirigir a nossa atenção, é provável que percamos de vista as restantes opções. Isto é tão válido para as opiniões de médicos especialistas como o é para a informação que passa através de algoritmos de filtragem concebidos por programadores. Por mais óbvio que pareça, aprender a pensar de forma independente é um passo importante para restaurar a autonomia no século XXI.

Há mais de meio século, o futuro Prémio Nobel Kenneth Arrow explicou exaustivamente que «o conhecimento médico é tão complicado, que a informação que o médico possui sobre as consequências e possibilidades de tratamento é necessariamente muito maior do que a do paciente, ou pelo menos assim o creem ambas as partes»[1]. No discurso da economia, este desequilíbrio de conhecimento é chamado assimetria de informação. Em linguagem simples, Arrow dizia que tanto os médicos como os pacientes acreditam que os médicos sabem mais, portanto, os médicos é que sabem. O paciente acredita que, ao contrário do médico, é incapaz de discriminar entre diferentes opções de tratamento, e assim

---

[1] Kenneth Arrow, «Uncertainty and the Welfare Economics of Medical Care», *American Economic Review* 53, n.º 5 (dezembro de 1963): 951.

«o paciente deve delegar no médico grande parte da sua liberdade de escolha»[2].

Pensemos na dinâmica de poder que existe entre nós e alguém que usa uma bata branca e que nos faz esperar porque ele ou ela é muito importante e tem na parede os diplomas e os certificados de internato para nos lembrar de forma visível da assimetria de informação. O médico é muito solicitado, senão por que outro motivo estaríamos nós à espera dele? Por isso, não admira que a maioria das pessoas mantenha a crença de que «os médicos é que sabem». Muito embora seja quase sempre verdade, podemos e devemos ser pacientes mais ativos. Afinal de contas, quem é mais especialista no nosso corpo do que nós próprios?

Um amigo meu particularmente cético afirma que a estratégia que alguns médicos empregam para fazer os doentes esperar é análoga às estratégias adotadas por algumas discotecas. Longas filas repletas de clientes ansiosos por entrar são utilizadas para passar a mensagem da qualidade da discoteca. «Por que outro motivo tantas pessoas esperariam uma hora numa fila para entrar?», ou pelo menos é o que se pensa. A longa espera é um sinal para os potenciais clientes de que a discoteca é muito popular e tem grande procura. Claro que alguns bares noturnos podem, de facto, estar cheios, mas é pouco provável que seja o caso para todos eles.

Quando se vai ao médico, quando se recebe aconselhamento de um especialista financeiro ou mesmo quando se toma uma decisão de alto risco no trabalho é fundamental que pensemos por nós próprios. Não deixe que a assimetria de informação o intimide, levando-o a desligar o cérebro. Pode haver dinâmicas de poder visíveis que passem a mensagem do desequilíbrio de conhecimentos, mas isso não altera a realidade de que apenas cada um de nós pode compreender plenamente o contexto integral da nossa decisão. Os conselhos e orientações que recebemos de outros são ladrilhos num mosaico que estamos a formar — são contributos para a nossa tomada de decisão. Nem mais nem menos. Simples contributos.

Feiticeiros e charlatães

Delegar o pensamento a outrem é uma prática generalizada na área do investimento. Jon Stewart, num dos segmentos mais memoráveis de 2009 do seu

---

[2] Arrow, «Uncertainty and the Welfare Economics», 965.

programa televisivo, o *Daily Show*, em que entrevistou Jim Cramer, expôs de forma nua e crua os perigos de permitir que terceiros dirijam a nossa atenção no momento de investir. Cramer, o apresentador do popular programa de aconselhamento financeiro em horário nobre *Mad Money*, juntou-se a Stewart para uma série de discussões ao longo de uma semana sobre os mercados financeiros e a crise financeira.

Durante a entrevista de meia hora, Stewart criticou Cramer — e o sector das notícias financeiras em geral — por induzir em erro os telespectadores que procuravam orientação sobre investimentos. Após alguns gracejos amigáveis, Stewart explicou porque é que os americanos estavam frustrados com as finanças e, especificamente, com a comunicação social dedicada à área financeira. Stewart afirmou existir uma «lacuna entre aquilo que a CNBC anuncia ser e o que de facto é e a ajuda de que as pessoas precisam para o discernir»[3].

Para cristalizar a ideia, Stewart passou o anúncio promocional de *Mad Money* com imagens de Cramer de gravata e uma expressão séria no ecrã, enquanto uma voz de tom sensato clamava: «A economia em queda livre. Investimentos à beira da falência. Quando não souber o que fazer, não entre em pânico. Cramer protege-o!» Nesse momento, aparece o logótipo do espetáculo, parecido com uma nota de dólar, dizendo: «EM CRAMER NÓS CONFIAMOS» escrito na nota. Depois de a plateia ter dado uma gargalhada, Stewart dirigiu-se diretamente a Cramer: «Ambos somos, até certo ponto, vendedores de banha da cobra, mas aqui nós rotulamos o nosso programa como sendo banha da cobra. Não estará errado andar a vender banha da cobra como se fosse um tónico vitamínico?»

Aos olhos de Stewart, Cramer tinha orientado mal os seus telespectadores. Afirmou que Cramer estava a tentar entreter o público, mas no processo ofuscando a seriedade com que se deve encarar o investimento. Stewart, normalmente cómico, tornou-se então notavelmente sério: «Não consigo conciliar o seu brilhantismo e conhecimento quanto às complexidades do mercado com as tretas malucas que diz aqui programa... Compreendo que

---

[3] Jim Cramer, entrevista feita por Jon Stewart, *Daily Show with John Stewart*, Comedy Central, 12 de março, 2009, http://www.cc.com/video-clips/fttmoj/the-daily-show-with-jon-stewart-exclusive---jim-cramer-extended-interview-pt--1; http://www.cc.co/video-clips/rfag2r/the-daily-show-with-jon-stewart-exclusive---jim-cramer-extended-interview--pt--2; http://www.cc.com/video-clips/qtzxvl/the-daily-show-with-jon-stewart-exclusive---jim-cramer-extended-interview-pt--3. Todas as citações Cramer/Stewart nesta parte são provenientes desta entrevista.

queira fazer das finanças um entretenimento, mas também não é nenhuma brincadeira, porra!»

Recentemente li *O Feiticeiro de Oz* aos meus filhos e não pude deixar de reparar nas semelhanças entre Cramer e o Grande Feiticeiro. (Talvez isto se deva ao facto de, pouco antes, ter lido que alguém analisou *O Feiticeiro de Oz* como uma parábola sobre os riscos e os perigos das moedas que não eram garantidas por ativos tangíveis![4]) Todavia, na versão infantil da história, Dorothy descobre que o feiticeiro não possuía a magia que ela, o Leão, o Homem de Lata e o Espantalho tinham sido levados a crer, e pergunta sem rodeios: «Não és um grande feiticeiro?», ao que ele responde «Nada que se pareça, minha querida; sou apenas um homem comum»[5].

O Feiticeiro diz que não há como «não ser um charlatão [...] quando me obrigam a fazer coisas que todos sabem que não podem ser feitas»[6]. Ler esta frase aos meus filhos fez-me pensar em Cramer como «O Feiticeiro da CNBC», o grande charlatão da indústria moderna do investimento enquanto tema de entretenimento.

Stewart fez uma analogia semelhante. Depois de ter chamado a atenção para a duplicidade óbvia de Cramer, bem como para o seu foco incorreto em ter mais audiências em vez de ajudar os investidores, Cramer concordou que «o objetivo deve ser sempre o de tentar expor o facto de que não há dinheiro fácil». Mas Stewart não ficou por aqui, acrescentando «Há programas chamados, literalmente, *Fast Money* [dinheiro rápido]» na CNBC, ao que Cramer respondeu acanhadamente: «Há mercado para isso e o canal fornece-o.» Não faz lembrar O Feiticeiro de Oz? Será Cramer o equivalente financeiro de um homem comum que fez passar farelo, alfinetes e agulhas por um cérebro?

O problema é, em última análise, um problema de foco. Na nossa busca sem fim por soluções milagrosas, ouvimos de bom grado aqueles que oferecem o tónico para investimentos que pode curar os nossos males. Ao fazê-lo, estamos a ser enganados e mal orientados. Concentramo-nos nas coisas erradas. Cramer, a CNBC e a maior parte dos meios de comunicação financeiros canalizam a nossa atenção para algumas ações em particular e para as vicissitudes diárias dos mercados financeiros. O nosso foco

---

[4] Ranjit Dighe, *The Historian's Wizard of Oz: Reading L. Frank Baum's Classic as a Political and Monetary Allegory* (Westport, CT: Praeger, 2002).

[5] L. Frank Baum, *The Wonderful Wizard of Oz* (Chicago: George M. Hill, 1899), 184.

[6] Baum, *Wonderful Wizard of Oz*, 199.

como investidores individuais deve residir no investimento a longo prazo, não no facto de a reação de Cramer à mera menção de uma ação produzir um gritante «Compre, compre, compre!», enquanto atira freneticamente para a câmara um touro de brincar. O nosso foco não deveria estar nas oscilações diárias das ações. Com exceção dos profissionais que passam dia e noite a estudar os mercados, a melhor solução tem sido conseguir uma ampla exposição a baixos custos. Mas isso também pode estar a mudar, como abordarei na próxima parte.

Jack ajudou-me (a mim e a milhões de outras pessoas)

Conheço Jack há muito tempo e atribuo muito do meu sucesso à sua generosidade. Em 1987, quando era estudante do 8.º ano na Escola Pública Mt. Arlington, no noroeste de Nova Jérsia, ouvi falar de um programa de bolsas de estudo oferecido por um colégio interno localizado a oeste da casa da minha família em Landing, Nova Jérsia. Eu nunca tinha sequer equacionado a possibilidade de frequentar uma escola privada. Simplificando, a minha família não tinha dinheiro para essa escolha.

Era uma proposta tentadora, e conseguem imaginar a minha alegria quando me foi concedida uma bolsa de estudo e uma ajuda financeira suplementar para frequentar essa escola. Inscrevi-me como caloiro na Academia Blair no outono de 1988, iniciando, assim, a minha experiência de quatro anos de liceu, que me inspirou e me deu muita confiança. A minha estadia em Blair não teria sido possível sem a generosidade de apenas um doador — John C. Bogle (Jack) —, o pai dos fundos de investimento passivos e fundador da Vanguard. Tive a honra de conhecer Jack antes de compreender o que era um fundo mútuo. Ele mudou a minha vida ao abrir-me um leque de oportunidades.

A melhor parte da história de Jack é que a minha é apenas uma entre as milhões de vidas que ele mudou. Ao alterar o foco do mantra de investimento da América, Jack ajudou a assegurar a reforma e o futuro de muitas pessoas. Segue-se uma história abreviada da sua carreira e a impressionante mudança de foco que ele possibilitou.

Jack interessou-se por fundos mútuos enquanto estudante universitário em Princeton em finais de 1949, ao deparar-se com um artigo da *Fortune*. Na licenciatura em economia, decidiu escrever a tese sobre esse sector[7]. Após a licenciatura, Jack conseguiu emprego no Wellington Fund, tendo subido na carreira e acabado por se tornar diretor. Depois de ter sido forçado a sair, em 1974, após uma fusão pouco sensata que supervisionou, Jack decidiu fundar uma nova empresa. Deu-lhe o nome de Vanguard, em homenagem ao navio de 74 armas do almirante britânico Horatio Nelson, o *HMS Vanguard*[8].

Jack certificou-se de que os acionistas dos fundos mútuos da Vanguard também controlavam a empresa, de modo que os seus interesses nos fundos e na empresa estivessem alinhados, permitindo-lhe concentrar-se na redução das taxas. Sob esta nova entidade, Jack iniciou o primeiro fundo de índice real, que acompanhou o S&P 500, inspirado por um artigo de 1974 que Paul Samuelson escreveu apelando à criação de tal fundo. Além disso, a própria investigação de Jack mostrou que a maioria dos fundos ativos perdia para o S&P 500.

Com este objetivo, Jack demonstrou ter uma mentalidade orientada para a missão. O seu objetivo era oferecer fundos bastante diversificados a custos mínimos, centrados no longo prazo. Em vez de deixar que o seu foco se desviasse para as tarefas, quando a sua oferta inicial estava 93% abaixo do valor previsto e os subscritores queriam cancelar o acordo, Jack respondeu: «Oh, não! Não o faremos! Não percebem que agora temos o primeiro fundo indexado do mundo?» Na altura, recordou Jack, o fundo era referido como «Bogle's Folly»[9].

Mas acabou por pegar, em parte graças ao apoio de Samuelson, entre outros. Hoje, a Vanguard controla alguns dos maiores fundos de ações do mundo e gere biliões de dólares de ativos dos americanos. Jack contribuiu com pelo menos três grandes desenvolvimentos para o investimento. Primeiro, introduziu os fundos de índice. Segundo, reduziu os custos destes fundos. Terceiro, demonstrou a importância de eliminar o incentivo perverso das empresas de fundos mútuos com fins lucrativos. Ao fazer tudo isto, Jack alterou significativamente o objetivo de muitos investidores de superar os retornos do mercado, eloquentemente chamado «um jogo de perdedores»

---

[7] Veronika Kero, «Investor Jack Bogle Founded His Legendary Company Based on His Princeton Senior Thesis», CNBC, 18 de janeiro, 2019, https://www.cnbc.com/2019/01/17/investor-jack-bogle-founded-company-based-on-princeton-senior-thesis.html.

[8] Justin Fox, «Saint Jack on the Attack», *Fortune*, 20 de janeiro, 2003, https://archive.fortune.com/magazines/fortune/fortune_archive/2003/01/20/335617/index.htm.

[9] John Bogle, «How the Index Fund Was Born», *Wall Street Journal*, 3 de setembro, 2011, https://www.wsj.com/articles/SB10001424053111904583204576544681577401622.

por Charley Ellis, para ganhar retornos do mercado[10]. Ao ajudar as pessoas a não perderem, ajudou-as a ganhar.

A lógica de Jack era sensata: se desligássemos a CNBC e nos concentrássemos na alocação de ativos, e se investíssemos nos fundos de índice passivo de baixo custo da Vanguard, seria possível evitar muitas armadilhas de investimento. (Não sou patrocinado pela Vanguard, juro!)

Mas tenho de fazer uma (grande) advertência. A lógica por detrás do investimento passivo assenta em duas coisas: (1) preços exatos e (2) ser dono de tudo. Estas condições nem sempre se verificam. Antes da sua lamentável morte, em janeiro de 2019, Jack estava a ficar nervoso com outro produto disponível para os investidores que esperavam tornar-se passivos: fundos negociados na Bolsa, ou ETF. Criados em 1993, «os ETF tornaram-se um jogo de marketing e promoção», disse ele numa entrevista à *Think Advisor*[11]. A edição de 2 de julho de 2017 de *Things That Make You Go Hmmm*, uma *newsletter* publicada pelo meu amigo Grant Williams, ativo no mundo financeiro há 30 anos, foi intitulada «Regressão Passiva». Nela, Grant cita Jack:

> Durante o mês de setembro de 2015, as ações dos 100 maiores ETF, avaliadas em 1,5 biliões de dólares, tinham um volume de negócios anual de 14 biliões de dólares, uma taxa de 864%. A título de comparação, o volume de negócios anual das 100 maiores ações, avaliadas em 12 biliões de dólares, está a 15 biliões de dólares para o mesmo período, uma taxa de 117% de volume de negócios. A negociação dos 100 maiores ETF representa, assim, cerca de 89% dessas ações, contra apenas 7% há 15 anos. Perante estes dados poderosos, não é injusto descrever os ETF atuais — como um grupo — como a forma moderna de especular no mercado de ações[12].

O investimento passivo é uma boa lógica generalista. Se não se pode saber tudo, então porque não adquirir tudo? Mas com a explosão dos índices, cada um mais específico do que o outro, a lógica quebra-se. Estaremos verdadeiramente a obter o benefício do investimento passivo quando investimos num índice que rastreia pequenas empresas de biotecnologia cotadas em bolsas de mercados emergentes, mas excluindo empresas estatais ou

---

[10] Charles D. Ellis, *Winning the Loser's Game* (Nova Iorque: McGraw Hill, 1998).

[11] Jane Wollman Rusoff, «How John Bogle Really Sees ETFs», *ThinkAdvisor*, 25 de setembro, 2012, https://www.thinkadvisor.com/2012/09/25/how-john-bogle-really-sees-etfs/.

[12] Grant Williams, «Passive Regression», *Things That Make You Go Hmmm*, 2 de julho, 2017, 1.

empresas que começam com a letra w? Agora é possível investir na Obesity ETF, SLIM, que acompanha o desempenho das empresas posicionadas para lucrar com o serviço aos obesos, mais de 40% do qual é investido em duas empresas; ETF restritos como estes (e outros) podem revelar-se úteis para a especulação, mas não pensemos que são bons investimentos em índices passivos.

A ironia é que a lógica que faz do investimento passivo uma boa ideia desmorona quando demasiadas pessoas começam a fazê-lo. Pense bem. Imagine um mundo em que todos os investimentos são passivos. Todas as ações subiriam ou desceriam consoante as receitas e os custos. Tanto as boas como as más empresas subiriam com as receitas e desceriam com os custos. A premissa de que os preços são exatos, a base sobre a qual assenta o argumento a favor do investimento passivo, quebra-se. Os pensadores sistémicos não se surpreendem com isto.

Os preços perdem o fundamento se todos investirem passivamente. A realidade é que o investimento passivo envolve a compra e venda de ações *sem ter em consideração o seu preço*. Pare e pense nesta última frase. Será que faz sentido? Imagina-se mesmo a comprar e a vender títulos sem ter em conta os seus preços? Hoje, assistimos a uma queda no investimento ativo em geral, o que creio ser uma tendência preocupante. Queremos que as pessoas prestem atenção aos preços! Aliás, é a comunidade de investimento ativo que ajuda a fazer com que os preços atinjam valores justos. Sem investidores ativos, o processo de determinação de preços desmorona-se.

Grant descreve este fenómeno relativamente aos ETF de rendimento fixo, que dispararam nos últimos anos: «Os ativos que antes estavam sujeitos a escrupulosas verificações de crédito [...] encontram-se à distância de um clique e, com a volatilidade a diminuir constantemente, diminui igualmente o controlo de qualidade em torno dos títulos que chegam a ETF.»[13] Em 2010, apenas 20% das empresas do S&P 500 tinham fundos de índice Vanguard com uma participação de propriedade significativa (5% ou mais); desde então, o número de empresas em que a Vanguard e os seus parceiros, BlackRock e State Street, detêm participações significativas aumentou[14]. Como menos pessoas escolhem ativamente em que

[13] Williams, «Passive Regression».

[14] David McLoughlin e Annie Massa, «The Hidden Dangers of the Great Index Fund Takeover», *Bloomberg Businessweek*, 9 de janeiro, 2020, https://www.bloomberg.com/news/features/2020-01-09/the-hidden-dangers-of-the-great-index-fund-takeover?sref=1kJVNqnU.

empresas investir, receio que vejamos o mercado a tornar-se mais volátil. Como o relatório mostrou, as ações com maior participação passiva eram mais vulneráveis às oscilações de preços, pois havia menos ações disponíveis para negociação.

Em muitos aspectos, investir com sucesso a longo prazo é pensar por si próprio e ignorar o ruído. Trata-se de ser um «contrariador» e entender que a maioria das pessoas não pensa por si própria, permitindo que os meios de comunicação social financeiros administrem a sua atenção. Não se deixe levar pelo fascínio das ações mais populares e pela indústria do investimento-entretenimento do tipo *Mad Money*... e pense por si próprio sobre o que faz sentido para a sua tolerância ao risco e objetivos pessoais.

«O que é que fazemos, chefe?»

Quando se trata de tomar decisões e pensar pela própria cabeça, em nenhum domínio o que está em jogo é tão arriscado como quando se trata de combater o terrorismo. Jose Rodriguez, diretor do Centro Antiterrorista dos EUA entre 2002 e 2004, enfrentou quiçá a decisão mais importante da sua vida quando, mais tarde, viajou pelo Paquistão[15]. Mas antes de vos falar da chamada que recebeu, é importante contextualizar.

No período tenso pós-11 de Setembro, as autoridades dos serviços secretos dos EUA estavam a monitorizar o que parecia ser uma corrente interminável de conspirações para atacar os interesses dos EUA. Muitos aliados americanos, incluindo o Reino Unido, partilhavam informações e coordenavam esforços de recolha de informações. Em 2006, uma conspiração específica estava a ganhar impulso a um ritmo alarmante.

Eis os factos tal como aconteceram.

Os serviços secretos britânicos andavam a seguir uma pessoa chamada Rashid Rauf, que supostamente tinha estado em contacto com a liderança da Al-Qaeda no Paquistão. Era um britânico de Birmingham e estava a emergir como líder de um grande plano terrorista.

---

[15] *Spymasters: CIA in the Crosshairs*, realizado por Gédéon Naudet, escrito por Chris Whipple, protagonizado por John O. Brennan, Robert Gates e Michael Morell (Nova Iorque: Showtime Networks, transmitido a 28 de novembro de 2015); guião disponível em https://www.springfieldspringfield.co.uk/movie_script.php?movie=spymasters-cia-in-the-crosshairs. Todas as citações nesta parte provêm do documentário.

Por sorte, os investigadores tiveram uma oportunidade para abrir secretamente a bagagem de Ahmed Ali, um dos numerosos cúmplices de Rauf, quando regressava de uma viagem ao Paquistão. A bagagem continha um grande número de pilhas e alguns pacotes de *Tang*, a bebida de laranja em pó. Estes objetos levantaram suspeitas suficientes para que as autoridades britânicas começassem o que na altura foi a maior operação de vigilância do país, empregando centenas de pessoas e dezenas de alvos. Revelou um conjunto perturbador de factos, incluindo uma pessoa de interesse que se desfazia de um grande número de garrafas vazias de água oxigenada. Quando a equipa de vigilância o seguiu, notaram que se encontrava com outro indivíduo, cujo apartamento (após posterior inspeção sigilosa) era efetivamente uma fábrica de bombas. O MI5, os serviços secretos britânicos, instalou dispositivos de gravação e transmissão no apartamento e mais tarde observou os indivíduos a construir dispositivos explosivos a partir de diferentes garrafas de bebidas. Um dos homens foi mais tarde visto num cibercafé, onde passou duas horas a estudar os horários das companhias aéreas[16].

A conspiração *widebody*, como tem sido chamada desde então, parecia apontar para a queda simultânea de numerosos aviões que se dirigiam para a América do Norte, sendo todos eles arquitetados pela célula Al-Qaeda de Rashid Rauf. Tanto os serviços secretos norte-americanos como os britânicos estavam a ficar cada vez mais alarmados com a especificidade daquela ameaça crescente. De acordo com alguns relatórios, o MI5 britânico tinha-se inserido no grupo com um agente infiltrado. As provas de um ataque iminente estavam a aumentar.

Como conta o antigo diretor da CIA Michael Hayden em *Spymasters*, um documentário sobre a agência de serviços secretos americana, a análise que americanos e britânicos faziam da ameaça diferia um pouco no que diz respeito ao processo: «Os britânicos queriam reunir o máximo de provas físicas possíveis [...] por isso nós dizíamos "eles têm água oxigenada" [...] e eles diziam "precisamos de mais provas"...» Hayden prossegue: «Eles tinham reunido um monte de água oxigenada e uma receita caseira para

---

[16] Duncan Gardham, «Airline Bomb Plot: Investigation "One of Biggest since WW2"», *Telegraph*, 8 de setembro, 2009, https://www.telegraph.co.uk/news/uknews/terrorism-in-the-uk/6152185/Airline-bomb-plot-investigation-one-of-biggest-since-WW2.html; ver também Don van Nata, Elain Sciolino e Stephen Gray, «Details Emerge in British Terror Case», *New York Times*, 28 de agosto, 2006, https://www.nytimes.com/2006/08/28/world/europe/28plot.html.

a transformar num explosivo, que em seguida colocavam em garrafas para desporto... daí estarmos muito preocupados deste lado do Atlântico.»

Rodriguez, subordinado direto de Hayden, constatava que o risco aumentava de dia para dia: «Os conspiradores já tinham selecionado os dez voos que iam explodir... e eu disse para comigo: "Isto é iminente!"» No início de agosto de 2006, Hayden estava no Paquistão com Rodriguez, que na altura era o chefe do National Clandestine Service. Rauf por acaso também se encontrava no país. Rodriguez foi convocado para uma reunião com o chefe dos serviços secretos paquistaneses e informado de que poderiam ter uma oportunidade para capturar Rauf nessa mesma noite, num posto de controlo policial.

No início desse dia, o pessoal da sede da CIA tinha garantido explicitamente às autoridades britânicas que a agência norte-americana não iria capturar Rauf. Além disso, Rodriguez referiu na altura: «Foi-me dito que o primeiro-ministro [Tony] Blair tinha falado com o Presidente [George] Bush nesse dia e que tinham concordado que precisavam de mais tempo.»

Mais tarde, nessa mesma noite, Rodriguez viajava com o chefe de divisão da CIA responsável pelo Paquistão, que recebeu uma chamada das autoridades paquistanesas informando-o de que o autocarro no qual Rauf viajava se aproximava do posto de controlo da polícia. Os paquistaneses queriam autorização para capturar Rauf. O agente da CIA dirigiu-se a Rodriguez e perguntou: «O que é que fazemos, chefe?»

O que faria no lugar dele? Lembre-se do que está em jogo. Muitas vidas. Mas também que o Presidente dos Estados Unidos garantiu ao primeiro-ministro do Reino Unido que não iriam capturar Rauf. Resumindo a situação à sua essência, o general Hayden comentou: «Portanto, Jose, num período muito curto, teve de tomar uma decisão realmente importante.» Se Rodriguez tivesse despendido tempo a telefonar ao general Hayden ou a pedir autorização a Langley, teria sido, como mais tarde afirmou, «o equivalente a dizer "não" à operação».

Com um grande risco pessoal para a sua carreira, reputação e para a confiança que tinha sido estabelecida entre as comunidades de serviços secretos britânicos e norte-americanos, Rodriguez autorizou a captura. Apesar do protocolo de seguir uma cadeia de comando, Rodriguez pensou por si próprio. Como Hayden disse mais tarde, «a decisão que tomou foi "Não posso deixar passar a oportunidade de capturar Rashid Rauf", e assim o fez». A conspiração foi desmantelada, salvando centenas de vidas e evitando o pânico global.

Semanas mais tarde, o *New York Times* revelou que tinham sido descobertas sete cassetes de mártires durante as rusgas britânicas[17]. Além disso, a equipa de trabalho forense digital encontrou ficheiros que indicavam quais os voos específicos operados pela United Airlines, American Airlines e Air Canada escolhidos como alvos, que todos partiam do aeroporto de Londres, Heathrow, e se dirigiam, tal como se suspeitava, para cidades da América do Norte, incluindo São Francisco, Toronto, Montreal, Chicago, Washington e Nova Iorque[18].

Como resultado das rusgas britânicas e da dissolução da célula, foram posteriormente reveladas informações durante os julgamentos de vários conspiradores que confirmaram as suspeitas anteriores. Os conspiradores tinham planeado utilizar misturas de água oxigenada para, uma vez a bordo, criar explosivos e utilizar baterias para detonar as bombas caseiras. Agora já sabe porque é que os passageiros dos voos comerciais dos Estados Unidos estão impedidos de transportar mais de 100 ml de líquidos na bagagem de mão.

O risco associado ao pensamento independente pode ser muito elevado, como Rodriguez percebeu. Mas se ele não tivesse pensado por si próprio, ou se tivesse decidido adotar uma abordagem baseada em autorizações, não sabemos o que poderia ter acontecido. O pânico e o impacto económico de um ataque terrorista bem-sucedido teriam sido tão graves, se não mais, do que o 11 de Setembro. Felizmente, não se verificou... mas foi por pouco, graças, em grande parte, a um funcionário que pensou pela sua cabeça.

O Efeito Swensen

Especialista em finanças com 30 e poucos anos de vida e sem qualquer experiência na gestão de capital, David Swensen foi convencido pelo seu orientador de tese, o laureado com o Prémio Nobel James Tobin, a regressar de Wall Street à sua casa-mãe, Yale, e a gerir o fundo de dotações da universidade. Em vez de começar pela abordagem adotada por outros, David começou do zero. Regressou aos princípios básicos, consciente de que Yale tinha um longo horizonte temporal, estava isenta de impostos e podia lidar

---

17 Van Nata, Sciolino e Gray, «Details Emerge in British Terror Case».

18 «Montreal, Toronto Flights Targeted in Alleged British Bomb Plot», Canadian Broadcasting Corporation, 3 de abril, 2008, https://www.cbc.ca/news/world/montreal-toronto-flights-targeted-in-alleged-british-bomb-plot-1.747225.

com a iliquidez. O resultado foi uma carteira que incluía pesos mais pesados para investimentos alternativos como *private equities*, capital de risco ou *hedge funds* do que as suas instituições homólogas. Criou o seu próprio sistema de orientação, não se baseou no pensamento alheio e elaborou uma abordagem de investimento que fazia sentido para ele. David não procurou uma validação externa. Sem grupos de foco, sem lógica convencional, apenas pensamento independente.

David abordou o ato de investir de uma forma monótona e sólida — e digo-o como um elogio! Começou com o entendimento de que existem três fontes de retorno do investimento em qualquer carteira: *timing* do mercado, seleção de títulos e alocação de ativos. O *timing* do mercado é escolher quando comprar e vender; a seleção de títulos é decidir quais os investimentos individuais a fazer e a alocação de ativos é o ato de distribuir os investimentos por diferentes categorias como ações, obrigações e dinheiro[19].

A alocação de ativos — em que proporções o dinheiro é alocado entre classes de investimento — representa entre 90% e mais de 100% do retorno dos investidores, em comparação com a seleção de títulos e o *timing* do mercado. Esse número pode ser superior a 100% porque o *timing* e a seleção podem de facto fazer perder dinheiro — quando se compra alto, vende baixo e se incorre em vários tipos de taxas e impostos[20]. Como David explicou aos meus alunos quando visitou a minha turma, «a alocação de ativos é, de longe, a ferramenta mais importante que temos à nossa disposição enquanto investidores».

Os resultados do pensamento independente de David falam por si: o Gabinete de Investimento de Yale produziu um dos melhores recordes a longo prazo no mundo da gestão de fundos de dotação. Além de ser um excelente gestor de ativos, David é um bom professor, tanto na sala de aula como no gabinete. Antigos colegas seus do Gabinete de Investimentos de Yale estão a gerir as dotações do MIT, Bowdoin, Universidade da Pensilvânia, Universidade de Stanford, Universidade de Princeton, Universidade de Wesleyan, entre outras, e fundações. Embora alguns tenham superado David a curto prazo, ultrapassando Yale, ninguém conseguiu igualar o historial a longo prazo do Gabinete de Investimentos de Yale. O desempenho resultou

---

[19] David Swensen, ECON 252: Lecture 9: «Financial Markets» (palestra, Yale University, New Haven, CT, 2008), https://oyc.yale.edu/economics/econ-252-08/lecture-9.

[20] David Swensen, *Unconventional Success: A Fundamental Approach to Personal Investment* (Nova Iorque: Free Press, 2005), 12.

literalmente em milhares de milhões de dólares de apoio para Yale, permitindo melhorar as instalações, conduzir investigações inovadoras e recrutar estudantes promissores de todo o mundo, independentemente da sua capacidade financeira. Em poucas palavras, Yale não seria a universidade que é hoje se David não tivesse pensado por si próprio.

Este facto contundente parece não surtir qualquer efeito sobre aqueles que não apreciam o pensamento independente e as novas perspetivas. Sandra Urie, a ex-diretora executiva da Cambridge Associates, a principal empresa consultora mundial de investimento em grandes donativos e fundações, contou-me enquanto tomávamos café uma história que ilustra bem esta questão. Recordou como um dos seus maiores clientes solicitou a sua ajuda no recrutamento de um novo diretor de investimentos e pediu explicitamente «alguém como David Swensen». Urie respondeu: «OK, então quer alguém na casa dos 30, sem experiência de gestão de dinheiro?» Imagino que já tenha percebido como termina a história.

...

Recordemos a história de Trisha Torrey que contei anteriormente. Ao enfrentar uma dinâmica tão complicada como a que enfrentou, a única pessoa que tinha uma visão holística do problema era Trisha. Se não se tivesse envolvido de forma ativa, provavelmente teria sido tratada com base numa doença que não tinha. Mas há uma série de outras desilusões. Porque é que o cirurgião partiu do princípio de que os resultados do laboratório eram conclusivos? Estaria demasiado ocupado para pensar neles ou avaliá-los verdadeiramente? E porque não fazer o derradeiro teste de malignidade, o da multiplicação celular? Talvez porque não precisava de viver com o diagnóstico, podendo simplesmente encaminhá-la para um oncologista... Recordemos que Trisha começou com o médico de família, que a mandou a um cirurgião, que por sua vez a mandou a um oncologista. Cada passo está associado a uma perspetiva mais estreita, a um foco mais profundo e a uma maior probabilidade de ficar ofuscada. Podemos imaginar esta sequência a continuar. Em vez de cruzar diferentes áreas e utilizar múltiplas perspetivas, o processo tornou-se cada vez mais focado.

A história de Trisha, infelizmente, pode não ser um caso raro. Diagnósticos médicos incorretos não são tão invulgares como seria de esperar. Arthur Elstein estimou que os médicos diagnosticam incorretamente os pacientes entre 10 e

15% das vezes,[21] uma sugestão que deveria assustar-nos a todos. Resta-nos simplesmente assumir o controlo da nossa própria saúde e pensar por nós próprios.

Trisha superou uma armadilha comum em que muitos de nós caímos quando julgamos que estamos a ser minuciosos. Em vez de procurar uma segunda primeira opinião, foi à procura de uma verdadeira segunda opinião, não adulterada e independente. Esse foi um acontecimento-chave na sua história e não teria sido possível se não tivesse pensado por ela própria.

Uma coisa que é óbvia nestas e em muitas outras histórias é que os grandes avanços raramente provêm da adoção dos pensamentos alheios. Se David Swensen tivesse adotado (e talvez até alterado) estratégias de gestão de fundos dos melhores gestores do mundo na altura em que assumiu a gestão de Yale, em vez de voltar aos princípios básicos, poderia não ter criado um modelo tão inovador e bem-sucedido. Em vez de ler os estudos de casos de gestores de dotações de sucesso da Harvard Business School, tornou-se ele próprio num estudo de caso. Por mais difícil que seja, todos nós podemos e devemos dedicar tempo a pensar por nós próprios.

Questões para colocar a si próprio

- Como abordaria uma situação se fosse principiante e não tivesse conhecimentos prévios? Em vez de confiar cegamente na convenção e/ou nas melhores práticas existentes, tente abordar o problema a partir do zero. Revisite os princípios básicos e comece do zero a estratégia ideal, dado o seu objetivo.
- Os peritos estão a ajudar ou a dificultar o seu pensamento? Como exemplificado pelo caso de Jim Cramer e o seu programa de infoentretenimento Mad Money, alguns supostos peritos parecem-se mais com vendedores de banha da cobra do que os que têm conhecimentos profundos. Pergunte sempre a si mesmo se eles são úteis na sua situação específica.
- Adotou um novo pensamento ou apenas confirmou a lógica existente? Pense na experiência de Trisha e procure segundas opiniões verdadeiramente independentes (*versus* segundas primeiras opiniões); utilizar conclusões preexistentes para iniciar a sua análise não é (por definição) pensar por si próprio.

---

[21] Mark Graber, «The Incidence of Diagnostic Error in Medicine», *BMJ Quality and Safety*, 2013, ii21- ii27, https://qualitysafety.bmj.com/content/qhc/22/Suppl_2/ii21.full.pdf.

CAPÍTULO 9

Triangular perspetivas

A explosão de informação que conduziu à tremenda especialização de hoje não dá sinais de vir a parar. Um antídoto para evitar fazer parte das fileiras das perspetivas reduzidas e focadas é adotar uma abordagem generalista que procure múltiplas perspetivas, com a esperança de triangular ideias únicas. O reconhecimento de que cada perspetiva é, por definição, incompleta pode permitir uma abordagem mais ampla, flexível e aberta para se criar empatia com outras perspetivas. Também nos ajudará a navegar na incerteza omnipresente que atormenta o mundo atual.

O poder de ter perspetivas múltiplas

Ponto de Mira[1], um filme de 2008 protagonizado por Forest Whitaker e Sigourney Weaver, é uma obra que mostra os mesmos 20 minutos em que decorre um ataque terrorista de tentativa de homicídio do Presidente dos EUA a partir de diferentes pontos de vista. Cada cena é filmada de uma perspetiva diferente — a de um estúdio de televisão móvel que está a cobrir o evento, a de um agente dos serviços secretos, a de um agente da polícia local, a de um turista americano, a do Presidente americano e a do grupo terrorista responsável pelos ataques. O público percebe os limites de cada ponto

---

[1] *Ponto de Mira*, dirigido por Pete Travis, escrito por Barry L. Levy, protagonizado por Dennis Quaid, Forest Whitaker e Matthew Fox (Culver City, CA: Columbia Pictures, 2008). Guião do filme disponível em https://www.scripts.com/script-pdf/22743.

de vista, apenas entendendo por completo quem fez o quê no final, quando todas as linhas do enredo convergem. É-nos mostrada a incompletude de cada perspetiva. Se ainda não viu o filme, encorajo-o vivamente a fazê-lo, pois demonstra quão limitado pode ser cada ponto de vista.

Outros meios de comunicação que utilizaram a mesma abordagem incluem o episódio televisivo da série *Star Trek*, «A Matter of Perspective», que foi transmitido em 1990, centrado no homicídio de um cientista e explorando a forma como as pessoas a bordo da *Enterprise* percecionavam a realidade e se lembravam dos acontecimentos. E, mais recentemente, *Sense8*, uma série de ficção científica da Netflix, leva a empatia a um novo nível quando oito estranhos em diferentes pontos do globo de súbito se conectam mentalmente. Eles sentem as emoções uns dos outros e veem o que os outros veem, tornando os telespectadores extremamente conscientes das limitações de cada perspetiva.

A um nível pessoal, criar empatia e ver as circunstâncias num contexto mais lato pode ser útil. Tem-me ajudado a moderar a minha exuberância quando estou nos píncaros e também me tem dado ânimo durante os momentos difíceis. Uma situação, indelevelmente marcada na minha memória, ocorreu quando eu estava entre empregos. A minha mulher tinha acabado de deixar o emprego na esperança de iniciar o seu próprio negócio e demos por nós nas urgências do hospital com a nossa filha de 18 meses... sem qualquer cobertura de seguro de saúde. A vida não corria bem. Além da ansiedade de estar num hospital com uma criança tão pequena, havia preocupações financeiras. As visitas ao hospital podem ser dispendiosas. Mas eu sabia que os maus momentos iam e vinham, por isso perseverámos, tendo mais tarde acesso ao programa COBRA, que nos permitiu obter cobertura de forma retroativa.

Inverter perspetivas

No início de 2013, a minha mulher Kristen e eu decidimos vender o nosso apartamento em Brookline, Massachusetts. Depois de termos negociado com sucesso um acordo de venda muito favorável, fomos à procura e encontrámos uma casa que nos entusiasmou a transformá-la no nosso lar. Mas mal sabíamos nós que um rol de regras bancárias quase faria descarrilar os nossos planos, tão cuidadosamente orquestrados. Quando por fim identificámos a casa que queríamos comprar, eu já era trabalhador independente. Candidatei-me de imediato a uma hipoteca no Bank of America, onde tinha a minha conta pessoal, a conta de negócios e as hipotecas. Tinha um crédito quase perfeito e um longo historial relativamente a pagar fidedignamente as minhas contas a tempo. Além disso, Kristen e eu planeávamos dar uma entrada na nova casa com mais de 50% do valor de compra. Calculei que esta fosse uma situação ótima em termos de crédito, com a qual o Bank of America ficaria encantado.

Estava redondamente enganado. Depois de passar cerca de 20 minutos no banco com um especialista em hipotecas, foi-me dito que provavelmente não me qualificaria.

«O senhor não tem emprego», foi a sua explicação impassível. Certo, mas eu ganhava mais do que quando tinha emprego, embora o fizesse por meio de consultoria e palestras.

«O seu rendimento não é certo», acrescentou. Mais uma vez, uma crítica justa da sua perspetiva, mas eu apresentei-lhe contratos de consultoria que incluíam avenças mensais e compromissos anuais.

«Esses contratos podem ser rescindidos», disse ele. Sim, era verdade. Mas as pessoas com empregos também podem ser despedidas, certo? Na verdade, expliquei que teria de ser despedido por mais de uma dúzia de pessoas, enquanto a alguém com um emprego tradicional basta ser despedido por uma.

Ele enfatizou que eu trabalhava por conta própria há menos de dois anos. Não o posso negar, mas consegui rapidamente gerar rendimentos e até aumentos em alguns dos meus contratos de consultoria. Provavelmente, o próximo ano seria ainda melhor.

Resumindo, ele não quis saber, acabando por dizer: «Lamento, mas depois da crise financeira, não temos qualquer margem de manobra sobre estes assuntos. Temos de cumprir as regras.» Tive uma experiência idêntica em todos os bancos a que me dirigi, onde os funcionários responsáveis pelos empréstimos seguiram cegamente as diretrizes. Entre os financiadores tradicionais, eu era *persona non grata*. Estavam intensamente concentrados no seu dinheiro e na possibilidade de o perderem se mo emprestassem.

Felizmente, foi-me então dado a conhecer o First Republic Bank, que tem um foco diferente do Bank of America ou de qualquer dos bancos tradicionais. Numa refrescante mudança de abordagem, o funcionário com quem lidei concentrou-se em mim e dedicou o seu tempo a conhecer a minha situação. Pediu-me muitas informações, que forneci de bom grado. Fui constatando ao longo de todo o processo que a sua abordagem era diferente, mas esta ideia cristalizou-se quando ele me fez notar explicitamente que eu tinha mais a perder do que o banco.

«O senhor é um professor que dá aulas e escreve sobre finanças, associado tanto a Harvard como a Yale, e a sua esposa é uma empresária proeminente na comunidade de Boston. Claro, vamos obter garantias na sua nova casa para nos proteger, mas, francamente, a melhor garantia que temos é a sua reputação. Está aprovado.» Mudámo-nos para a nossa atual casa no outono de 2013 e, uma vez que o First Republic se concentrou genuinamente em mim (e nas perdas que eu poderia sofrer), passei-lhes praticamente todo o meu negócio. Inverteram a perspetiva, considerando cuidadosamente o que eu tinha a perder. Desde então, encerrei as minhas contas comerciais, individuais e hipotecárias no Bank of America e faço a maior parte do meu negócio bancário com o First Republic.

Aprender sempre, onde quer que seja, com quem quer que seja

Há alguns anos, recebi um convite de meia dúzia de grupos em Omaha para partilhar as minhas opiniões sobre a economia global. Filho de imigrantes indianos, nascido e criado na costa leste dos Estados Unidos, nunca tinha estado (o que não é de espantar) no Nebrasca, pelo que aproveitei a oportunidade para conhecer essa parte do país. Na altura, andava a estudar os mercados agrícolas globais — com uma atenção específica à indústria das proteínas animais. Recorri a alguns contactos que tinha na Reserva Federal e pedi para ser apresentado a alguns criadores de gado.

«Tens de conhecer o James Timmerman. É o presidente da filial de Omaha da Reserva Federal de Kansas City e dirige uma grande operação de gado. Tenho a certeza de que o Jim estaria disposto a mostrar-te o local.»

Assim sendo, telefonei a Jim. Disse-lhe que ia de Boston, que era professor na Universidade de Yale e que queria saber mais sobre o negócio do gado. Ele e o seu irmão Gerald ofereceram-se para se encontrarem comigo para um pequeno-almoço e para me mostrarem o seu estábulo em Springfield. Fiquei entusiasmado. Arranquei as etiquetas das botas de *cowboy* que tinha comprado na noite anterior e juntei-me a Gerald e Jim para uma refeição rápida e uma visita guiada ao estábulo. Regressámos depois ao seu escritório singelo, onde verifiquei algo fascinante.

Jim e Gerald estavam tão interessados em saber coisas sobre mim e a minha visão do mundo como eu estava em relação a eles e às suas opiniões. Imediatamente, começámos a partilhar ideias sobre uma grande variedade de assuntos, desde como detetar bolhas financeiras até às condições ideais para a criação de gado. Embora viéssemos de mundos diferentes, os três apreciávamos o valor de perspetivas diferentes e a possibilidade de aprender uns com os outros. Acabámos por tornar-nos amigos.

Por ter aprendido tanto sobre a vida, os negócios e a indústria do gado com Jim e Gerald, convidei-os anos mais tarde a partilhar algumas das suas ideias com os meus alunos. Nesta altura, estava a dar um curso em Harvard chamado «A humanidade e os seus desafios», e um dos tópicos que estudávamos era a sustentabilidade dos nossos sistemas alimentares. Jim e Gerald ajudaram a conduzir a turma através de uma exploração dos desafios sociais, tecnológicos e ambientais que surgiram de uma classe média mundial em expansão que estava a comer quantidades crescentes de proteína animal. Falámos sobre tendências demográficas, preferências dos consumidores, dinâmica da água e inovações como a carne produzida em laboratório. Os estudantes adoraram os meus convidados.

Mas eis a parte mais interessante da história e uma lição que todos podemos aprender com os irmãos Timmerman. No final da aula, quando os alunos começaram a guardar os cadernos e a arrumar as pastas, Gerald levantou-se e fez algo que exemplificativo da aprendizagem do tipo esponja que contribuiu para o sucesso que ele e os seus irmãos tiveram. Perguntou: «Se não se importam, estariam dispostos a partilhar connosco os vossos pontos de vista? Partilhámos convosco as nossas ideias e experiências, mas, na verdade, todos vós, nesta sala, são o futuro. O que pensam sobre o futuro da carne? O que fariam se estivessem no nosso lugar?»

Durante os dez minutos, Gerald e Jim tomaram notas diligentemente enquanto os estudantes partilhavam os seus pontos de vista. Ambos foram rodeados por estudantes com perguntas complementares após a aula. Ao inverterem papéis e sendo genuinamente curiosos, os Timmerman desenvolveram uma capacidade de aprender com quem quer que seja, onde quer que se encontrem, seja em que altura for.

Homicídios em Bombaim

Dentro das organizações, a dinâmica das regras e outros controlos estimularam o surgimento de «compartimentos» ou departamentos em que equipas focadas de indivíduos podem assimilar partes de um todo que de outra forma não seria possível. Mas este mecanismo de resposta, impulsionado pela especialização e foco, criou novas fricções e riscos. Pela sua própria natureza, os departamentos organizacionais são concebidos para canalizar o foco de um grupo de indivíduos para um determinado objetivo. Mas também impedem a polinização cruzada e a ligação de dados que vem do cruzamento de diferentes áreas e da integração de diferentes perspetivas.

Embora seja incorreto atribuir culpas pela falha dos serviços secretos face aos ataques terroristas de Bombaim de novembro de 2008, que mataram 166 pessoas e feriram mais de 300, a verdade é que um olhar retrospetivo faz incidir uma luz inquietante sobre a quantidade de informação existente e os avisos feitos antes dos ataques. O massacre de Bombaim, tão marcante que é frequentemente referido como o 11 de Setembro da Índia, incluiu vários dias de ataques coordenados a múltiplos locais icónicos em Bombaim que eram frequentados por ocidentais. O filme de 2019 *Hotel Mumbai* capta quão terrível foi para a cidade e para os seus visitantes. Eis os factos, tal como foram relatados num artigo detalhado do *New York Times* intitulado «In 2008 Mumbai Attacks, Piles of Spy Data, but an Uncompleted Puzzle»[2].

Três agências distintas de serviços secretos tinham estado a monitorizar os terroristas durante meses antes do cerco de quatro dias ao centro financeiro da Índia, que incluiu tiroteios em massa em hotéis, estações de comboio, cafés e outros locais públicos. Os serviços secretos britânicos tinham estado a monitorizar a utilização da Internet do responsável terrorista e tinham provas credíveis de que estava a ser desenvolvido um plano. Os serviços secretos indianos também tinham captado conversas específicas no início de 2008 sobre um potencial ataque a Bombaim. Mais a mais, a partir da primavera de 2008, a CIA advertiu que o icónico Hotel Taj Mahal Palace poderia ser um alvo.

Brian Hale, um porta-voz dos serviços secretos dos EUA, explicou: «A informação identificava vários alvos potenciais na cidade, mas não tínhamos informações específicas sobre o momento ou o método do ataque.»[3] Os serviços secretos dos EUA também alertaram os serviços secretos britânicos para as suas crescentes preocupações. Posteriormente, em finais de setembro de 2008 e novamente em outubro de 2008, o grupo terrorista

---

[2] James Glanz, Sebastian Rotella e David Sanger, «In 2008 Mumbai Attacks, Piles of Spy Data, but an Uncompleted Puzzle», *New York Times*, 21 de dezembro, 2014, https://www.nytimes.com/2014/12/22/world/asia/in-2008-mumbai-attacks-piles-of-spy-data-but-an-uncompleted-puzzle.html.

[3] *Idem.*

responsável pelos atentados de novembro fez duas tentativas falhadas de levar os atacantes para Bombaim por mar, em barcos insufláveis. Finalmente, a CIA emitiu um aviso às autoridades indianas em 18 de novembro, menos de duas semanas antes do início dos ataques, sobre a localização de um navio associado a terroristas ao largo da costa de Bombaim, não muito longe do local onde os ataques ocorreram[4].

Então, o que se passou? Apesar de ser fácil, em retrospetiva, associar os factos, o ruído avassalador no sistema de serviços secretos impediu claramente que o sinal fosse ouvido. Consideremos alguns dos factos que eram conhecidos antes dos trágicos acontecimentos: Zarrar Shah, o coordenador digital dos ataques, cujo computador estava a ser monitorizado por agências de espionagem britânicas e indianas, demonstrava interesse em «guerras de pequena escala, comunicações secretas, locais turísticos e militares na Índia, ideologia extremista e Bombaim», tal como foi referido pelo *New York Times*[5]. E ainda, antes do início dos ataques, o Sr. Shah estava aparentemente a ver imagens do Hotel Oberoi no Google e fez buscas semelhantes ao Hotel Taj e à Chabad House, um albergue judeu que também foi atacado durante o cerco.

É evidente que os dados não foram interligados, mas porque não? Seriam simplesmente demasiados? Afinal, dado o volume de dados gerados pelos meios eletrónicos e pelos sinais detetados pelos agentes, como teria sido possível identificar o sinal e o padrão a partir daquele ruído tremendo? Serão os compartimentos (ou seja, o conhecimento compartimentado) os culpados? Possivelmente, mas parece que os esforços dos EUA para partilhar informação com a Índia se depararam com ouvidos moucos.

Mesmo na América, um paquistanês-americano que ajudou os atacantes a planear o massacre deixou um rasto de suspeitas que chegou às autoridades. A infeliz esposa de David Coleman Headley, que vigiava os alvos em Bombaim, disse aos agentes do contraterrorismo que o marido era um terrorista que conduzia missões misteriosas em Bombaim. Ninguém fez nada.

Uma coisa é certa: havia muitos dados. O que faltava eram ligações significativas entre eles. Triangular usando múltiplas fontes é uma capacidade-chave que todos deveríamos procurar adotar, e embora não seja claro se teria importado neste caso específico, fazê-lo deveria aumentar a probabilidade de identificar sinais num mundo ruidoso.

---

[4] *Idem.*

[5] *Idem.*

Leve as pessoas tão a sério como elas se levam a si mesmas

Durante a maior parte dos últimos 50 anos, sempre que Bob ligava, o Presidente dos EUA atendia. Tem sido assim tanto com democratas como com republicanos. Como dizia um artigo do *Telegraph*, «Bill Clinton, George W. Bush (quatro vezes) e Obama decidiram que era mais seguro ter o repórter de investigação mais famoso dos Estados Unidos do seu lado do que contra si»[6].

Bob Woodward é o jornalista de investigação mais influente do mundo, ponto final. Alguém que pensa de forma profunda num mundo de *tweets* de 140 caracteres e notícias resumidas em poucos minutos. Muito embora a maior parte do jornalismo tenda a ser reativo, recebendo as notícias e analisando-as *a posteriori*, Bob tem uma abordagem diferente.

De facto, na última aula de uma cadeira que lecionei em 2016, fiz com que os meus alunos lessem bastante sobre o trabalho dos jornalistas de investigação. Pedi-lhes que lessem sobre o trabalho realizado em Watergate, os Pentagon Papers e outros exemplos em que os jornalistas desempenharam o papel crucial de trazer a verdade à luz do dia, permitindo que o tribunal da opinião e do juízo público exercessem a sua magia. Sem o conhecimento dos estudantes, convidei Bob para participar... e dado que muitos eram demasiado jovens para o reconhecerem, apenas o apresentei como o meu amigo Bob, que estava de visita ao *campus* e que queria assistir à nossa aula.

A aula começou com uma discussão sobre o trabalho realizado pelos jornalistas de investigação — vários estudantes criticaram os seus esforços de justiceiros ingénuos, outros consideraram-nos fundamentais para a sociedade democrática. Mas todos ficaram atónitos quando começaram a falar sobre o Watergate e Bob se juntou à conversa com os seus reparos. Demorou cerca de cinco minutos, mas os meus alunos acabaram por somar 2 + 2 e perceberam que se tratava de Bob Woodward.

Surpreendidos, os estudantes ficaram então espantados quando Bob descreveu a sua motivação: «Todos os dias, assim que acordo, quero descobrir o que os maus da fita nos andam a esconder.» Porquê? Quando era criança,

---

[6] Bob Woodward, «Interview: Bob Woodward Reveals His Doubts about Barack Obama's White House», entrevista por Alex Spillus, *Telegraph*, 2 de outubro, 2010, http://www.telegraph.co.uk/news/worldnews/8037923/Interview-Bob-Woodward-reveals-his-doubts-about-Barack-Obamas-White-House.html.

Bob folheava os arquivos do escritório de advocacia do seu pai. Leu sobre os segredos sujos de famílias aparentemente perfeitas do seu bairro e percebeu que havia sempre uma história por detrás da história — que nem tudo era o que parecia. Bob explica: «Ouço o que as pessoas dizem e tento dar-lhes o benefício da dúvida, mas, ao mesmo tempo, pergunto-me sempre se poderá haver uma versão mais autêntica, um lado mais obscuro das pessoas e do seu comportamento.»[7]

Esta forma de pensar foi-lhe útil durante o seu trabalho sobre o Watergate, como ele me disse, lembrando: «Claramente, esconde-se muita coisa. Vamos ter com as pessoas e elas batem-nos com a porta na cara... todos os peritos desprezaram as nossas ideias e perguntas.» Mas Bob continuou a investigar. O resultado foi uma mudança na presidência dos EUA e uma imprensa que utiliza o seu poder para complementar os tribunais e as leis para fazer valer a justiça. De facto, quando falei com o Presidente de outra nação sobre o Watergate, ele comentou que Woodward e Bernstein demonstraram ao mundo que ninguém está acima da lei nos EUA, e que «o *Washington Post* fez mais pela reputação dos EUA no mundo do que qualquer líder americano poderia ter feito com palavras ou ações».

Mas o trabalho de Bob não terminou com o Caso Watergate. Na verdade, continua a fazê-lo, utilizando informações para encontrar sinais de verdade num mundo de ruído. Ele não tem quaisquer hesitações em ser um instigador e ir atrás das pessoas que ocupam os mais altos cargos. Põe em xeque os líderes mais poderosos do mundo e segue a história até onde ela o levar. Ao longo do percurso, mantém uma abordagem (como lhe é natural) profundamente cética: «Por vezes, a versão oficial da história está certa... geralmente não, mas por vezes está.»

«Tento mostrar às pessoas que as levo tão a sério como elas se levam a si mesmas», disse Bob.[8] A forma como se prepara para as entrevistas que conduz é espantosa. Um dia após termos almoçado na sua casa em Washington[9], entregou-me a lista de perguntas que tinha enviado ao Presidente Obama em abril de 2010, em preparação para uma entrevista como parte da pesquisa para o que viria a ser o livro *Obama's Wars*. Utiliza-as como parte de uma disciplina que lecionou durante anos.

---

[7] Bob Woodward, «Bob Woodward», *What Made Me Who I Am*, ed. Bernie Swain (Nova Iorque: Post Hill Press, 2016), 193.

[8] Woodward, «Interview: Bob Woodward Reveals His Doubts».

[9] Conversa pessoal com Bob Woodward, Washington, DC, 13 de dezembro de 2016.

As mais de 20 páginas de perguntas eram extremamente detalhadas e indicavam não só uma extraordinária preparação da parte de Bob, mas também um acesso profundo a informação. O seguinte excerto pode ajudar a ilustrar o nível de detalhe que Bob usou nas perguntas para mostrar ao Presidente Obama que estava de facto a tentar adotar a sua perspetiva.

> 18 DE MARÇO DE 2009: Numa viagem no Air Force One à Califórnia, leu a análise de 44 páginas da estratégia de Riedel. Dizia: «o objetivo central dos EUA deve ser perturbar, desmantelar e eventualmente derrotar a Al-Qaeda e os seus aliados extremistas».
> PERGUNTA: Qual a sua reação ao relatório em geral? Na altura, o objetivo pareceu-lhe demasiado abrangente, especialmente a «derrota» dos «aliados extremistas», o que parecia implicar os talibãs?
>
> O relatório Riedel incluía uma opção de estratégia «contraterrorismo mais» que teria mantido entre 25 mil e 40 mil tropas destacadas.
> PERGUNTA: Porque é que rejeitou esta opção?
>
> A segunda opção era uma «estratégia de contrainsurreição civil-militar munida de todos os recursos centrada na área de Pashtun no Sul e Leste», mantendo especificamente o nível das tropas em 68 mil, com uma decisão posterior de adicionar 10 mil efetivos, que «seria feita no outono baseada na avaliação da situação na altura».
> PERGUNTA: Porque é que optou por esta solução? Qual foi o seu pensamento inicial sobre a contrainsurgência? Foi-lhe explicado que, com uma contrainsurgência dotada de recursos completos (numa proporção de cerca de 1:50 das forças contrainsurgentes em relação à população), os 68 mil seriam insuficientes?
>
> No Air Force One, Riedel disse que o relatório era necessariamente um documento burocrático que refletia o processo interagências, mas que leria nas entrelinhas

```
para o Presidente. Traços gerais: Bin Laden e a Al-Qaeda
são hoje ameaças tão grandes como na véspera do 11 de
Setembro. A liderança da Al-Qaeda estava a recrutar,
treinar, conspirar e a comunicar ativamente.
PERGUNTA: Qual foi a sua reação? Porque aprovou a
contrainsurgência plena de recursos no Afeganistão?
Nunca mencionou «contrainsurgência» no seu discurso
de 27 de março anunciando a estratégia. Porquê?
```

Bob teve também a gentileza de partilhar comigo a transcrição que resultou da sua reunião com o Presidente e a natureza dos esclarecimentos que recebeu. De facto, ao tentar adotar a perspetiva do Presidente dos EUA, Bob ganhou o respeito não só para conseguir um encontro com o Presidente, mas também para ter uma discussão interativa durante a qual pôde sondar e citar ainda mais provas, o que manteve o Presidente em alerta durante toda a entrevista. Na verdade, no final da reunião, o Presidente Obama perguntou a Bob, a brincar, se alguma vez tinha pensado em liderar a CIA, uma vez que aparentemente tinha melhores fontes do que ele próprio.

Como esta história mostra, Bob é bem-sucedido, em parte, porque tenta adotar a perspetiva da pessoa que está a entrevistar. Expõe os factos que estavam presentes na altura e pinta um mosaico do mundo que o entrevistado provavelmente iria enfrentar. Depois, cria empatia sem julgamento, pedindo esclarecimentos. Resultado: Bob continua a ser um dos jornalistas mais respeitados do mundo, mais de 50 anos depois de ter sido fundamental para desvendar a dinâmica criminosa do Watergate.

Pensamento diabólico

Uma forma testada e verdadeira de realmente compreender a complexidade de uma questão é ter tempo para analisar em profundidade os prós e os contras de cada decisão que tomamos. A essência desta abordagem é captada numa situação citada com muita frequência e que foi protagonizada por Alfred Sloan, presidente da General Motors durante longos anos. Na conclusão de uma reunião de altos funcionários, Sloan resumiu a discussão: «Cavalheiros, presumo que estamos todos de pleno acordo sobre a decisão aqui tomada.» Depois de observar que a cabeça de todos acenava afirmativamente, prosseguiu: «Então proponho que adiemos a discussão sobre este assunto, para nos dar tempo de desenvolvermos desacordo e talvez compreendermos melhor o motivo desta decisão.»[10]

O teórico da gestão Peter Drucker também referiu o valor da discordância: «Uma decisão sem alternativas é um lançamento de um jogador desesperado, por muito cuidadosamente pensada que possa ter sido.»[11] Fundamentalmente, a chave é rodear-se de pessoas que ofereçam desacordo, ou seja, pessoas que olhem para o mesmo conjunto de dados e os vejam de forma diferente, chegando a conclusões diferentes.

Sigamos uma tática da Igreja Católica Romana. Durante o processo de canonização através do qual a Igreja declara como santa uma pessoa que já morreu, um advogado canónico é incumbido de servir como o *promotor da fé*. Ao contrário do *promotor da causa*, cuja função era apresentar provas do mérito do defunto, o promotor da fé deveria ter uma visão cética e apresentar explicações alternativas para os feitos supostamente divinos. Embora o cargo remonte a 1500, tem sido popularmente implantado em muitos contextos não religiosos através do seu nome latino, *advocatus diaboli*, «o advogado do diabo».

O advogado do diabo é genericamente uma pessoa que toma uma posição alternativa em nome da apresentação de um contra-argumento. A pessoa pode ou não acreditar na posição adotada, mas o valor do desacordo e das interpretações alternativas é o motivo pelo qual essa posição existe. Poderemos todos nós beneficiar da consulta dos nossos próprios advogados do diabo antes de tomarmos grandes decisões? Não deveríamos ponderar profundamente as alternativas?

Ou que tal colaborar com aqueles que têm opiniões radicalmente diferentes das nossas? Porque não incluir aqueles que não concordam connosco ou mesmo uns com os outros? Talvez possamos beneficiar da adoção de uma tática utilizada por Abraham Lincoln, nomeadamente, convidar os principais opositores para colegas de equipa.

Em *Team of Rivals: The Political Genius of Abraham Lincoln*, Doris Kearns Goodwin traça as disputas internas republicanas dentro da administração de Lincoln, explorando a dinâmica de um partido na década de 1860 que era uma coligação de políticos que apenas alguns anos antes tinham sido Whigs, Democratas, Free Soilers ou Know Nothings[12]. Goodwin destaca a dinâmica

---

[10] «Alfred Sloan», *Economist*, 30 de junho, 2009, http://www.economist.com/node/13047099.

[11] Peter Drucker, *The Effective Executive* (Nova Iorque: HarperCollins, 2017), 150.

[12] Doris Kearns Goodwin, *Team of Rivals: The Political Genius of Abraham Lincoln* (Nova Iorque: Simon & Schuster, 2006).

entre o senador de Nova Iorque William H. Seward, que se tornou secretário de Estado; o senador de Ohio Salmon P. Chase, que se tornou secretário do Tesouro e mais tarde presidente do Supremo Tribunal; e Edward Bates, do Missouri, que desempenhou o cargo de procurador-geral. Pelos debates pré-eleitorais, sabemos que cada uma destas personalidades tinha opiniões fortemente divergentes ou completamente conflituosas com as de Lincoln. Mas em vez de criar uma câmara de ecos de conselheiros com opiniões semelhantes à sua, Lincoln fez o contrário. Não só os incluiu na sua equipa de liderança, como os elevou a postos importantes. Poder-se-ia imaginar que esse desacordo orquestrado produziria o caos e paralisaria a tomada de decisões significativas.

O resultado foi um conjunto de decisões cuidadosamente ponderadas no que pode muito bem ter sido o momento mais tumultuoso e incerto da história antiga dos Estados Unidos da América. Poderia a escravatura ainda hoje ter lugar na lei se aquela tripulação heterogénea de opositores não tivesse sido escolhida para trabalhar em conjunto? O convite explícito de Lincoln aos mais céticos em relação à sua pessoa para se juntarem a ele foi genial a muitos níveis — politicamente, com certeza, mas também na medida em que lhe assegurou as múltiplas perspetivas tão necessárias para compreender a complexa dinâmica que a jovem nação enfrentava.

Numa breve entrevista com a *Prologue Magazine*, perguntaram a Goodwin, sem rodeios, por que motivo havia Lincoln incluído no seu gabinete os seus opositores. A resposta foi: «Ele declarou que, numa altura de perigo, o país precisava dos seus homens mais fortes, e ele não podia privá-lo desses talentos… ao colocar os seus rivais no seu gabinete, tinha acesso a uma vasta gama de opiniões, que sabia que *aguçariam o seu próprio pensamento*.»[13]

A ideia de aprofundar o próprio modo de pensar através do envolvimento de outros com opiniões diferentes das suas é uma forma muito poderosa de ultrapassar o pensamento grupal e abordar os preconceitos que muitos de nós naturalmente trazemos para uma discussão de grandes e importantes decisões.

Há alguns anos, fui convidado para discursar para a equipa de gestão de topo da United Technologies, uma das maiores empresas do mundo, que na

---

[13] Doris Kearns Goodwin, «An Extraordinary President and His Remarkable Cabinet: An Interview with Doris Kearns Goodwin about Lincoln's Team of Rivals», entrevista por Ellen Fried, *Prologue Magazine* (National Archives) 38, n.º 1 (primavera, 2006), https://www.archives.gov/publications/prologue/2006/spring/interview.html; ênfase acrescentada pelo autor.

altura incluía marcas e negócios tão icónicos como a Otis (a empresa de elevadores e escadas rolantes), a Carrier (um negócio global de ar condicionado e controlo climático) e a Pratt & Whitney (uma das empresas líderes mundiais no fabrico de motores de aviões). Para preparar a minha palestra, li tudo o que consegui encontrar sobre os seus negócios, bem como as cartas anuais do presidente e CEO Greg Hayes aos acionistas. Constatei que a maioria dos materiais da empresa discutia megatendências que impulsionavam a sua estratégia — urbanização e o surgimento de uma classe média global.

Na noite anterior à minha palestra, num *cocktail* da empresa, chamei Greg à parte e perguntei-lhe se alguma vez tinha considerado entrar no negócio da agricultura. Ele olhou para mim de forma curiosa e perguntou-me porque é que eu pensava que uma empresa de produção tecnologicamente avançada haveria de querer fazer isso. (Aqui para nós, suspeito de que nessa altura também terá questionado a decisão de me ter como orador externo na reunião do dia seguinte!) Falei sobre como a urbanização e uma classe média global em ascensão iriam impulsionar a procura por proteínas. Respondeu que nunca ninguém tinha sugerido que entrassem na agricultura e que provavelmente não o fariam, mas agradeceu-me a ideia antes de se afastar para conviver com os restantes convidados.

No decurso do ano que se seguiu, Greg e eu reunimo-nos de tempos a tempos para discutir as dinâmicas globais e como estas poderiam afetar a United Technologies. Mais tarde, pediu-me para ajudar com uma decisão muito interessante que ele e a direção da empresa estavam prestes a tomar. Estavam a preparar-se para propor uma divisão da United Technologies. Greg explicou que ele e o Conselho de administração queriam um mediador honesto para pensar de forma independente sobre os motivos pelos quais não deveriam prosseguir com a separação, dado que a maioria dos conselheiros formais da empresa tinha incentivos para encorajar a separação. Senti-me honrado por me terem pedido para desempenhar o papel de advogado do diabo (independentemente da minha opinião) e desenvolvi um argumento contra a separação.

Por fim, Greg e a direção decidiram dividir o negócio em três empresas, mas gosto de acreditar que o fizeram com mais convicção, tendo tido pelo menos uma pessoa encarregada de lhes dar motivos para não o fazerem. Mais tarde, Greg pediu-me para o ajudar a refletir sobre a razão pela qual ele não deveria prosseguir com uma fusão com a Raytheon. Mais uma vez, apesar dos meus melhores esforços (à margem do meu ponto de vista pessoal) para o convencer — e à direção — a não o fazer, eles avançaram com a transação.

Mais uma vez, acredito que o fizeram com a confiança de que tinha sido feito um esforço sério para considerar ações alternativas.

Creio que um dos motivos pelos quais Greg e a direção da United Technologies têm sido bem-sucedidos em ambientes muito voláteis durante longos períodos é não só terem uma mente aberta, como também procurarem ativamente a discordância que Sloan e Drucker mencionaram ser tão importante para uma tomada de decisão sólida e uma liderança eficaz.

Uma ferramenta que utilizei nas análises que fiz para Greg foi um exercício prospetivo de retrospetiva, mais coloquialmente descrito como uma análise *pre mortem*. Uma pesquisa conduzida por Deborah Mitchell, Jay Russo e Nancy Pennington revelou que o exercício de pensar de forma antecipada sobre como os projetos podem vir a falhar aumenta em cerca de 30% a capacidade de identificar corretamente possíveis trajetórias[14]. Uma análise *pre mortem* tem em conta como as decisões tomadas hoje podem acabar por ser vistas como insensatas no futuro. A ideia é imaginar o fracasso futuro e depois pensar no que o poderá ter causado. Este é um exercício que pode ser feito em paralelo ao de um advogado do diabo e, como foi eloquentemente resumido por Gary Klein num artigo de 2007 da *Harvard Business Review*, «em última análise, uma *pre mortem* pode ser a melhor forma de contornar a necessidade de um doloroso *post mortem*»[15].

...

Todas as perspetivas são tendenciosas e incompletas. Assim, não há qualquer motivo para nos contentarmos com a perspetiva para a qual tendemos naturalmente como a única que utilizamos para tomar decisões. Pelo contrário, faria sentido procurar, apreciar e desenvolver múltiplas perspetivas para nos ajudar a iluminar o tema em questão. A chave é triangular uma versão da realidade a partir de múltiplas perspetivas. Basta pensar no caso turbulento da minha hipoteca. O First Republic Bank conquistou todo o meu negócio e a minha lealdade ao assumir um risco que, na minha visão reconhecidamente tendenciosa, parecia ser um caso óbvio. Também Bob Woodward construiu uma carreira tratando as pessoas mais poderosas do mundo com a mesma

---

[14] Deborah Mitchell, Jay Russo e Nancy Pennington, «Back to the Future: Temporal Perspective in the Explanation of Events», *Journal of Behavioral Decision Making* 2, n.º 1 (janeiro/março 1989): 25–38.

[15] Gary Klein, «Performing a Project Premortem», *Harvard Business Review*, setembro, 2007, 2.

seriedade com que elas se consideram a si próprias, mergulhando profundamente em dados e histórias para recriar os seus pontos de vista. Recordemos igualmente a abordagem adotada por Jim e Gerald Timmerman, que aproveitavam todas as oportunidades para aprender com cada e qualquer pessoa, onde quer que fosse e sempre que possível.

Todos nós podemos ter acesso a novas ideias ao procurar alternativas à nossa própria forma de pensar. Durante centenas de anos, a Igreja Católica Romana utilizou a posição de advogado do diabo para argumentar porque é que uma pessoa não era digna de santidade, apesar das provas apresentadas. Talvez devêssemos todos recorrer a um advogado do diabo para nos ajudar a enfrentar as decisões mais difíceis da vida.

Pensar por nós próprios no século XXI é bastante difícil neste mundo, rodeados como estamos de especialistas, tecnologias e uma quantidade esmagadora de dados e de informação. Uma forma de manter a autonomia no meio deste dilúvio é adotar múltiplas perspetivas na busca de uma triangulação de perceções. Há muito conhecimento no mundo atual — e todos nós geramos mais a cada dia. A sabedoria real e sustentável que todos devemos desenvolver é a capacidade de interligar esses conhecimentos, de ganhar algum distanciamento para conseguir levar em conta o contexto e questionar constantemente os pressupostos subjacentes, pensando por nós próprios de forma independente e não confiando cegamente nas opiniões alheias.

Questões para colocar a si próprio

- **O que pensaria sobre a sua decisão alguém com uma mentalidade diferente?** Compreendendo que cada perspetiva é parcial e incompleta, imagine o que trabalhadores, clientes, fornecedores, cônjuges ou amigos poderiam pensar sobre a ação que escolheu. Aproveite todas as oportunidades para aprender com aqueles que têm antecedentes diferentes.
- **Estará a pensar nos problemas de forma suficientemente ampla? Terá definido corretamente o problema?** Muitos especialistas vivem em compartimentos e desenvolvem um enfoque profundo no seu domínio de especialização. Mas talvez o problema em questão exija que se façam conexões entre os conhecimentos de diferentes peritos. Há muitos dados a considerar, porém, o valor pode residir nas ligações entre eles.

- **Que erros na sua abordagem poderiam ser identificados por um advogado do diabo?** Recorra a um opositor estrutural para produzir com rigor uma argumentação de que a decisão que vai tomar é errada. Fazê-lo proporciona a segurança psicológica para permitir uma discussão rigorosa sobre as desvantagens de uma grande decisão, sem que o opositor receie quaisquer medidas punitivas.
- **De que forma poderá a sua decisão levar a um fracasso total no futuro?** Faça um exercício de prospetiva *a posteriori*, algo também conhecido como análise *pre mortem*. Pense em como comentadores futuros poderiam descrever o caminho que levou a um mau resultado.

CAPÍTULO 10

Manter os peritos à mão, não à cabeça

Entre as muitas qualidades que distinguem os líderes de sucesso de milhões de executivos menos bem-sucedidos está a consciência dos limites do seu conhecimento. Eles têm noção do que sabem, valorizam o que não sabem e têm um respeito saudável pelo que não sabem que não sabem. Em suma, têm um profundo *metaconhecimento*.

O metaconhecimento pode ser visto como uma falta de arrogância, uma espécie de humildade intelectual. As pessoas que veem o mundo de forma probabilística parecem navegar melhor em ambientes voláteis, porque estão preparadas para abraçar a incerteza. Compreendem que não sabem nada com 100% de certeza e por isso estão abertas a ideias muito diferentes das suas.

Os psicólogos Kahneman e Tversky, de quem falei anteriormente, demonstraram de forma bastante convincente que nós, seres humanos, não somos os seres racionais e desenvolvidos que muitos economistas pensavam que éramos. Uma das suas principais descobertas foi que os seres humanos são consistentemente demasiado confiantes, sugerindo que geralmente temos um fraco metaconhecimento. Os resultados são robustos e foram validados e confirmados por dezenas de estudos[1]. A triste realidade é que tendemos a pensar que sabemos mais do que realmente sabemos. Um corolário deste resultado é que também tendemos a não saber o que não sabemos.

---

[1] Amos Tversky e Daniel Kahneman, «Judgement under Uncertainty: Heuristics and Biases», *Science* 185, n.º 4157 (27 de setembro, 1974): 1124–1131.

Na minha experiência, os peritos estão entre os menos bem-sucedidos em tempos de grande incerteza. Pensam muitas vezes que sabem mais do que realmente sabem e, portanto, exibem mais confiança do que se justifica. A sobranceria tende a afetar a sua objetividade, particularmente quando se tornam os pensadores a quem se recorre para ajudar aqueles que, por definição, estão manifestamente confusos. Resultado: muitas previsões de peritos com grande visibilidade acabam por estar embaraçosamente erradas.

Muitos destes peritos adotaram abordagens unidisciplinares à aquisição de conhecimentos; eram especialistas verdadeiramente conhecedores do seu domínio. Contudo, muitas vezes foram acontecimentos exteriores ao seu domínio que fizeram descarrilar as suas previsões. Ao concentrarem-se nas suas áreas de especialização, permitiram que a profundidade triunfasse sobre a amplitude. É aqui que reside a dificuldade fundamental de trabalhar com especialistas. Há alturas em que é essencial que tenhamos um perito para nos ajudar; há outras em que um perito é precisamente o remédio errado para os nossos males. O que me leva a fazer… rufem os tambores, por favor… uma pergunta óbvia e extremamente importante: *Como raio podemos nós saber quando procurar ou não o contributo de um perito?* Por sorte, acontece que o contexto em que se está inserido (o que incidentalmente é algo que só cada um de nós pode plenamente abarcar) detém a chave de como e quando devemos procurar a contribuição de especialistas.

Cynefin: quem e quando

Felizmente, os consultores David Snowden e Mary Boone, juntamente com alguns outros, desenvolveram um enquadramento que nos pode ajudar a responder a esta pergunta crucial. Utilizando conhecimentos do campo da ciência da complexidade, sugerem-nos que um fator absolutamente essencial é o *contexto*. Num artigo da *Harvard Business Review* de novembro de 2007 intitulado «A Leader's Framework for Decision Making», Snowden e Boone sugerem que condições diferentes requerem abordagens diferentes. Uma variável muito importante a ponderar é o ambiente em que nos deparamos com uma decisão[2].

---

[2] David Snowden e Mary Boone, «A Leader's Framework for Decision Making», *Harvard Business Review*, novembro 2007, https://hbr.org/2007/11/a-leaders-framework-for-decision-making.

O enquadramento que desenvolveram e a que chamaram Cynefin distingue quatro contextos diferentes: (1) simples, (2) complicado, (3) complexo e (4) caótico[3].

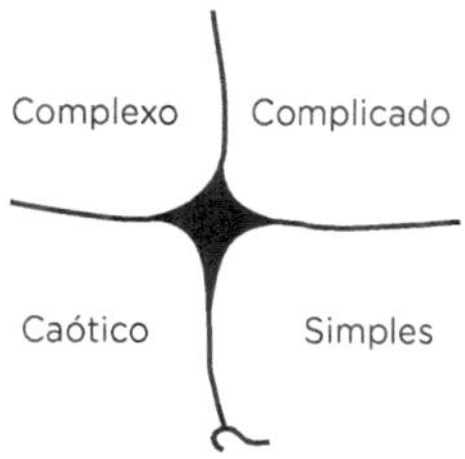

Os contextos simples caracterizam-se pela estabilidade, relações evidentes de causa e efeito, e uma gestão e monitorização lineares. É raro haver discordâncias quanto ao que tem de ser feito. Este é um domínio em que a automatização e a adesão a regras e às boas práticas tendem a funcionar bem. Tomadas de decisão baseadas nos processos são as mais adequadas. Por exemplo, que juros devem ser cobrados sobre a conta do cartão de crédito de determinado cliente? Claro, pode pedir a uma pessoa para calcular o saldo médio diário e depois multiplicá-lo pela taxa e debitar na conta. Mas também pode ter uma regra básica incorporada no *software* para fazer as contas e calcular os montantes. Independentemente de quem toma a decisão, a situação é estável e existe uma resposta correta.

Os contextos complicados, pelo contrário, podem compreender múltiplas respostas corretas. Regra geral, existe uma relação clara entre causa e efeito, mas é muito difícil para a maioria de nós ver ou compreender as nuances ou mecanismos das várias ligações. Um exemplo de um tópico complicado pode ser encontrado no funcionamento de tecnologias fortemente interligadas — como é o caso de um automóvel. Se o seu carro estiver avariado ou a funcionar mal, provavelmente haverá uma resposta correta à pergunta «O que é que está avariado e precisa de ser reparado?». O problema reside no facto de a resposta não ser óbvia para um não-especialista. Requer um perito para ajudar a identificar o problema e propor uma solução. A resposta existe, mas está encoberta por camadas imbricadas que a obscurecem. É nos ambientes complicados que os peritos prosperam.

---

[3] *Cynefin* (pronuncia-se ku-nev-in) é uma palavra galesa para habitat, que, para Snowden e Boone, reflete os múltiplos fatores no nosso ambiente e as experiências que nos influenciam de formas complexas e interligadas.

Os contextos complexos são ambíguos, mal definidos e caracterizados pela emergência. São difíceis de prever, devido ao fluxo constante e a relações dinâmicas e mutáveis. Os ambientes complexos podem ser considerados probabilísticos e não podem ser resolvidos. Não há respostas. O melhor que se pode esperar numa situação complexa é compreender algumas das dinâmicas, acompanhar de perto a situação e ajustar o rumo à medida que surgem novas informações. Este é o domínio de tudo o que é altamente interativo com circuitos de *feedback*. A título de exemplo, imaginemos a reação de uma sociedade à introdução de uma nova tecnologia. Com que rapidez será adotada? Irá substituir outras? As relações sociais sofrerão alterações? O que acontecerá à economia, aos empregos ou às tecnologias alternativas? O número de interações possíveis é esmagador, fazendo com que as previsões não passem de especulações. A abordagem correta para navegar na complexidade, argumentam os autores, é permitir que o caminho a percorrer se vá revelando. Sondar, pressentir e reagir são as atividades-chave. É um exercício de associação de dados e não um exercício de geração de dados.

Em contextos caóticos, é inútil procurar as respostas corretas. As relações de causa e efeito estão em constante mudança, e não seguem padrões manipuláveis, invalidando qualquer análise rigorosa. Snowden e Boone sugerem que estes ambientes são raros, geralmente temporários, e que podem ser abordados com eficácia, tentando restabelecer a ordem e recuperando o mais possível a estabilidade — ainda que apenas em certos subdomínios[4]. Vejamos um bom exemplo de um contexto caótico:

É sábado de manhã, por volta das oito horas. Os meus dois filhos estão a ver televisão e o nosso cão está deitado em frente ao sofá onde estão sentados. A calma temporária é de tal modo inebriante que Kristen e eu conseguimos conversar sobre a atualidade, a nossa semana de trabalho ou até sobre as próximas férias. É então que, do nada, sem explicação ou lógica aparente, se instala a confusão. Há gritos, o cão ladra e correm lágrimas. Para ajudar à festa, um vizinho toca à campainha e o dispositivo Amazon Echo começa a tocar música de filmes de terror. Suspeito que a abordagem correta a adotar é tentar instaurar alguma estabilidade — separar as crianças, levar o cão lá para fora, agradecer ao vizinho por ter passado por cá, mas sugerir que volte daqui a cinco anos, quando as coisas já estiverem mais controladas, ou pedir à Alexa para tocar música alegre. Então, e só então, posso tentar seguir em frente. A chave para mim é transformar aquele arraial em algo com o qual possa interagir de uma

[4] Snowden e Boone, «A Leader's Framework».

forma mais racional, e a realidade é que é impossível compreender causas e efeitos com tudo a acontecer ao mesmo tempo! Esse é o conselho que imagino que Snowden e Boone me dariam a mim e à minha mulher.

Mas vamos parar por um momento e pensar em como o enquadramento Cynefin nos pode ajudar a decidir quando procurar a ajuda de um especialista, com conhecimentos específicos, restritos e profundos, e quando ficamos mais bem servidos com um generalista. Penso que tem que ver com a natureza da questão que temos em mãos e o tópico com o qual podemos precisar de ajuda. Se houver uma relação clara de causa e efeito, podemos beneficiar da ajuda de um perito. Por exemplo, há água a escorrer do teto diretamente por baixo da casa de banho do andar de cima. Isto pode ser um contexto simples (a retrete está a vazar, há que estancar a fuga), mas também pode ser complicado (talvez o polibã tenha uma fissura e a água esteja a escorrer ao longo de uma viga e vá depois atravessar o chão). Em qualquer dos casos, um perito será útil para a resolução do problema.

Suponhamos agora que estamos perante um fenómeno mais problemático e emergente que se verifica sistematicamente no domínio do investimento ou da medicina. Claro, há problemas simples e complicados que surgem no domínio do investimento (quero investir fortemente num ativo e ter um preço-alvo que já determinei, e quero ajuda para descobrir a melhor forma de executar o negócio) e da medicina (parti um osso e preciso de pôr gesso), mas estes domínios também têm muitos problemas complexos.

Seja dono das suas decisões

Ponha-se no meu lugar. Decorria o ano de 2011 e há semanas que não me sentia bem; andava zonzo, exausto e a dormir mal... pelo menos à noite. Entre as 14 e as 17 horas a história era outra. A essa hora dormia que nem um bebé. Alguma coisa estava errada. Eu não estava em mim. Ao cabo de quase três semanas de sestas involuntárias, acabei por ir ao médico.

Depois de inúmeros de exames, foi-me dito que todos tinham dado negativo. «Beber líquidos e descansar muito» foi a receita que me deram. Podia ter sido um problema simples (por exemplo, falta de descanso), mas não era. Podia ter sido um problema complicado (doença de Lyme, deficiência de ferro, mononucleose, etc.), mas não era. Basicamente, deparava-me com um problema complexo que só podia ser tratado através de uma abordagem sistémica, uma abordagem que incluísse olhar para todo o meu corpo e para as respetivas conexões. Assim, assumi o controlo e acabei por ir parar ao consultório de Mark Hyman, um médico que adotava uma abordagem sistémica à medicina, conhecida como medicina funcional.

Na altura, o *slogan* utilizado pelo Dr. Mark Hyman no seu website era «Causas, não doenças». A filosofia básica subjacente à medicina funcional é que os sintomas podem ser gerados por muitas causas. Por isso, não se concentra nos sintomas, e sim em como o corpo está a funcionar. Consertem-se as disfunções e muitos dos sintomas desaparecerão. A solução passa por abordar as causas na raiz, não as patologias que elas produzem.

A bateria de exames a que Mark me submeteu foi avassaladora. Todavia, não eram os exames normais que o meu médico anterior tinha requisitado. Claro que verificou o colesterol, mas preocupou-se mais com o tamanho das partículas do que com os níveis. Verificou também a concentração de elementos tóxicos no meu corpo, como mercúrio e chumbo, e procurou carências vitamínicas e desequilíbrios hormonais. E não se tratou apenas de analisar o sangue. As minhas fezes, urina, saliva e cabelo também foram analisados. A ecologia dos meus intestinos foi igualmente explorada. Examinou, examinou e voltou a examinar.

Passadas algumas semanas, os resultados chegaram. Estivemos então uma hora ao telefone a discuti-los. Os resultados foram surpreendentes — desde a identificação de níveis de mercúrio e alumínio superiores ao esperado até uma grave deficiência de vitamina D. Mais a mais, os exames de sensibilidade alimentar e alergias devolveram uma pletora de descobertas que indicavam que a dieta estava a contribuir fortemente para o meu cansaço e saúde em geral. Fiquei impressionado. Porque é que o meu outro médico não vira nada disto? Parecia quase óbvio. No entanto, ele não prestou atenção a estas possibilidades. O seu foco estava noutro lugar.

Durante cerca de um mês, colaborei estreitamente com Mark e um nutricionista para conceber um programa de medicamentos, suplementos e uma dieta adequada para ajudar a corrigir as partes do meu corpo que estavam a funcionar mal. Mark estava concentrado na correção das causas; apenas monitorizava os meus sintomas de forma tangencial.

Resumindo, o processo que segui — liderado por Mark, com o apoio de um nutricionista — mudou a minha vida. Comecei a comer de forma diferente devido às alergias até então não diagnosticadas que este processo tinha revelado. Tomei vitaminas e outros suplementos. Comecei a utilizar regularmente a sauna no ginásio. Até troquei o antitranspirante (uma vez que a maioria contém alumínio) por um desodorizante.

A *Night's Watch*

No auge do impasse dos testes de mísseis de 2017 entre o Presidente norte-americano Donald Trump e o líder norte-coreano Kim Jong-Un, fui convidado a juntar-me a um grupo de executivos seniores numa viagem de três dias às instalações da Força Aérea dos EUA, no Colorado. A viagem foi liderada por Barbara Faulkenberry, minha amiga e general reformada da Força Aérea norte-americana, que a certa altura liderou uma parte importante da logística deste ramo das forças militares. Como era de esperar, a viagem foi extremamente bem organizada e gerida de forma eficiente.

Muito embora fosse emocionante visitar Cheyenne Mountain e passar algum tempo com a liderança da Academia da Força Aérea, a maior surpresa da viagem teve lugar num parque de estacionamento remoto numa tarde quente de agosto. Assim que vislumbrei ao longe a entrada principal do US Northern Command (US-NORTHCOM) e do North American Aerospace Defense Command (NORAD), ainda a várias centenas de metros de distância, o autocarro parou. Ao desembarcar, fui saudado pela general Lori Robinson, que estava junto ao autocarro, naquele calor sufocante.

Para que se perceba por que motivo isto era tão invulgar, vou falar um pouco sobre a general Robinson. Ela é uma das mulheres mais bem-sucedidas de sempre das forças armadas dos EUA. É uma das poucas mulheres que chegaram a general de quatro estrelas, a primeira comandante feminina da NORAD (que reporta tanto ao Presidente dos EUA como ao primeiro-ministro canadiano) e a primeira comandante combatente feminina (chefe do USNORTHCOM) na história militar americana. Líderes como a general Robinson geralmente não esperam em estacionamentos que os convidados cheguem, especialmente num dia quente de agosto. Mas, tal como pude constatar, ela não é como a maioria dos líderes.

Desde a minha visita às suas instalações no Colorado, já passei algum tempo em conversas e reuniões com a general Robinson, e embora os seus feitos sejam impressionantes, foi a sua abordagem à gestão que me pareceu verdadeiramente especial. Um momento decisivo da sua carreira, tal como me contou, foi a morte da sua enteada, Taryn Ashley Robinson. Taryn licenciara-se em 2005 pela Academia da Força Aérea e era aspirante a piloto de caça. Durante um treino de rotina, o avião de Taryn despenhou-se no Texas e ela morreu meses depois.

A partir desse momento, a general Robinson sentiu-se grata «pela oportunidade e capacidade de acordar todas as manhãs», como me disse numa conversa. Pequenas batalhas burocráticas tornaram-se menos importantes, permitindo-lhe concentrar-se na missão de servir o país. A partir daí, a sua carreira disparou, e as estrelas foram sendo acrescentadas ao seu uniforme de três em três ou de quatro em quatro anos.

Enquanto a série de sucesso da HBO *Game of Thrones* mostrava como a ordem militar Night's Watch protegia os Sete Reinos dos selvagens e dos White Walkers, a general Robinson e a sua equipa na NORAD protegiam a América do Norte durante uma época de frequentes lançamentos de mísseis por um perigoso regime norte-coreano. É difícil imaginar a pressão de ter apenas alguns minutos para decidir uma linha de ação a partir do momento em que os satélites ou sensores americanos identificam o lançamento de um míssil.

«Não tinha alternativa a não ser confiar nos outros», disse a general Robinson. «Mas fazia-o deliberadamente, mantendo sempre a propriedade da decisão enquanto procurava proativamente a contribuição de outros: quis saber os pensamentos, ideias e valores de todos, incluindo daqueles que se opõem à minha forma de pensar... porque, ao longo dos anos, aprendi que eles me ajudam a tomar decisões mais inteligentes.»

Esta não é a atitude mais comum, particularmente numa organização hierárquica como o exército dos EUA. A general Robinson comentou que era essencial criar uma situação em que todos se sentissem confortáveis e seguros em partilhar os seus pontos de vista, mesmo que diferissem dos dela: «Qualquer bom líder criará o ambiente para que as pessoas tragam as suas vozes e pensamentos para a discussão, para que o decisor possa tomar uma decisão informada.» Ao tomar decisões difíceis que afetam a nossa saúde, riqueza ou felicidade, todos nós podemos liderar como a general Robinson. Primeiro, é fundamental criar o contexto em que os conselheiros possam dar os seus melhores pareceres; depois, recuar um pouco para contemplar o panorama geral e os nossos objetivos e, finalmente, fazer uma escolha informada com o benefício de uma contribuição especializada. Ao longo de todo o processo, é necessário manter os peritos à mão, e não à cabeça.

Sou uma pessoa completamente diferente hoje do que era antes de conhecer Mark. Não é um exagero. Perdi mais de 30 quilos em 18 meses, o meu cabelo parou de regredir e até escureceu, os meus níveis de energia dispararam e mantêm-se elevados, durmo melhor e sinto-me ótimo. Também acho que estou mais esperto e engraçado, mas os meus amigos dizem-me que não passa de uma ilusão minha. Enfim.

Conto esta história porque os meus problemas de saúde na altura não eram simples nem sequer complicados; eram complexos, com uma série de problemas de interação e sobreposição que desafiavam qualquer abordagem redutora que apenas olhasse para as partes. Mark ajudou-me a melhorar ao olhar para a forma como o meu corpo estava a funcionar, em vez de se concentrar apenas no que estava a funcionar mal. Como generalista, foi capaz de triangular múltiplas perspetivas para transformar o problema complexo numa coleção de problemas complicados que em seguida abordámos de forma metódica.

Manobras milagrosas

Para tomar decisões bem-sucedidas, temos de entender o ambiente que enfrentamos. Esta capacidade de combinar o contexto com uma abordagem ao trabalho com conselheiros é aquilo a que Joseph Nye chama «inteligência contextual» e é uma habilidade essencial para líderes de todos os níveis[5]. Quando avaliamos o contexto e conseguimos determinar rapidamente se estamos perante um ambiente simples, complicado, complexo ou caótico, estamos mais aptos a recorrer a especialistas conforme a necessidade. Mas também precisamos de exigir que os peritos em quem confiamos compreendam o contexto que enfrentamos. Quais são os seus limites? O que é que eles não sabem sobre o que está a acontecer fora dos seus compartimentos? Para um exemplo de um perito que compreendeu o seu papel, que se manteve orientado para a missão e que pensou por si próprio, vejamos uma situação em que uma gestão criteriosa do saber especializado ajudou a evitar a publicação de mais de 150 obituários.

Imagine que está a bordo de um avião que perde o impulso em todos os motores durante a fase crucial da descolagem. Quem gostaria que estivesse no *cockpit*? O meu palpite é de que gostaria que fosse um graduado da

[5] Joseph Nye, *The Powers To Lead* (Nova Iorque: Oxford University Press, 2010), 87–96.

Academia da Força Aérea, um piloto experiente, com milhares e milhares de horas de voo, um líder que não fique paralisado pelo *stress*, um perito ponderado que compreenda os riscos e vantagens das várias ações possíveis e alguém que não delegue cegamente a sua decisão em listas de verificação ou tecnologias. Quereria um piloto com um alcance de visão que tivesse em conta não só o resultado previsto, mas também os resultados prováveis, possíveis e remotos.

Felizmente para os 150 passageiros e cinco membros da tripulação a bordo do voo #1549 da US Airways, era alguém exatamente assim que tinham no *cockpit* na manhã de 15 de janeiro de 2009, quando o avião se deparou com um bando de gansos à partida do aeroporto LaGuardia, em Nova Iorque[6]. Quatro minutos após a falha de ambos os motores, o capitão Chesley Sullenberger (Sully) lançou o avião no Rio Hudson. Todas as almas a bordo sobreviveram. O livro de Sullenberger, *Highest Duty*, e *Sully*, o filme de Clint Eastwood sobre esta miraculosa manobra, ilustram como a sua abordagem para gerir o foco e manter o controlo salvou vidas[7].

Tratando-se de alguém que tinha pilotado aeronaves durante toda a sua vida adulta, com cerca de 20 mil horas de experiência em numerosos tipos de aviões, Sully era mais do que qualificado do ponto de vista da experiência[8]. Tinha pilotado planadores, compreendia as nuances práticas da aerodinâmica e dava cursos sobre liderança e tomada de decisões a colegas pilotos. A sua esposa, Lorrie, chamava-lhe o «piloto de pilotos»[9] e dizia que Sully não se limitava a voar, «ele vestia o avião; era como se o pusesse no corpo. Não entrava no avião para simplesmente pilotar a máquina. Ela tornava-se parte dele»[10].

---

[6] *Moment by Moment: Averting Disaster on the Hudson*, realizado e escrito por Gary Leva, protagonizado por Patrick Harten, Jeffrey Skiles, Chesley Sullenberger (Burbank, CA: Warner Home Video, 2016), DVD.

[7] Chesley «Sully» Sullenberger, *Highest Duty* (Nova Iorque: William Morrow, 2010); *Sully*, realizado por Clint Eastwood, escrito por Todd Komarnicki e Chesley Sullenberger, protagonizado por Tom Hanks, Aaron Eckhart e Laura Linney (Burbank, CA: Warner Brothers, 2016), DVD. Guião do filme disponível em https://www.scripts.com/script-pdf/19081.

[8] Alex Altman, «Chesley B. Sullenberger III», *Time*, 16 de janeiro, 2009, http://content.time.com/time/nation/article/0,8599,1872247,00.html.

[9] «Wife: Sully is a "Pilot's Pilot"», CBS News, 16 de janeiro, 2009, https://www.cbsnews.com/news/wife-sully-is-a-pilots-pilot/.

[10] *Sully Sullenberger: The Man behind the Miracle*, realizado e escrito por Gary Leva, protagonizado por Tom Hanks, Patrick Harten e Jeffrey Skiles (Burbank, CA: Warner Home Video, 2016), DVD.

Jeff Skiles, copiloto de Sully naquela manhã de janeiro, afirmou que «Sully é um homem que gosta de planear». Num documentário sobre ele afirmava-se: «Para Sully Sullenberger, a preparação é tudo... Tem uma clara antipatia por surpresas.»[11] Para ilustrar como funciona a mente de Sully, eis uma história que a sua mulher contou sobre uma viagem que ambos fizeram num voo privado para fazer uma caminhada num local remoto:

> Não gosto de viajar em aviões pequenos e não queria ir, por isso disse-lhe: «Meu Deus, nunca vão encontrar os nossos corpos aqui»; e ele disse: «Não, tenho tido um local de aterragem de emergência à vista ao longo de toda a viagem... Para onde quer que fôssemos, eu saberia onde podia pousar o avião». A sua cabeça está constantemente a planear[12].

A experiência e a perícia são capacidades necessárias, mas não suficientes. A perícia seria útil se a situação fosse complicada... mas não era meramente complicada. Era complexa. Era uma situação sem precedentes e emergente em tempo real. Nesse fatídico dia de janeiro, Sully descreveu o acontecimento como «chocante, mais do que tudo o que eu tinha vivido em 42 anos de voo e 20 mil horas no ar». Sully recordou mais tarde vividamente os seus três primeiros pensamentos após ter perdido o impulso: «"Isto não pode estar a acontecer", imediatamente seguido por "isto não me acontece a mim", e o meu terceiro pensamento foi a noção de que, ao contrário de todos os outros voos que tinha feito, este provavelmente não terminaria numa pista com a aeronave sem danos.»[13]

De facto, o diálogo que Sully teve com a torre de controlo capta a essência de como ele e Skiles mantiveram os conselheiros à mão e não à cabeça. Ele não cedeu cegamente o controlo. Logo após a falha de ambos os motores, Sully e Skiles comunicaram o seu estado a um controlador de tráfego aéreo que disponibilizou uma opção de aterragem de emergência no LaGuardia[14]. Sully respondeu que o avião podia não conseguir aterrar e podia ir parar ao Rio Hudson. Perguntou então sobre a disponibilidade do aeroporto de Teterboro, em Nova Jérsia, onde o controlador lhe garantiu rapidamente uma pista de aterragem. Ao longo desta conversa, conta Sully, o controlador

---

[11] *Idem.*

[12] *Idem.*

[13] *Moment by Moment*, realizado e escrito por Gary Leva.

[14] *Idem.*

não tentou orientá-lo numa determinada direção: a sua «escolha de fraseado foi-me útil. Em vez de me dizer para que aeroporto tinha de me dirigir, perguntou-me que aeroporto eu queria. As suas palavras deram-me a entender que entendia que esta escolha difícil era minha e que não ia ajudar se tentasse ditar-me um plano»[15].

Vinte e dois segundos após Sullenberger ter proposto Teterboro, desistiu dessa possibilidade, concluindo rapidamente que uma aterragem no Hudson era o melhor procedimento a seguir. Mesmo após a decisão de Sully, o controlador continuou a apresentar sugestões, incapaz de suportar a ideia de uma aterragem na água. A aterragem de um avião na água é uma manobra arriscada, que é melhor evitar sempre que possível. Mais tarde, o controlador disse que temia que o avião começasse a dar cambalhotas no rio, como nas imagens que tinha visto do voo 961 da Ethiopian Airlines[16].

Tal como nos é demonstrado de forma dramática no filme *Sully*, Sullenberger afastou então o controlador: «Eu sabia que ele me tinha dado toda a assistência que estava ao seu alcance, mas nessa altura tinha de me concentrar na tarefa em mãos. Não ia estar a responder-lhe.»[17] Em vez de deixar a tecnologia ou os peritos assumirem o comando, abdicando da sua responsabilidade enquanto líder, Sully assumiu o controlo, pensou por si próprio e utilizou as orientações alheias como meros contributos para o seu pensamento. Sullenberger foi bem-sucedido em parte porque tirou proveito dos conselhos dos controladores do tráfego aéreo sem lhes ceder o controlo.

Vamos comparar Sully com os pilotos do voo 447 da Air France, que mencionámos anteriormente. O voo regular de 11 horas do Rio de Janeiro para Paris caiu de barriga no Oceano Atlântico na noite de 31 de maio de 2009. Um simples indicador de velocidade tinha funcionado mal por breves instantes, transformando um simples *blip* tecnológico numa sentença de morte para os 228 passageiros. Na verdade, a causa real não foi um fracasso tecnológico, mas sim um foco limitado encorajado pela tecnologia.

O artigo de Langewiesche sobre o AF447 descreve claramente a incapacidade dos pilotos de desviar o olhar dos ecrãs.[18] Ao contrário de Sully, que tinha experiência em planadores e parecia ter uma sensibilidade profunda

---

[15] Sullenberger, *Highest Duty*, 374–375.

[16] *Moment by Moment*, realizado e escrito por Gary Leva.

[17] *Sully*, realizado por Clint Eastwood.

[18] William Langewiesche, «The Human Factor», *Vanity Fair*, 17 de setembro, 2014, https://www.vanityfair.com/news/business/2014/10/air-france-flight-447-crash.

para a aeronave, os pilotos do AF447 dedicaram-se aos instrumentos. Transferiram o seu pensamento, conhecimentos e responsabilidade pelos 228 passageiros para um sistema que deixou temporariamente de funcionar, desencadeando uma sequência de eventos fatais. Como poderia o destino das pessoas a bordo do AF447 ter sido diferente se os pilotos tivessem percebido que, apesar de os indicadores terem falhado, não necessitavam de uma ação corretiva drástica? E se eles mantivessem a tecnologia à mão e não à cabeça? Não era uma questão de competência, pois tinham sido rigorosamente treinados por uma companhia aérea nacional de renome. O problema foi a falta de pensamento independente; poderiam ter pensado na velocidade e inclinação, percebendo que baixar a frente poderia ajudar a aeronave a recuperar a velocidade adequada para evitar a queda.

E depois há a questão da dependência de regras e listas de verificação. As listas de verificação são uma ferramenta importante no arsenal de um piloto. E por boas razões: ajudam a reduzir os erros humanos na aviação, tal como na medicina. O próprio Sully é um defensor das listas de verificação. Ajudam a mitigar o potencial desastroso que a complacência (que resulta de sucessos repetidos) tem para gerar desleixo e atalhos arriscados. Mas as listas de verificação apenas contemplam pequenas frações das situações em que nos podemos encontrar.

Sully e o copiloto Skiles utilizaram cuidadosamente as listas de verificação quando a situação começou a deteriorar-se. Mas, neste contexto sem precedentes, cumprir estritamente o guião da lista de verificação era um grande risco. Skiles explicou que «a lista de verificação para esta emergência em particular tinha quatro páginas; foi concebida para ser feita a 30 mil pés (9200 metros) e não a 3 mil pés (915 metros) numa janela temporal de três minutos»[19]. Claramente, seguir a lista de verificação não iria ajudar. Como Sully escreveu, «nem todas as situações podem ser previstas ou antecipadas. Não existe uma lista de verificação para tudo»[20].

No filme, vemos investigadores a interrogar Sully e o copiloto sobre as medidas que tomaram. Têm de explicar por que motivo não seguiram o protocolo de emergência padrão, o qual, embora útil em abstrato, não era apropriado para aquela situação específica. Assim, embora os protocolos padrão possam ser úteis, não devem ser regras que os líderes sigam cegamente em todos os casos; o contexto é importante. Como Sully eloquentemente

---

[19] *Moment by Moment*, realizado e escrito por Gary Leva.

[20] Sullenberger, *Highest Duty*, 308.

sintetiza: «Hoje, praticamente não há *cowboys* nos céus a ignorar os itens das suas listas de controlo. Ao mesmo tempo, preocupa-me que o cumprimento por si só não seja suficiente. A capacidade de julgar… é primordial.»[21]

As diferenças entre os voos US1549 e AF447 não poderiam ser maiores. Sully e Skiles eram especialistas com uma compreensão do contexto. Tinham bom senso. Compreendiam a importância da tarefa e não estavam dependentes da tecnologia. Sabiam como pilotar um avião sem cábulas. Tiveram a ajuda de peritos de tráfego aéreo, sempre que necessário. Bonin, o piloto que pilotava o AF447, por outro lado, era relativamente amador. Claro que recebeu formação adequada e cumpriu todas as certificações exigidas, mas grande parte das suas horas de voo tinham sido efetuadas em cabines de pilotagem altamente automatizadas em voos essencialmente de longo curso e sem percalços.

O valor da perspetiva de Sully é que ele compreendeu não só o sistema com que estava a trabalhar, mas exatamente o que este sustentava e, portanto, o que fazer quando falhou. Soube quando dispensar a orientação do tráfego aéreo e quando ter em conta as suas indicações. Precisamos de especialistas como Sully que possam contextualizar as métricas individuais, controlos e protocolos, mantendo ao mesmo tempo um forte domínio da sua missão final. Caso contrário, acabamos com pilotos que compreendem o painel de instrumentos, mas não o avião.

Pergunte, pergunte novamente e volte a perguntar

Talvez nem todos tenhamos a experiência e a convicção para lidar com níveis extremos de incerteza com a confiança serena que Sully tinha; de facto, é raro que alguém a tenha. Mas isso não significa que tenhamos de abandonar os nossos esforços para combater a natureza dominadora e controladora do poder da especialização. Precisamos de manter o controlo e uma forma de o conseguir é fazendo perguntas. Com efeito, fazer perguntas é uma capacidade importantíssima e uma competência que cada um de nós deve aperfeiçoar e desenvolver em maior profundidade.

---

[21] *Idem*, 314–315. Ver também Vikram Mansharamani, «What Sully Can Teach You about Leadership», *Worth*, 14 de setembro, 2016, https://www.worth.com/contributor/what-sully-can-teach-you-about-leadership/.

Regressemos ao filme *Sully*. O drama da história (tal como é retratado no grande ecrã) gira em torno da investigação do incidente por parte do National Transportation Safety Board. Inicialmente, os investigadores acreditavam que o motor do avião poderia ter sido reiniciado e que o incidente se devia a um erro de pilotagem. Além disso, as simulações de computador sugeriam que Sullenberger poderia ter chegado a LaGuardia ou Teterboro, evitando-se assim milhões de dólares em danos e custos. Para convencer o NTSB de que tomou a decisão certa, Sully faz com que as simulações operadas por humanos destes cenários fossem transmitidas ao vivo durante as audiências. Quando estas não seguiam a sua opção, ele argumentava — convincentemente — que nem o computador nem as simulações humanas estavam a utilizar pressupostos realistas.

No filme, é uma pergunta que leva o painel do NTSB a acabar por descartar as acusações de erro de pilotagem. Sully pergunta quantas vezes é que os pilotos no simulador tinham praticado esta situação. A resposta, que é recebida na sala com um grande alarido por parte de investigadores, burocratas, executivos, repórteres e outros foi: «Dezassete.» Sully e Skiles não tinham praticado uma única vez. Os pilotos do simulador tinham estado a demonstrar ações num contexto complicado. Eles sabiam o que estava a acontecer e o que precisavam de fazer. Tinham tido muita prática. Sully e Skiles pensaram por si próprios enquanto enfrentavam um problema emergente e complexo.

O responsável pela investigação do NTSB pediu então novas simulações humanas com base em pressupostos mais realistas. Desta vez, após o embate simulado com as aves, os pilotos demoraram 35 segundos a voltar para LaGuardia ou para Teterboro. Perante estas condições mais realistas, os seus esforços resultaram na queda do voo simulado, dando razão a Sully e Skiles.

Hoje, tendemos a confiar nas aparentes conclusões das simulações computorizadas ou das experiências sócio-científicas em ambientes controlados, sem questionar a validade da sua aplicação no mundo real. Embora *Sully* possa ter exagerado o antagonismo entre os investigadores e os pilotos, o filme é uma parábola útil sobre a propensão insidiosa para confiar mais em modelos do que em depoimentos humanos. Não esqueçamos que os modelos em si são também eles irredutivelmente humanos, uma vez que são geralmente feitos por pessoas.

As perguntas também podem ser úteis para revelar os limites do conhecimento de um perito. Uma das minhas perguntas favoritas para quando procuro ajuda para avaliar alguma questão é: tem a certeza ou crê que isto é verdade? A pergunta abre caminho a uma discussão sem antagonismos sobre a forma como o perito gerou o seu juízo. Também nos ajuda, na qualidade de não-especialistas, a manter o controlo, percebendo as lacunas de conhecimento que possam existir, lacunas que podemos preencher através dos conhecimentos de outros especialistas complementares. Permite-nos gerar um mosaico da realidade utilizando as diferentes peças com os pareceres de cada especialista.

Um dos melhores interrogadores do mundo é Frank Sesno. Um antigo *pivot* de notícias, correspondente da Casa Branca e chefe do Gabinete de Washington da CNN, Sesno teve a oportunidade de entrevistar muitos dos líderes e especialistas mais bem-sucedidos do mundo. Já fez perguntas a Presidentes dos EUA e a outros chefes de Estado e atualmente é diretor da School of Media and Public Affairs da Universidade George Washington, em Washington, DC.

Não é só porque sobrevivi a ser interrogado por ele diante de centenas de pessoas numa conferência que sei que ele é um grande questionador, é também porque ele escreveu um livro literalmente sobre o poder das perguntas. E não pergunte se vale a pena ler o livro... é uma pergunta disparatada — claro que vale! Há uma secção de *Ask More* que é extremamente relevante. Limito-me a citar o que ele escreve num capítulo chamado «Desafie o perito»:

> O perito com quem está a lidar pode ser um médico ou carpinteiro, um dispendioso consultor ou um amigo que vive na sua rua. Mas ainda que tenham muito mais experiência do que o leitor alguma vez terá, esteja preparado para os questionar sobre o seu diagnóstico. Como é que chegaram a ele? Em que se baseia e qual é o prognóstico? Pergunte-lhes qual o seu processo, a sua experiência em situações semelhantes e quais as opções, riscos e próximos passos a dar. Questionar um perito pode ser assustador e difícil, mas é muitas vezes necessário[22].

É necessário porque nos ajuda a manter o controlo. De facto, questionar e desafiar os peritos é uma das principais estratégias sugeridas por Noreena Hertz, autora de *Eyes Wide Open: How to Make Smart Decisions in a Confusing World*. Numa palestra que proferiu sobre a gestão de peritos, declarou

---

[22] Frank Sesno, *Ask More: The Power of Questions to Open Doors, Uncover Solutions, and Spark Change* (Nova Iorque: American Management Association, 2017), 21.

explicitamente que «temos de estar prontos e dispostos a recorrer a peritos [...] persistindo perante o seu inevitável aborrecimento quando, por exemplo, queremos que nos expliquem coisas numa linguagem que possamos realmente entender». Prosseguiu descrevendo como o seu médico, depois de ter sido operada, a avisou para estar atenta à hiperpirexia: «Poderia ter dito com a mesma facilidade "cuidado com a febre alta".»[23]

Noreena sugere que questionar é a chave para enfrentar os peritos, afirmando que devemos estar «dispostos a tentar perceber os seus gráficos, equações, previsões, profecias e estar munidos com as perguntas para o fazer — perguntas como "Quais são os pressupostos que estão na base disto? Quais são as provas em que isto se baseia? E o que não contemplam?"»[24].

Noreena e Frank estão em boa companhia com a sua ênfase em fazer perguntas. Peter Drucker disse-o sem rodeios: «O trabalho importante e difícil nunca é encontrar a resposta certa. É encontrar as perguntas certas.»[25]

Outro grupo de perguntas que podem ser difíceis de fazer tem que ver com os incentivos que os especialistas possam ter ao recomendar uma determinada linha de ação ou um produto específico. Sei que isto pode ser muito difícil, mas porque não perguntar sem rodeios se o perito tem algum incentivo financeiro que possa distorcer a objetividade do seu aconselhamento? Por exemplo, Sr. Conselheiro Financeiro, recebe alguma compensação adicional dos gestores de investimento dos fundos que está a recomendar? Ou o senhor, Dr. Cardiologista, tem algum «cavalo na corrida» quando sugere que eu opte por um medicamento em vez de outro? Ou se vai ser operado, pode valer a pena perguntar ao médico que recomenda o procedimento se vai ser ele a realizá-lo ou se haverá outros envolvidos. Pode também perguntar ao seu cirurgião quantas cirurgias ele faz ao mesmo tempo. (Se isto lhe parece estranho, encorajo-o a ler o relatório do *Boston Globe* intitulado «Clash in the Name of Care»[26].)

Tony Robbins é ainda mais contundente do que eu. No seu livro *Unshakeable: Your Financial Freedom Playbook*, Robbins tem um capítulo

---

[23] Noreena Hertz, «How to Use Experts — and When Not To», *TED Salon London*, novembro de 2010, 18:03, https://www.ted.com/talks/noreena_hertz_how_to_use_experts_and_when_not_to.

[24] *Idem.*

[25] Peter Drucker, *The Practice of Management* (Londres: William Heinemann, 1955), 353.

[26] Jenn Abelson, Jonathan Saltzman e Liz Kowalczyk, «Clash in the Name of Care», *Boston Globe* Spotlight Team report, consultado a 28 de janeiro, 2020, https://apps.bostonglobe.com/spotlight/the-name-of-care/story/.

sobre consultores financeiros que intitulou «Pode confiar em mim... para me aproveitar de si!»[27] Fala sobre os mais de 200 nomes diferentes que as pessoas usam para indicar que supostamente estão no negócio de ajudar — incluindo «assessores financeiros», «consultores de riqueza», «consultores financeiros», e assim por diante. O resultado, observa Robbins, é que cerca de 90% dos consultores financeiros na América não são mais que corretores que tentam vender produtos financeiros em troca de uma comissão: «Se autointitularem-se feiticeiros, duendes ou elfos os ajudasse a ganhar mais comissões», prossegue ele, «não se importariam de o fazer». Robbins resume então eloquentemente o assunto em questão:

> Warren Buffett diz a brincar que nunca se deve perguntar a um barbeiro se se precisa de um corte de cabelo. Ora, os corretores são os barbeiros do mundo financeiro. São treinados e incentivados a vender, independentemente de precisarmos daquilo que estão a vender! Isto não é uma crítica. É apenas um facto.[28]

Robbins apresenta conselhos diretos sobre como expor estes conflitos de interesses. Propõe que se façam perguntas, tais como «É um consultor de investimentos certificado?» e «Está afiliado a um corretor?», bem como perguntas sobre como o consultor ganha dinheiro.[29] Fundamentalmente, trata-se de perceber o que é conhecido nos círculos académicos como um problema de agente-principal. Os agentes são frequentemente motivados por objetivos diferentes dos seus clientes, porque a sua pele não está em jogo. Se um consultor ganha dinheiro fazendo com que nós compremos ou vendamos, eles não estão alinhados com o nosso objetivo de gerar retornos de investimento. Enquanto principal, preocupamo-nos com os retornos. Neste caso, o agente preocupa-se com as comissões e a atividade da transação. Obviamente, esses conflitos podem levar a um desempenho subaproveitado para o principal.

---

[27] Tony Robbins, *Unshakeable: Your Financial Freedom Playbook* (Nova Iorque: Simon & Schuster, 2017), 74.

[28] *Idem*, 75.

[29] *Idem*, 90.

Posições que ocupamos

Embora seja útil expor os potenciais conflitos de interesses que possam existir nas recomendações de um conselheiro, existe um conflito muito mais insidioso que muitas vezes se esconde abaixo da superfície. Nomeadamente que um conselheiro é estruturalmente incapaz de fornecer conselhos sólidos devido à sua posição, empresa ou estatuto. As pessoas com martelos, como é natural, tendem a ver pregos em todo o lado. Joseph Nye, um político experiente que foi reitor da Harvard Kennedy School e com quem tenho a sorte de ter tido numerosas conversas, disse que «nos círculos políticos, o velho adágio é que a posição que se adota depende de onde se está sentado»[30].

E prossegue: «Nas informações, o que se prevê é frequentemente afetado pelo local onde se trabalha. O principal dever dos analistas departamentais é responder às necessidades das suas organizações.» Nye exemplifica o seu ponto de vista, dizendo: «É suposto que os diplomatas negoceiem soluções... [e] que os generais ganhem batalhas.»[31] Isto significa que, mesmo em situações desesperadas, em que a esperança é pouco mais que remota, os analistas do Departamento de Estado tendem a sugerir a diplomacia. Quem se senta no Departamento de Estado recomenda diplomacia. No Pentágono? Recomenda ação militar. No Tesouro? Sanções. E assim por diante.

Imaginemos como isto se poderia aplicar num domínio não-governamental. Ao ser visto por um cardiologista, é preciso estar ciente de que este é leal ao departamento de cardiologia e não aos departamentos gastrintestinal ou de ginecologia. Os incentivos à carreira e a lealdade departamental (ou seja, aos compartimentos) são galopantes e, por vezes, chegam mesmo a passar por cima da objetividade dos conselhos.

A pior parte deste tipo de conflito oculto é que não é malicioso ou, aliás, sequer intencional. É estrutural e, como tal, muitas vezes difícil de identificar. Os analistas departamentais que Nye menciona acreditam genuinamente nos conselhos que estão a dar. São normalmente boas pessoas com boas intenções, mas, infelizmente, a sua posição de isolados num silo tem o potencial de conduzir a maus conselhos. Por vezes, a melhor via a seguir pode ser não fazer nada. O quê?! Nenhuma ação? Que departamento ou silo está organizado de forma a apoiar a falta de ação? Infelizmente, nenhum.

---

[30] Joseph Nye, «Peering into the Future», *Foreign Affairs*, julho/agosto, 1994, https://www.foreignaffairs.com/articles/1994-07-01/peering-future.

[31] *Idem.*

Fazer ou não fazer

Agora consideremos o seguinte cenário, vivido pelo meu amigo e colega de Harvard Esko Aho, antigo primeiro-ministro da Finlândia. Um dos mais jovens primeiros-ministros de uma nação desenvolvida — de sempre —, Esko enfrentou um número desmesurado de desafios durante o seu mandato no início dos anos 90: (1) foi recebido no cargo durante uma severa recessão, (2) foi-lhe pedido para ajudar a determinar a futura relação entre a Finlândia e a União Europeia e (3) teve de gerir os riscos decorrentes da implosão de uma superpotência mundial que partilhava uma fronteira de várias centenas de quilómetros com o país que agora liderava.

Esko teve a amabilidade de visitar a minha aula e de passar algumas horas com os meus alunos. Durante a nossa discussão, recordou ter recebido uma chamada às duas da manhã de um dos seus principais conselheiros, informando-o de que «estavam a ser disparados tiros em Moscovo». O conselheiro temia que estivesse em curso um golpe e que a Finlândia tivesse de lidar com um afluxo de refugiados, possíveis deserções militares e instabilidade na sua fronteira de mais de 1300 quilómetros com a Rússia. A situação foi apresentada como terrível, exigindo ação imediata e planeamento para lidar com o que provavelmente se iria transformar numa situação conturbada.

Esko perguntou então aos meus alunos o que teriam feito se estivessem no seu lugar. Todos concordaram que era importante reunir os melhores comandantes militares e começar a planear. Alguns sugeriram contactar Moscovo para oferecer apoio. Muitas outras ideias surgiram sobre o que poderia ser feito para se prepararem para o provável caos. Depois de ouvir atentamente todas as sugestões, Esko partilhou com a turma o que fez: «Desliguei o telefone e voltei a adormecer.»

Ele sabia que precisava de estar descansado e alerta pela manhã porque provavelmente teria de enfrentar enormes pressões. Sabia também que os seus conselheiros voltariam a ligar se o assunto se tornasse mais urgente… e temia que, ao manter-se acordado e agir, pudesse tomar alguma decisão desnecessária. Entendeu igualmente que os seus conselheiros tinham uma perspetiva limitada. Viviam em compartimentos que reduziam estruturalmente a sua perspetiva. Por isso, nada fez. Pela manhã, a situação tinha-se tornado menos urgente e foi capaz de planear calma e minuciosamente vários cenários com a sua equipa.

Os conselhos de Esko sobre a escolha de não fazer nada ressoaram em muitos dos meus alunos, entre os quais vários tinham experiência de trabalho em finanças. Alguns salientaram a relevância do discernimento de Esko para o investimento. A gestão de investimentos é um esforço incerto em que o risco e a recompensa devem ser constantemente avaliados como parte de uma busca infindável pela obtenção de retorno. Devido à natureza imprevisível dos movimentos do mercado, cada investidor está destinado a cometer erros.

Mas um investidor pode escolher o tipo de erro a cometer e, em tempos de valorizações ou tendências especulativas, é melhor cometer erros de omissão do que erros de comissão. Quando as potenciais recompensas parecem limitadas e os riscos elevados, é melhor não fazer nada e deixar de ganhar do que fazer algo e perder ativamente. Como afirmou Warren Buffett, «frequentemente, a melhor decisão é não fazer nada»[32].

A maioria dos peritos, quando se depara com um problema, recomenda algum tipo de ação. Afinal de contas, procuramos peritos precisamente para saber o que fazer. Até que ponto ficaria satisfeito com um conselheiro que respondesse às suas preocupações com «Recomendo-lhe que não faça nada»?

Há cerca de dez anos, um amigo meu foi diagnosticado com cancro da próstata. O diagnóstico foi um balde de água fria para ele e para a mulher. Uma semana depois de ter recebido esta notícia, encontrei-o por acaso. Não me pareceu alegre e bem-disposto como habitual. Inquiri-o e foi quando soube da situação. Passámos horas a conversar sobre como poderia avançar com um plano de tratamento e o que tudo isto significava para a sua vida, para a mulher, para o casamento, para os filhos e para os sonhos não realizados que ainda queria alcançar. Ofereci-me para o ajudar a refletir sobre as possíveis escolhas.

Quando pesquisei sobre o assunto, fiquei surpreendido com o que encontrei. Não vou repeti-lo, dado que o discuti anteriormente neste livro, mas vale a pena reiterar os resultados da literatura médica: muitos homens morrerão com cancro da próstata, muito poucos morrerão dessa causa. Ajudei o meu amigo a esboçar uma lista de perguntas a fazer quando regressasse ao urologista. No topo da lista: e se eu decidir não fazer nada?

Em última análise, foi o que ele escolheu fazer. Optou pelo que atualmente é visto como um processo clinicamente aceitável de espera vigiada. Felizmente, ele parece ter, na linguagem utilizada anteriormente, um cancro «tartaruga», que não aparenta ser problemático. Além da ansiedade mental

---

32 Berkshire Hathaway, *Annual Letter to Shareholders of Berkshire Hathaway*, 2014, http://www.berkshirehathaway.com/letters/2014ltr.pdf.

produzida pelo diagnóstico e das visitas regulares ao médico para monitorização, a sua vida não mudou em nada.

...

Podemos e devemos manter o controlo e o domínio dos nossos problemas e decisões, recorrendo a especialistas para nos ajudarem quando necessário. Os especialistas têm de entender que apenas veem uma parte do contexto geral, o que significa que a sua perspetiva incompleta deve proporcionar uma relação de colaboração com os seus clientes e não uma em que eles ditam um processo. Os especialistas fornecem fragmentos de um mosaico que variam em cor e tamanho. Mas a visão de uma imagem completa é da nossa responsabilidade, incorporando de acordo com as necessidades os conhecimentos dos mais aptos a fornecer informações e análises.

Questões para colocar a si próprio

- **A decisão que precisa de tomar é do tipo em que um perito pode ser útil?** Pense à luz da estrutura Cynefin de contextos simples, complicados, complexos e caóticos. Se a situação for complicada, um perito pode ajudar. Se for complexa, porém, é necessário assumir o controlo do problema e recorrer a conhecimentos especializados que o possam ajudar a compreender como avançar.
- **Quais são os pressupostos por detrás dos conselhos?** Aceitar conselhos de peritos é frequentemente muito útil, mas não deve hesitar em pedir-lhes que lhe expliquem a sua lógica e evidências numa linguagem que compreenda. Não se deixe intimidar pelo seu estatuto.
- **Que incentivos podem estar a ter impacto na orientação prestada pelos especialistas?** Lembre-se de que o problema do agente-principal pode gerar conflitos de interesses substanciais que têm um impacto material no progresso em direção ao seu objetivo.
- **E se eu não fizer nada?** Por vezes, é melhor não fazer nada. Explorar esta possibilidade com aqueles que recomendam uma ação pode ser difícil, mas o ganho potencial é enorme.

PARTE 4

UM CAMINHO EM FRENTE

À medida que lidamos com um mundo de informações em quantidades avassaladoras, temos de desenvolver as ferramentas para recuperar o controlo. A autossuficiência no século XXI não consiste em fazer tudo sozinho; trata-se de manter o comando e de recorrer a especialistas quando e como necessário, tendo sempre em mente as limitações da orientação que recebe. Mas trata-se também de aprender a navegar na incerteza omnipresente, imaginando múltiplos futuros e equilibrando a amplitude com a profundidade. Abraçar a ambiguidade e a ignorância como elementos positivos, afinal, pode ajudar-nos a identificar oportunidades únicas. Em última análise, restabelecer o bom senso requer que pensemos por nós próprios.

CAPÍTULO 11

Rumar na incerteza

A dependência adquirida e a obediência cega descritas anteriormente no livro foram amplificadas pela incerteza cada vez mais óbvia que atormenta a nossa vida quotidiana. Dado o nosso profundo desconforto com a incerteza e a promessa de uma tomada de decisão otimizada guiada por especialistas (mesmo perante tal ambiguidade), tornamo-nos cada vez mais atraídos por este tipo de profissionais. Noreena Hertz, a mulher que anteriormente nos encorajou a recuar contra os peritos e a fazer perguntas, descreveu a atual situação de dependência dos peritos numa TED Talk:

> Num mundo imerso num dilúvio de dados e onde a complexidade é extrema… numa época por vezes assustadora ou confusa, sentimo-nos tranquilizados pela autoridade quase parental dos peritos que nos dizem tão claramente o que podemos e não podemos fazer. Mas creio que este é um grande problema, um problema com consequências potencialmente perigosas para nós enquanto sociedade, enquanto cultura e enquanto indivíduos. Não é que os peritos não tenham contribuído de forma substancial para o nosso mundo, porque contribuíram. O problema reside em nós. Tornámo-nos viciados em especialistas. Tornámo-nos viciados na sua certeza, na sua segurança, na sua definitividade e, no processo, cedemos a nossa responsabilidade, substituindo o nosso intelecto e a nossa inteligência pelas suas supostas palavras de sabedoria. Renunciámos ao nosso poder, trocando o desconforto que sentimos perante a incerteza pela ilusão de certeza que eles nos proporcionam.[1]

[1] Noreena Hertz, «How to Use Experts — and When Not To», *TEDSalon London*, novembro de 2010, 18h03, https://www.ted.com/talks/noreena_hertz_how_to_use_experts_and_when_not_to.

Em vez de temermos a incerteza, devemos aprender a acolhê-la e a desenvolver as capacidades de navegar através dela. A este respeito, vale a pena olhar para o trabalho dos futurólogos e planeadores de cenários. Tal como Bob Woodward se pergunta o que os maus da fita estarão a fazer neste momento, podemos e devemos considerar possibilidades futuras alternativas para a forma como o mundo se pode desenrolar. Fazê-lo pode ajudar-nos a navegar na esmagadora complexidade e incerteza que todos nós enfrentamos em praticamente todos os segmentos das nossas vidas. Mas é importante referir que os cenários não são previsões ou extrapolações de tendências.

A futilidade das previsões

Morgen Robertson era um antigo grumete da marinha mercante que se tinha cansado da vida de marinheiro, tinha passado uma década como engastador de diamantes e acabou por se virar para a escrita de histórias sobre a vida no mar. Nunca ganhou muito dinheiro e morreu aos 53 anos devido a uma *overdose*.[2]

Antes de morrer, Robertson escreveu um romance sobre «o maior feito a bordo da mais grandiosa das obras do Homem», um romance que intitulou *Futility*. O barco era a materialização de «todas as ciências, profissões e comércio conhecidos da civilização» e era uma maravilha tecnológica dos tempos modernos.[3] O barco era considerado insubmersível e atraiu pessoas famosas de todo o mundo para atravessar o Atlântico com um conforto e estilo inigualáveis. Dezanove compartimentos estanques asseguravam a flutuabilidade do barco, que podia continuar a navegar com nove deles inundados. Uma vez que a embarcação era considerada indestrutível, transportava um número inadequado de barcos salva-vidas — o suficiente para transportar apenas um sexto dos passageiros a bordo. O nome do navio era *Titan*.

No conto de Robertson, numa viagem através do Atlântico Norte em abril, o navio bateu num *iceberg* e afundou-se. A história continua, descrevendo o drama associado a um oficial naval desonrado que trabalhava como ponteiro de convés no *Titan*, John Rowland. Rowland acaba por resgatar

---

[2] Walter Lord, *A Night to Remember: The Classic Account of the Final Hours of the* Titanic, (Nova Iorque: St. Martin's Griffin, 1955), xix–xx.

[3] Morgen Robertson, *The Wreck of the* Titan *or, Futility* (Rahway, NJ: Rahway, Quinn & Boden Press, 1898), 1–2.

uma rapariga, mas mais tarde é acusado pela mãe da rapariga (que por acaso tinha, em tempos, sido sua amante) de a ter raptado. Um verdadeiro drama hollywoodesco, com certeza! Dado que os autores procuram frequentemente inspiração nos acontecimentos históricos, podemos dizer que o romance de Robertson segue a mesma linha do filme *Titanic*, de 1997, de James Cameron.

Só que não! Porquê? Porque na realidade *Futility* foi escrito 14 anos ***antes*** do naufrágio do *Titanic*. Para além das semelhanças de nome e modo de afundamento, consideremos os factos da tabela seguinte:

TABELA 11-1

Titan vs. Titanic

	Futility (1898)	*Titanic* (1912)
Nome da embarcação	Titan	Titanic
Comprimento da embarcação	243 metros	268 metros
Deslocamento da embarcação	45 mil toneladas	46 mil toneladas
Velocidade da embarcação	22,5 nós	25 nós
Descrição popular	«inafundável»	«inafundável»
Botes salva-vidas	24	16
Passageiros e tripulação	2500	2200
Causa do acidente	Embate em iceberg	Embate em iceberg
Localização	Atlântico Norte	Atlântico Norte
Localização exata	400 milhas náuticas de Terra Nova	400 milhas náuticas de Terra Nova
Data	«abril»	14 de abril de 1912
Sobreviventes	13	705
Hélices	3	3

Após o naufrágio do *Titanic*, Robertson foi enaltecido por muitos como um clarividente, por possuir extraordinárias capacidades de premonição. O autor rejeitou estas reivindicações, sugerindo que foi o seu conhecimento de assuntos marítimos que lhe deu a capacidade de escrever detalhadamente sobre navios. No entanto, o mundo recusou-se a desistir da possibilidade de ele ter, de facto, previsto o futuro.

É uma história tão intrigante que a série televisiva americana dos anos 90 *Beyond Belief: Fact or Fiction* apresentou a história *Titan-Titanic* num episódio, destacando que «a única diferença entre ficção e não-ficção é que a ficção ainda não aconteceu». O apresentador Jonathan Frakes (sim, o da famosa série *Star Trek*) conta a história da perspetiva de um autor em dificuldades e termina-a perguntando aos espectadores se a coincidência foi «mais um exemplo da arte a prenunciar a vida. Da mesma forma que Júlio Verne escreveu sobre submarinos muito antes da sua invenção... Ou de da Vinci, que esboçou máquinas voadoras séculos antes dos irmãos Wright...». No final do episódio, revela que a história era, de facto, verdadeira.[4]

As coincidências acontecem, com certeza. Qualquer pessoa que faça prognósticos sobre o futuro provavelmente já ouviu os clichés «até um relógio parado acerta duas vezes ao dia» ou «de vez em quando um esquilo cego também encontra uma noz», afirmações que podem sugerir mera sorte como a razão da suposta capacidade de Robertson de ver o futuro. De facto, o título de Robertson aponta para as críticas principais que são regularmente lançadas aos que pensam sobre o futuro — é um ato de futilidade. Como diz o ditado: «É perigoso fazer previsões, especialmente sobre o futuro.»

Basta olhar para os prognósticos dos especialistas para ver quão imprecisas as previsões podem ser. Veja-se *The Great Depression of 1990* pelo economista da Southern Methodist University, Ravi Batra (que permaneceu na lista dos mais vendidos durante dez meses em capa dura e mais de 19 meses em capa mole). Ignorou por completo os desenvolvimentos tecnológicos que tornaram os anos 90 uma das décadas mais produtivas de sempre.[5] Existem inúmeros outros exemplos de previsões igualmente desajustadas ou erradas. No entanto, apesar deste historial misto (na melhor das hipóteses) daqueles que trabalham com previsões, nós, humanos, aparentemente temos um apetite insaciável para consumir os seus prognósticos sobre o futuro. O Prémio Nobel Ken Arrow captou o desejo por previsões de forma bastante eloquente ao recordar o seu trabalho para a Força Aérea do Exército dos EUA. Apesar de ter concluído que as previsões meteorológicas em que os superiores se baseavam eram totalmente inúteis (ou seja, estatisticamente aleatórias, não melhores do que um palpite), a sua opinião foi rejeitada com a justificação de que «o general-comandante está ciente de que as previsões não valem muito; contudo, precisa delas para fins de planeamento»[6].

---

[4] *Beyond Belief: Fact or Fiction?* série 2, episódio 5, «The Land/Titan/The Diary/Town of Remembrance/The House on Barry Avenue», transmitido a 27 de fevereiro, 1998, na Fox, https://www.dailymotion.com/video/x5vhrlr.

[5] Ravi Batra, *The Great Depression of 1990* (Nova Iorque:Venus, 1985).

[6] Kenneth Arrow, «I Know a Hawk from a Handsaw», em *Eminent Economists: Their Life Philosophies*, ed. Michael Szenberg (Cambridge: Cambridge University Press, 1992), 47.

Por mais cómica que esta afirmação pareça, acho-a bastante útil — e benéfica. *A realidade é que a precisão não pode e não deve ser o critério para avaliar o pensamento sobre o futuro. A utilidade, proponho eu, é um padrão muito melhor.* Tal como é impossível avaliar a qualidade de um processo de decisão pelo seu resultado, também é improdutivo avaliar a qualidade de uma previsão pela sua exatidão. Bons processos por vezes redundam em maus resultados, algo conhecido coloquialmente como má sorte. Do mesmo modo, os maus processos por vezes têm bons resultados, também conhecidos como pura sorte. Mas, ao longo do tempo, os bons processos tendem a resultar numa maior probabilidade de bons resultados e os maus processos numa maior probabilidade de maus resultados.

Se aplicarmos esta lógica às previsões sobre o futuro, aprendemos rapidamente a apreciar o valor que elas podem proporcionar, ajudando-nos a pensar de forma diferente. Podem ajudar-nos a ganhar distância da nossa posição costumeira e a alargar a nossa visão sobre as possibilidades que temos pela frente.

Pense em futuros

Por mais mecânico que possa ser, pensar em vários cenários que possam vir a desenrolar-se no futuro pode ser a forma mais útil de apoiar a tomada de decisões face a uma incerteza radical. Os cenários são histórias de futuros possíveis. Pode haver probabilidades altas ou baixas associadas a cada cenário, mas o ato de articular cenários pode ajudar-nos a avaliar os nossos pressupostos sobre o futuro e dar-nos um mapa do terreno que podemos vir a encontrar.

Existe uma longa história por detrás da utilização de cenários como meio de navegar na incerteza. A prática começou com Herman Kahn, que pegou no planeamento de cenários militares da Força Aérea dos EUA e tentou adaptá-los ao contexto empresarial. Pensador sistémico por natureza, Kahn fundou o Instituto Hudson e ganhou proeminência como estratega na Corporação RAND refletindo sobre a guerra nuclear. Em 1967, ele e o colega Andrew Wiener escreveram *The Year 2000: A Framework for Speculation on the Next Thirty-Three Years*. Em 1976, ele e alguns colegas escreveram um livro intitulado *The Next 200 Years: A Scenario for America and The World.*

Uma das histórias retratadas por Kahn, que na altura poderia parecer um pouco rebuscada, era a de que a Coreia do Sul — um dos países mais pobres do mundo nos anos 70 — iria emergir como uma potência económica na viragem do século. Kahn era um otimista e, em 1983, quando os Estados Unidos estavam a emergir de uma recessão económica, escreveu *The Coming Boom*, que sugeria que a agenda de reformas de Ronald Reagan iria desbloquear um tremendo progresso económico, político e social.

Se Kahn é o pai do planeamento de cenários modernos, Pierre Wack é o filho que levou a sua utilidade a novos patamares na comunidade empresarial. Wack e os seus colegas do departamento de planeamento do grupo na Royal Dutch/Shell sabiam que o preço do petróleo era crucial para os seus negócios, mas como era um valor que tinha sido relativamente estável durante longos períodos, poucos se preocupavam com isso. Os planeadores pensavam que esta era uma forma incorreta de pensar sobre o futuro e no início dos anos 70 começaram a desenvolver histórias de possíveis cenários que poderiam afetar o preço do petróleo. Um cenário envolvia a recém-formada Organização dos Países Exportadores de Petróleo (OPEP) a exibir o seu poder, com enormes ramificações para o preço do petróleo. Quando a Guerra do Yom Kippur levou a um choque do preço do petróleo, a Shell estava mais preparada do que a maioria, porque os seus gestores já tinham pensado sobre como agir em tal contexto. Peter Schwartz, que também trabalhou no departamento de planeamento de grupo na Shell, resumiu o valor dos cenários utilizados pela Shell em *The Art of the Long View*: «O resultado… não era uma imagem exata do amanhã, mas melhores decisões sobre o futuro.»[7]

Todos podemos aprender com o sucesso com que a Shell lidou com os choques petrolíferos da década de 1970. O mundo é incerto; todos nós o sabemos. Mas não temos de nos surpreender com os seus acontecimentos. Na realidade, ao escondermo-nos da incerteza em vez de a abraçarmos, podemos não ver riscos óbvios e renunciar a oportunidades tremendas. Afinal, todos somos capazes de imaginar cenários que podem ou não acontecer. É uma habilidade que as crianças exercem com regularidade. Ken Robinson, autor, educador e especialista em criatividade, contou uma história eloquente que ilustra o poder natural da imaginação durante a sua TED Talk intitulada «Do Schools Kill Creativity?», em que conta a história de uma menina numa aula de desenho:

> Ela tinha seis anos e estava lá atrás, a desenhar. A professora disse que aquela menina quase nunca prestava atenção, mas nesta aula de desenho prestou. A professora estava fascinada. Foi ter com ela e perguntou: «O que estás

[7] Peter Schwartz, *The Art of the Long View* (Nova Iorque: Currency, 1991), 9.

a desenhar?» E a menina disse: «Estou a fazer um retrato de Deus.» Ao que a professora respondeu: «Mas ninguém sabe como é a cara de Deus.» E a menina disse: «Daqui a um minuto já vão saber.»[8]

Esta criatividade e abertura de espírito é natural nos mais novos. As crianças tendem a dizer o que pensam, livremente e sem filtros. De facto, a história de Robinson lembra-me uma celebração de Ação de Graças de há uns anos. Durante o ano anterior, eu tinha perdido peso a olhos vistos. Quando finalmente nos sentámos para comer, o tema da discussão acabou por ir parar à minha figura. «Uau... emagreceste tanto... Como é que perdeste peso? Quem me dera emagrecer assim», e por aí adiante. No meio desta conversa casual, um dos meus filhos (para proteger os inocentes, não direi qual) decidiu intervir com um comentário durante uma pausa na conversa: «Ah! ah! O papá perdeu muito peso, mas a mamã encontrou-o.»

Ups! Sim, a minha mulher Kristen tinha engordado um pouco... mas nada digno de nota. Depois das risadas iniciais, o silêncio que se seguiu foi ensurdecedor e tanto o meu rosto como o de Kristen ficaram encarnados. Estávamos ambos embaraçados. Mas até foi um pouco merecido, porque, alguns anos antes (ainda eu não tinha perdido peso), anunciei que ia fazer um triatlo e quando a minha família perguntou «que prova?», respondi: «Uma prova de *sprint*, talvez o Wells Kennebunk ou a Pumpkinman, em New Hampshire.» A reação de Kristen foi: «O Pumpkinman [Homem-abóbora]? Parece-me bem. Ironman [Homem de ferro] é que não podia ser.»

Hum... Pensando bem, talvez um pouco de filtro não fizesse mal.

Voltando à questão da criatividade natural. A imaginação tende a ser pouco incentivada, acabando por ser inibida lentamente ao longo do tempo... mas não tem necessariamente de ser assim. Podemos e devemos pensar regularmente em possíveis cenários futuros. Não o fazer pode ser trágico. A Comissão do 11 de Setembro, presidida pelo antigo governador de Nova Jérsia Thomas Keane, concluiu no seu relatório final que os ataques terroristas de 11 de setembro contra os Estados Unidos foram um «fracasso da imaginação».[9] (Já agora, ninguém sugeriu que Pearl Harbor foi

---

8 *Sir* Ken Robinson, «Do Schools Kill Creativity?», *TED2006*, fevereiro de 2006, 19h13, https://www.ted.com/talks/sir_ken_robinson_do_schools_kill_creativity.

9 National Commission on Terrorist Attacks, *The 9/11 Commission Report: Final Report of the National Commission on Terrorist Attacks upon the United States* (Nova Iorque: W. W. Norton, 2004), 339.

um fracasso da imaginação, porque 36 anos antes os japoneses tinham conduzido um ataque surpresa idêntico à frota russa do Pacífico baseada em Port Arthur.)

Ponderar o (aparentemente) irrelevante

Há muitos exemplos em que uma perspetiva ampla que abarca o aparentemente irrelevante produz perceções surpreendentes e poderosas. No meu trabalho como generalista mundial itinerante, consegui encontrar uma pletora de ligações surpreendentes e poderosas entre ideias e tópicos que podem não estar naturalmente ligados. Na verdade, durante dois anos, escrevi um artigo semanal (publicado na minha conta no LinkedIn e também no meu website) no qual relacionava tópicos aparentemente irrelevantes e depois discutia as suas implicações.

Num artigo, dissertei sobre como a obsessão americana pelo guacamole poderia estar relacionada com impactos marginais sobre as alterações climáticas e o crime organizado no México.[10] Afinal, quando olhamos para os dados, podemos ver que cerca de 80% dos abacates Haas consumidos nos Estados Unidos são provenientes do estado de Michoacán, no México, lar de algumas das guerras de quadrilhas mais intensas do país. A relação entre os incentivos económicos e a desflorestação também é clara quando nos pomos no lugar dos proprietários locais no momento de decidir o que plantar e porquê.

Num outro artigo, explorei como o clima pode ter afetado os resultados das sondagens e eleições tanto na Colômbia como no Reino Unido.[11] Em 2016, o povo da Colômbia rejeitou uma proposta de acordo de paz que teria terminado mais de 50 anos de combates. Do mesmo modo, o referendo sobre se a Grã-Bretanha deveria permanecer ou deixar a União Europeia resultou numa vitória surpreendente para a opção de sair. Poderiam estes dois resultados estar relacionados? Bem, acontece que o clima

---

[10] Vikram Mansharamani, «How Avocado Mania Drives Climate Change and Crime», *PBS Newshour*, 21 de dezembro, 2016, https://www.pbs.org/newshour/economy/column-avocado-boom.

[11] Vikram Mansharamani, «Could Hurricane Matthew Turn the Tide in Florida's Voting?», *PBS Newshour*, 11 de outubro, 2016, https://www.pbs.org/newshour/economy/column-hurricane-matthew-tide-floridas-voting.

pode ter desempenhado um papel em ambos os referendos. Na Colômbia, o furacão Matthew barrou muitos bastiões do «sim» no dia da votação, resultando numa baixa afluência às urnas. Uma dinâmica semelhante aconteceu no Reino Unido, onde chuvas muito fortes (o equivalente ao que costuma chover num mês inteiro) caíram em áreas que estavam na esmagadora maioria das sondagens a favor de permanecer. Será que fatores aparentemente irrelevantes como o clima podem estar a desempenhar um papel importante nas grandes decisões políticas? Poderá o nosso enfoque nas explicações superficiais obscurecer a dinâmica subjacente?

Então e o domínio das bolhas financeiras? Será possível obter uma visão sobre a natureza das prováveis bolhas, olhando para a arquitetura? Acontece que os arranha-céus mais altos do mundo tendem a prenunciar bolhas financeiras, pois são literalmente a materialização do orgulho, de condições de dinheiro fácil e de tendências especulativas. Afinal de contas, já estamos aqui há tempo suficiente para não precisarmos de ter a coisa mais alta do mundo, seja ela qual for. Não é racional! Em segundo lugar, dado que os arranha-céus raramente são construídos sem dinheiro emprestado, os bancos e as condições monetárias têm de ser fáceis (ou os edifícios não seriam construídos). Por último, os arranha-céus mais altos do mundo são normalmente construídos por um empreendedor que adota uma filosofia especulativa de «primeiro construímos e depois os inquilinos virão».

O indicador dos arranha-céus parece funcionar. Em 1929, três edifícios de Nova Iorque competiam pelo estatuto da torre mais alta do mundo — o número 40 da Wall Street, o Chrysler Building e o Empire State Building. Seguiu-se a Grande Depressão. Em 1973 e 1974, o World Trade Center de Nova Iorque e as Sears Towers de Chicago conquistaram esse título, numa altura em que a economia entrava numa década de estagflação e sofria múltiplos choques nos preços do petróleo. Em 1997, o estatuto de torre mais alta mudou-se para a Malásia, onde as Torres Petronas reivindicaram o título precisamente quando a região sucumbiu à Crise Financeira Asiática. Do mesmo modo, Taipei 101 (Taiwan foi o berço do lado *hardware*/semicondutor do *boom* tecnológico) prenunciou a história da bolha da Internet/tecnologia e o Burj Dubai (mais tarde rebatizado Burj Khalifa) ficou com o título da estrutura livre mais alta do mundo em 2007, pouco antes da crise financeira global.

Então o que pensar do facto de a Arábia Saudita ter planos para construir uma torre de 1 quilómetro de altura, que reivindicaria o título de edifício mais alto do mundo? Ou que o Dubai não quer ser ultrapassado pelos seus pares árabes e desde então propôs a torre Dubai Creek de 1,3 quilómetros de altura? Estes planos podem nunca vir a ser concretizados, mas os meros comunicados são suficientes para chamar a minha atenção! Para quem quiser ler mais especificamente sobre o Indicador dos Arranha-Céus e a sua lógica teórica, encorajo a ler *The Skyscraper Curse* de Mark Thornton.

Imagine alternativas

Se não pensar em possíveis desenvolvimentos é arriscado, fazê-lo poderá revelar novas oportunidades? A imaginação não adulterada produzirá certamente alguns pensamentos bizarros, mas alguns podem vir a revelar-se revolucionários. Quando terminei os estudos, o trabalho tomou conta da minha vida e restava muito pouco tempo para ler. Quando lia, sentia sempre uma pressão para ler os últimos livros de não-ficção sobre temas relacionados com investimento, negócios ou economia, mas, na última década, passei a ler regularmente ficção para me ajudar a imaginar mundos diferentes, cenários possíveis e futuros alternativos. Recomendo-o vivamente. De facto, se em tempos me senti culpado por ver filmes a meio do dia, já o fiz algumas vezes (sem remorsos!) em momentos em que senti que o meu pensamento estava demasiado limitado. As histórias tendem a ajudar-nos a sair do nosso próprio modo de pensar e a conceber cenários que de outra forma podem não entrar naturalmente na nossa mundividência. Como Jessamyn West certa vez disse: «a ficção revela verdades que a realidade obscurece»[12].

Um dos romances mais poderosos que li foi *One Second After*, publicado em 2009. O livro, escrito pelo historiador militar William Forstchen, explora a possibilidade de os Estados Unidos ficarem paralisados por um ataque de pulso eletromagnético (EMP) que destrói as infraestruturas de energia elétrica. No prefácio, o antigo orador da casa Newt Gingrich descreve o livro como uma «"história futura" que se pode tornar realidade»[13]. Cheguei mesmo a utilizar o livro na aula que leciono sobre pensamento sistémico para ilustrar a dependência que temos de infraestruturas vitais e quantos dos nossos sistemas sociais, culturais, económicos e políticos se podem desmoronar. O livro pinta uma imagem tão visceral de como poderia ser a vida no

---

[12] Jessamyn West, *To See the Dream* (Nova Iorque: Harcourt Brace, 1957), 39.

[13] Newt Gingrich, prefácio de *One Second After* de William Forstchen (Nova Iorque: Tom Doherty & Associates, 2009), xi.

caso de um ataque EMP que eu nunca teria compreendido ou imaginado o impacto total sem ler o cenário detalhado apresentado no romance.

Outro romance que me deixou com uma imagem indelével de um futuro possível foi *Órix e Crex — O Último Homem*, escrito por Margaret Atwood, a aclamada autora de *A História de uma Serva*. É uma história sobre a forma como grandes empresas desenvolvem inovações de bioengenharia que acabam por superar os seus criadores. A história descreve como os *pigoons*, porcos geneticamente modificados, são utilizados para cultivar órgãos por encomenda para humanos, mas que começam a pensar por si próprios e acabam por perseguir os humanos. O que acho fascinante na história é que Atwood se recusa a chamar ao seu romance de ficção científica porque, como escreveu em 2004, essa «categoria designa livros com coisas que ainda não é possível fazer». No fundo, o mundo assustador que ela descreve não é um mundo que precise de inovações tecnológicas futuras para acontecer, porque se baseia em inovações atualmente possíveis. Ao descrever a sua obra como «ficção especulativa», Atwood está a forçar-nos a pensar de forma diferente sobre as tendências que emanam do mundo das tecnologias existentes atualmente.[14] Se essa não é a essência de conseguir que alguém adote uma perspetiva diferente, então não sei o que é!

Também tenho apreciado ver filmes que me ajudam a visualizar mundos e perspetivas diferentes dos meus. Basta pensar em como as primeiras frases do filme *Armageddon* forçam o espectador a pensar de forma diferente. Inicia com uma imagem da Terra vista de longe e a narração começa: «Esta é a Terra numa altura em que os dinossauros percorriam um planeta luxuriante e fértil...», e a imagem mostra então um asteroide a dirigir-se para a Terra. A voz continua: «Um pedaço de rocha com apenas 9 quilómetros de largura mudou tudo.»[15]

Depois de mostrar o asteroide a colidir com a Terra, ouve-se: «Embateu com uma força de 10 mil armas nucleares [...] foi atirado um bilião de toneladas de terra e rocha para a atmosfera, criando uma manta de pó sufocante, impedindo que durante um milénio o sol conseguisse penetrar.» Conforme

---

[14] Margaret Atwood, «*The Handmaid's Tale* and *Oryx and Crake* "in Context"», *Proceedings of the Modern Language Association* 119, n.º 3 (maio de 2004): 513, http://www.jstor.org/stable/25486066.

[15] *Armageddon*, realizado por Michael Bay, escrito por Jonathan Hensleigh e J. J. Abrams, protagonizado por Bruce Willis, Billy Bob Thornton e Ben Affleck (Burbank, CA: Touchstone Pictures, 1998), DVD. Guião disponível em https://www.scripts.com/script-pdf/3094.

a imagem mostra a Terra coberta pela explosão gerada pelo impacto do asteroide, a música torna-se sinistra e a voz avisa: «Já aconteceu. Voltará a acontecer. Só não se sabe quando.»[16]

Se pensa que isto não é mais do que Hollywood a sonhar com histórias fantásticas para nos proporcionar um escape à vida real, considere o facto de a revista *The Economist*, a 1 de agosto de 2015, ter proposto um cenário para consideração intitulado «E se um asteroide se dirigir para a Terra?».[17] Publicada como parte do conjunto anual de possíveis cenários da revista chamado «*The World If*», a coleção destina-se a acompanhar o seu habitual conjunto de previsões muito procurado pelo público «*The World in XXXX*». No entanto, os cenários têm por si só um enorme valor ao obrigar os leitores a pensar. Como provavelmente já adivinhou, sou fã e leio-os religiosamente.

Outros tópicos explorados na edição de 2015 de *The World If* incluía a possibilidade de a Rússia se desmembrar, de as monções na Índia falharem e de ser construído um canal na Nicarágua que rivaliza com o Canal do Panamá. Os cenários do ano seguinte, publicados em julho de 2016, protagonizaram uma história que muitos descartaram como altamente improvável: «E se Donald Trump fosse Presidente?»[18] A história que escreveram, ficcionalmente datada de abril de 2017, era assustadoramente preditiva e prenuncia muito do que de facto aconteceu durante os primeiros cem dias da administração Trump. Outros cenários de 2016 incluem o colapso do regime norte-coreano e uma pirataria em massa ao sistema financeiro. Em 2017, *The World If* levantou a perspetiva de um ataque EMP aos Estados Unidos (oh, oh, *One Second After* já não parece assim tão fictício) que faria cair toda a rede elétrica, a emergência de um verdadeiro padrão fiduciário e... rufem os tambores, por favor... que a popularidade de Donald Trump aumenta, levando à sua reeleição em 2020.[19]

Não é apenas a leitura de cenários que nos ajuda a sair do ritmo normal dos nossos pensamentos, é também a sua visualização. Hollywood é ótima

---

[16] *Idem.*

[17] «If an Asteroid Heads for Earth... Taking the Hit», *Economist*, edição especial, *The World If*, 1 de agosto, 2015, 13–14.

[18] «If Donald Trump Was President... the World v the Donald», *Economist*, edição especial, *The World If*, 16 de julho, 2016, 1–2.

[19] «If an Electromagnetic Pulse Took down America's Electricity Grid... a Flash in the Sky», *Economist*, edição especial, *The World If*, 15 de julho, 2017, 12–13; e «If Donald Trump Won a Second Term... Augmented Reality Show», *Economist*, edição especial, *The World If*, 15 de julho, 2017, 2–4.

no que a contar histórias diz respeito e estas tendem a ser mais eficazes, exercendo um impacto mais duradouro nos pensamentos do que o texto. Portanto, consideremos outro cenário: a possibilidade de a Califórnia se separar do continente dos Estados Unidos. Provavelmente soa tão rebuscado como um asteroide a atingir a Terra, certo? E se eu vos dissesse que há pensadores sérios concentrados precisamente nesta possibilidade?

Basta ver o filme *San Andreas*. Sim, o drama humano é o cenário emocional em torno do qual a história é contada, mas a parte que me chamou a atenção como sendo realmente chocante foi a cena de barcos a passar pelo centro de São Francisco. Será uma possibilidade? Até que ponto é real? Não estaremos apenas a desperdiçar o precioso poder de processamento do cérebro e a nossa atenção limitada numa possibilidade muito remota? Talvez, ou talvez não.

Kathryn Schulz escreve para a *New Yorker* e é autora de um livro chamado *Being Wrong: Adventures in the Margin of Error*. Para além de ter escrito um livro fabuloso sobre como lidar com o erro (um livro cuja leitura Drew Faust, reitor da Universidade de Harvard, recomendou a cada caloiro antes que começassem as aulas), escreveu também um artigo sobre a possibilidade de um terramoto que transforma por completo o Noroeste do Pacífico. O subtítulo do seu artigo da *New Yorker* de junho de 2015 intitulado «The Really Big One» era «Um terramoto irá destruir uma porção considerável do Noroeste costeiro. A questão é quando».[20] Parece-se mesmo com a abertura do *Armageddon*!

Faço uma chamada de atenção. Embora seja fácil encarar *San Andreas* e *Armageddon* como meros filmes sobre catástrofes naturais de baixa probabilidade, fazê-lo perderia o seu verdadeiro valor. Ao forçar-nos a pensar em cenários radicais, expandem a nossa imaginação sobre como poderia ser o nosso futuro. E porque os bons filmes precisam de ser suficientemente realistas para que possamos acreditar neles (senão não nos perderíamos neles), os detalhes aparentemente irrelevantes devem ser cuidadosamente considerados.

Um filme que penso ser particularmente bom a retratar um cenário com detalhes realistas em áreas adjacentes é *Contagion*, a história de 2011 sobre uma pandemia que cria medo e caos em grande parte da América. É um exemplo tão bom de um cenário que cria circuitos de *feedback* e

---

[20] Kathryn Schulz, «The Really Big One», *New Yorker*, 13 de julho, 2015, https://www.newyorker.com/magazine/2015 /07/20/the-really-big-one.

desequilibra todo um sistema que pedi aos meus alunos que o vissem. Passámos uma aula inteira a discuti-lo. O filme começa *in medias res*, quando uma mulher que regressa a casa após uma viagem a Hong Kong desenvolve sintomas inexplicáveis e morre. Pouco depois, outras pessoas com quem ela interagira fisicamente adoecem com sintomas semelhantes. À medida que assistimos ao desenrolar da epidemia, assistimos às perturbações do comportamento político, social, económico e moral que conduzem a sociedade em direção ao caos. Cada vez que vejo este filme, fico perturbado com os efeitos de segunda ordem — afinal de contas, já é suficientemente mau ter uma doença devastadora a espalhar-se rapidamente por uma população. Mas o impacto do medo, a quebra da ordem da sociedade, o encerramento das fronteiras, o envolvimento dos militares na contenção e controlo do movimento das pessoas e os conflitos de interesse que surgem são absolutamente inquietantes. Mas é útil pensar nestes impactos. Como agiria se fosse controlado pelas forças armadas porque o seu vizinho tinha sido infetado por uma doença mortal e a sociedade houvesse determinado a necessidade de o colocar a si em quarentena, e não somente a ele?

Sem estragar o filme para aqueles que não o viram, posso dizer que acabamos por descobrir que a causa da doença é uma zoonose, a passagem de um agente patogénico de um animal para um humano. Até certo ponto, o filme é um aviso contra a urbanização e a globalização, porque sem a construção em zonas desflorestadas é improvável que tivesse ocorrido uma perturbação problemática do habitat animal... e sem esta interação dos humanos com as restantes espécies, a pandemia poderia não ter começado.

Assim, dado que a urbanização prossegue de forma praticamente inalterada, o que podemos aprender com este cenário? Deveria o Centro de Controlo de Doenças (CDC) começar a armazenar tratamentos para patologias raras com a possibilidade de estas se propagarem pelas populações tão rapidamente que o fabrico de tratamentos nessa altura seria demasiado lento? E o desenvolvimento de planos de coordenação contingente com organizações multinacionais como a Organização Mundial da Saúde? Certamente que essa preparação poderá revelar-se útil, certo? Talvez as estratégias «em cima do joelho» devam ser substituídas por uma lógica de «não vá o diabo tecê-las».

Uma vez que o valor do planeamento de cenários pode ser muito elevado, é necessário ter o cuidado de não definir demasiado as várias situações para cuja ocorrência nos estamos a preparar. Há que permitir um certo grau de imprecisão na preparação de contingências. Se estivermos demasiado concentrados na nossa preparação, poderemos não ser capazes de dar uma boa resposta. Queremos concentrar-nos no planeamento e não nos planos, tal como o famoso pugilista Mike Tyson afirmou: «Todos têm um plano até levarem um murro.»[21] Precisamos de manter a capacidade de nos ajustarmos de forma dinâmica às circunstâncias à medida que estas se alteram.

Em abril de 2017, por exemplo, após meses de treino, apanhei um autocarro em Boston para Hopkinton. Estava prestes a correr a minha primeira maratona, como apoiante caritativo de John Hancock e da Fundação Torit. Tinha um excelente plano, tinha-me preparado para o executar e estava pronto para partir. Mas após 17 quilómetros de corrida, as minhas pernas transformaram-se, não sei como, em tijolos. Tive de parar e esticar-me durante uns minutos enquanto tentava restaurar a minha capacidade para me movimentar. O meu plano era excelente, mas mais importante era a minha capacidade de adaptação em função da dinâmica que emergiu à medida que a vida acontecia. Tenho o prazer de dizer que terminei, embora em mais do dobro do tempo que os corredores de elite levaram para completar a mesma distância. Bom, paciência!

Quatro anos antes, a capacidade de adaptação de forma dinâmica a condições em permanente mutação revelou-se fundamental a 15 de abril de 2013, às 14h49, quando um dispositivo explosivo improvisado (IED) detonou perto da linha de chegada da Maratona de Boston, matando três pessoas e hospitalizando mais de 260. A Associação de Atletismo de Boston, entidade organizadora da prova, tinha planeado abordar as emergências à medida que estas fossem surgindo e estava em estreita coordenação com o pessoal médico e de emergência local. Mas ninguém tinha previsto o conjunto de acontecimentos terríveis que se desenrolaram naquela tarde. No entanto, testemunhámos uma resposta surpreendente e à primeira vista não coordenada que se revelou eficaz na assistência aos feridos para assegurar uma assistência médica adequada. Em 22 minutos, todas as vítimas que necessitavam de cuidados médicos tinham sido retiradas do local. A resposta imediata foi um sucesso e a subsequente coordenação orientada para a missão provou ser

---

[21] Mike Berardino, «Mike Tyson Explains One of His Most Famous Quotes», *South Florida Sun-Sentinel*, 9 de novembro, 2012, https://www.sun-sentinel.com/sports/fl-xpm-2012-11-09-sfl-mike-tyson-explains-one-of-his-most-famous-quotes-20121109-story.html.

eficaz na localização dos irmãos Tsarnaev que tinham planeado e executado o bombardeamento da maratona.[22]

Boston respondeu tão bem ao bombardeamento da maratona precisamente porque as autoridades planearam e praticaram a resposta a desastres, sem ficarem atoladas em planos específicos. Prepararam-se de forma genérica para vários cenários que exigiam respostas de emergência. Na verdade, faz parte da preparação habitual desta associação para grandes eventos como a Maratona de Boston.[23]

Abraçar a ambiguidade

Não é de surpreender que muitas das lições aprendidas neste capítulo possam ter aparecido noutros capítulos. Isso deve-se à sociedade altamente interligada em que vivemos; é também por isso que o pensamento sistémico é tão valioso para a compreensão das relações numa situação dinâmica. Para navegar na incerteza, é útil raciocinar como um pensador sistémico e estudar a forma como os circuitos de *feedback* são importantes. E o pensamento sistémico está mais relacionado com a conexão de dados do que com a sua geração. Como é que uma variável afeta a outra? Também força uma perspetiva mais abrangente, em que a estreiteza habitual é substituída por uma visão geral alargada.

O antigo secretário de Estado Dean Acheson descreveu o planeamento estratégico como um olhar para o futuro, «não para um futuro distante, mas mais além da visão dos oficiais operacionais envolvidos na crise da batalha que decorre; suficientemente à frente para ver a forma emergente das coisas vindouras e delinear o que deve ser feito para as enfrentar ou antecipar».[24] Isto soa-me a ajustar o foco. O planeamento estratégico «pode também consistir em reinterpretar ações passadas e atuais através de uma nova lente

---

22 Herman B. Leonard *et al.*, «*Why* Was Boston Strong? Lessons from the Boston Marathon Bombing», Program on Crisis Leadership and Program in Criminal Justice Policy and Management, Harvard Kennedy School, 3 de abril, 2014, https://www.hks.harvard.edu/publications/why-was-boston-strong-lessons-boston-marathon-bombing.

23 *Idem.*

24 Daniel W. Drezner, «The Challenging Future of Strategic Planning in Foreign Policy», *Avoiding Trivia: The Role of Strategic Planning in American Foreign Policy* (Washington, DC: Brookings, 2009), 4.

analítica».[25] Do mesmo modo, por falar em filtrar a informação e estabelecer deliberadamente uma área de foco, o secretário de Estado George Marshall, que liderou o Departamento de Estado quando a equipa de planeamento político foi fundada, deu a George Kennan, o seu primeiro diretor, uma diretiva concisa: «Evite trivialidades.»[26]

Se essa não é a expressão mais eloquente da conexão de dados, de navegar na incerteza, da abordagem de avaliação de cenários apresentada neste capítulo, então não sei o que mais poderá ser! As trivialidades são, evidentemente, fragmentos aleatórios de informação retirados do contexto em que normalmente surgem. E, tal como acabei por fazer com o jogo de tabuleiro dos anos 80, *Trivial Pursuit*, o melhor é descartar pensamentos desconexos aleatórios (ou seja, trivialidades) e substituí-los por pensamentos abrangentes que se associam a coisas que nos interessam. Fazê-lo permite-nos dissociar da nossa forma habitual de pensar e ponderar como os desenvolvimentos num domínio podem inspirar e impulsionar o progresso noutro domínio.

Disperse a sua mente

Muitos profissionais atarefados sentem-se culpados por terem uma paixão criativa, mas podem estar a prestar um mau serviço às suas vidas profissionais e pessoais se limitarem os seus interesses. Para além da satisfação pessoal e do prazer da sua realização, os esforços artísticos podem estimular a imaginação e abrir caminho a um pensamento inovador. Há provas que sustentam esta afirmação; algumas das pessoas mais bem-sucedidas nas suas áreas fazem exatamente isso. Por exemplo, a investigação mostra que os laureados com o Nobel têm muito mais probabilidades de se terem dedicado às artes e ofícios do que outros cientistas.[27] Do mesmo modo, as pessoas que abriram

---

[25] Dean Acheson, «The Challenging Future of Strategic Planning», *Avoiding Trivia: The Role of Strategic Planning in American Foreign Policy*, ed. Daniel W. Drezner (Washington, DC: Brookings, 2009), 4.

[26] Daniel W. Drezner, ed., *Avoiding Trivia: The Role of Strategic Planning in American Foreign Policy* (Washington, DC: Brookings, 2009), 23.

[27] Robert Root-Bernstein *et al.*, «Arts Foster Scientific Success: Avocations of Nobel, National Academy, Royal Society, and Sigma Xi Members», *Journal of Psychology of Science and Technology* 1, n.º 2 (outubro de 2008): 51–63.

empresas e contribuíram para o sucesso de patentes têm mais probabilidades de terem alguma ligação às artes.[28]

Mas também significa que devemos ter uma mente aberta a pensamentos e atividades não lineares na nossa vida pessoal e profissional. Precisamos de repartir o nosso pensamento por muitas experiências, para que possamos tirar partido delas quando necessário. Uma boa maneira de pensar de forma mais ampla e de imaginar de forma mais criativa é ler ficção e ver filmes. Mas outra maneira, talvez mais prática, de diversificar a mente é procurar oportunidades profissionais em diferentes funções ou geografias. Suspeito que seria benéfico para todos nós se, em vez de encararmos o nosso progresso profissional como uma simples subida de degraus, o encarássemos como uma brincadeira numa daquelas estruturas reticuladas para trepar que há nos parques infantis. Por vezes, a forma mais rápida de ir do ponto A ao ponto B é ir sempre em frente na horizontal; outras vezes descemos primeiro, depois deslizamos para outra parte da estrutura, para depois voltarmos a subir. Quem sabe, até se pode ter uma vista diferente do parque infantil!

Perante uma enorme incerteza, é essencial avaliar tanto o que se sabe quanto o que não se sabe. Esta lógica não é surpreendente, mas tem ramificações significativas na forma como se deve gerir uma carreira e como as organizações devem gerir os recursos humanos. Especificamente, aqueles que possuem um ceticismo acima da média, humildade intelectual e a capacidade de pensar nas possibilidades sem ficarem presos aos cenários supostamente prováveis estão mais aptos a navegar na incerteza. As pessoas devem, portanto, procurar percursos profissionais que as coloquem constantemente em papéis desconhecidos e através dos quais possam aprender o que não sabem. O *feedback* que se recebe através destes papéis irá provavelmente melhorar a autoconsciência intelectual e a capacidade de navegar em terrenos desconhecidos.

---

[28] Laura Niemi, «The Arts and Economic Vitality: Relationships between the Arts, Entrepreneurship and Innovation in the Workplace» (Research Report 13-3800-7003), retirado de https://lauraniemidotcom.files.wordpress.com/2016/07/niemi-research-report-nea-13-3800-7003.pdf.

Ideias a reter

- **Ao navegar na incerteza, é melhor pensar em termos de múltiplos futuros possíveis.** A previsão pode ser produtiva, mesmo que não seja exata. O importante é que as previsões o ajudem a pensar mais profundamente sobre o presente e a tomar decisões face a um futuro ambíguo.
- **A ficção encoraja a imaginação e ajuda a expandir o universo de considerações potenciais que afetam as nossas decisões.** Muitas vezes, profissionais muito ocupados dão prioridade à não-ficção e aos documentários em detrimento de romances, ficção científica ou filmes dramáticos. Mas a ficção e as histórias imaginativas podem ajudar-nos a pensar de forma mais ampla e diferente sobre o futuro.
- **Em vez de evitar ambiguidades, abracemo-las.** Pensar em possíveis futuros permite detetar possíveis oportunidades escondidas na incerteza, bem como identificar riscos à espreita. A incerteza e a ambiguidade viabilizam tanto descobertas inovadoras como fracassos espetaculares. Explore em profundidade os cenários possíveis, mantendo ao mesmo tempo uma perspetiva ampla. Empregue lógicas sistémicas para conectar dados e analisar ciclos de *feedback*.

CAPÍTULO 12

Autoconfiança no século XXI

Precisamos de resgatar as nossas vidas do jugo de especialistas e tecnologias, um desafio que exige fé em nós próprios e confiança nos nossos instintos — em suma, uma autossuficiência no século XXI. Precisamos de restaurar a fé no nosso próprio bom senso e ultrapassar a nossa dependência da tecnologia — são ferramentas para complementar, e não para substituir, o nosso raciocínio. Devemos manter os peritos à mão e não à cabeça. Todos temos a capacidade e responsabilidade de ver o panorama geral e estabelecer conexões entre as diferentes informações, e não o fazer é capaz de criar mais problemas do que aqueles que resolve. Mas, mais importante ainda, precisamos de encontrar uma nova forma de envolver os peritos. Para o fazer, é necessário que abandonemos a nossa devoção ao conhecimento em profundidade e que voltemos a concentrar-nos na amplitude. É a única forma de recuperarmos o controlo que entregámos sem pensar aos vários gestores de foco discutidos neste livro.

Fundamentalmente, a autoconfiança no século XXI é pensar pela sua cabeça. E apesar de escritas em 1841, as palavras de Ralph Waldo Emerson aplicam-se tanto aos dias de hoje como na altura. Basicamente, incitava-nos a pensar por nós próprios: «um homem deve aprender a detetar e observar aquele raio de luz vindo de dentro que brilha na sua mente, mais do que o brilho do firmamento dos bardos e sábios»[1]. Poderíamos substituir «bardos e sábios» por «especialistas e tecnologia» e continuaria a ser relevante.

---

[1] Ralph Waldo Emerson, *Self-Reliance* (Seattle: The Domino Project, 2011), 1.

Basta pensar no facto de Steve Jobs, extraordinário criador de produtos, ter atribuído o sucesso das belas tipografias da Apple a uma aula de caligrafia que frequentou no Reed College (já depois de ter desistido do curso). Frequentara as aulas por puro interesse e não porque precisasse delas para obter um diploma. Jobs referiu mais tarde que, «10 anos depois, quando estávamos a conceber o primeiro computador *Macintosh*, lembrei-me de tudo aquilo... e incorporámo-lo no *Mac*... foi o primeiro computador com uma tipografia bonita. Se eu nunca tivesse frequentado aquela cadeira na faculdade, o *Mac* nunca teria tido múltiplas fontes tipográficas ou fontes com espaçamento proporcional. Como o Windows se limitou a copiar o Mac, é provável que nenhum computador pessoal as tivesse». Mas quando Jobs assistiu às aulas de caligrafia, não fazia ideia de que viriam a ser úteis. Estava simplesmente a cumprir os seus interesses e, tal como disse, «era impossível estabelecer uma ligação entre as diferentes informações olhando para o futuro quando estava na faculdade... mas mais tarde foi muito fácil, olhando para trás»[2].

A lição que Jobs articula é que um pensamento demasiado planeado e concentrado hoje pode prejudicar a capacidade de conectar os dados amanhã. Como não sabemos que dados podem vir a ser úteis para essa conexão, é útil ter uma série deles no nosso repertório. Mas a especialização minimiza a nossa perceção do número, tipo e variedade de dados que existem; limita a nossa consciência do contexto. E à medida que a sociedade se encaminha rumo a graus de especialização cada vez mais elevados, temos vindo a desprezar a amplitude. Nas atuais balanças do foco pesa muito mais a profundidade; é tempo de reequilibrar e reconhecer o valor da amplitude.

Aprender com os fracos de espírito

«Profissão» é um conto fabuloso escrito por Isaac Asimov em 1957 e ilustra, talvez melhor do que outras histórias mais modernas, as deficiências fundamentais de uma especialização profunda e de uma educação baseada em competências.[3] A história, passada num futuro distante, é sobre o caminho

---

[2] Stanford, «"Steve Jobs" 2005 Stanford Commencement Address», YouTube, 14 de junho, 2005, 15:04, https://www.youtube.com/watch?v=UF8uR6Z6KLc.

[3] Isaac Asimov, «Profession», Astounding Science Fiction, julho de 1957, http://employees.oneonta.edu/blechmjb/JBpages/m360/Profession%20I%20Asimov.pdf. Todas as citações nesta secção, salvo indicação em contrário, são retiradas deste pequeno conto.

educativo para várias profissões. Embora se passe na Terra, inclui personagens de planetas distantes designados Outworlds. A história segue o percurso do protagonista, George Platen, até se tornar programador informático certificado.

A trajetória de desenvolvimento dos seres humanos neste cenário futuro é pontuada por três dias importantes: Dia da Leitura, Dia da Educação e os Olímpicos. O Dia da Leitura é um dia em que rapazes e raparigas de oito anos se apresentam a um médico, que lhes coloca fios na testa que estão ligados a uma máquina. Após vários procedimentos, cada criança sai com a capacidade de ler. O Dia da Educação tem lugar aproximadamente dez anos após o Dia da Leitura, sendo o acontecimento principal e decisivo tanto para os pais como para as crianças, porque é o dia que determina que especialização será instalada, à semelhança do *software* de um computador, no cérebro de uma criança, permitindo-lhe assim ter uma profissão. (A propósito, o Dia da Educação é um pouco como o dia, na Coreia do Sul, em que os estudantes fazem os exames de admissão à universidade, levando a *The Economist* a referir-se à Coreia como «The One-Shot Society»[4].) Os Olímpicos são um dia de competição para estabelecer a pessoa mais idónea dentro de cada profissão.

George é filho de um canalizador certificado na Terra que quer desesperadamente ser programador informático certificado, para poder encontrar um lar num planeta desejável nos Outworlds. Durante o Dia da Leitura, ficamos a saber que o médico que instala em George as ferramentas que lhe permitem ler se depara com anomalias no processo... cuja causa é revelada durante a sua participação no Dia da Educação.

No Dia da Educação, George não é educado e é levado à presença de Sam Ellenford, que declara: «Para começar, não podes ser programador informático, George. Já percebeste isso, penso eu.»

Depois de tomar consciência desta amarga realidade, o rapaz pergunta: «O que vou ser, então?»

«Essa é a parte difícil de explicar, George», responde Ellenford. «Nada... De vez em quando, George, deparamo-nos com um jovem cuja mente não é adequada para receber qualquer tipo de conhecimento imposto.»

«Quer dizer que eu não posso ser Educado?», pergunta George.

---

[4] «The One Shot Society», *Economist*, 17 de dezembro, 2011, https://www.economist.com/christmas-specials/2011/12/17/the-one-shot-society.

«É isso que quero dizer.» Ellenford descreve então a George como ele está sob a tutela do planeta e como será protegido. George pergunta: «Quer dizer que eu vou estar numa prisão?»

«Claro que não; simplesmente vais estar com outros da tua espécie... precisas de tratamento especial.»

Desalentado, George faz perguntas sobre a vergonha que se irá abater sobre a sua família. Tranquilizam-no, dizendo que informaram a família de que tinha sido enviado para uma missão especial. George acaba por ser emparelhado com um colega de quarto, também ele «ineducável». O local onde se encontra é chamado «Uma casa para os fracos de espírito». Furioso por ter sido colocado ali, George continua convencido de que ocorreu um grave erro. Evade-se e tenta convencer as outras pessoas das suas capacidades, recusando-se a aceitar que não pode ser educado. Aparentemente por pura sorte, George conhece um historiador que tenta ajudá-lo.

No decurso das suas discussões, o historiador responde às perguntas de George sobre os motivos pelos quais a Educação funciona daquela forma:

> O ponto de viragem deu-se quando se entendeu a mecânica do armazenamento do conhecimento dentro do cérebro. A partir daí, tornou-se possível conceber cassetes educativas que modificassem a mecânica de modo a colocar na mente um conjunto de conhecimentos prontos a usar, por assim dizer. A Terra exporta cassetes educativas para posições pouco especializadas e que mantêm a cultura galáctica unificada... e a Terra exporta profissionais altamente especializados... Além disso, as cassetes e os homens são pagos em matérias de que muito precisamos e das quais depende a nossa economia. Agora compreende porque é que a nossa Educação é o melhor sistema?

O historiador, que se autodescreveu como cientista social, pede para estudar George. George recusa-se, a menos que o historiador o possa ajudar. George pede uma entrevista com um funcionário do Outworld e não tardou a que lhe fosse concedida. Tenta convencer o funcionário de que é digno de ser contratado, contando a história de um amigo que não aprendeu devido a um acesso insuficiente às cassetes.

George descreve: «Na verdade, as cassetes são más. Ensinam demasiado; são demasiado indolores. Um homem que aprende dessa forma não sabe aprender de outra maneira. Está congelado em qualquer posição para a qual tenha sido programado. Agora, se uma pessoa não recebesse gravações, mas fosse forçada a aprender à mão, digamos assim, desde o início que teria o hábito de aprender e continuaria a aprender.» Sugere ainda que, ao interromper o ciclo de aprendizagem através de cassetes, seria possível quebrar a dependência da Terra.

O funcionário pergunta então: «E onde é que vamos buscar o conhecimento sem cassetes? Ao vácuo interestelar?»

«Aos livros», responde George. «Através do estudo dos próprios instrumentos. Pensando.»

O funcionário do Outworld permanece cético, sugerindo que o tempo necessário para adquirir proficiência seria demasiado longo e que, mesmo que a proficiência acabasse por ser adquirida, não seria tão eficaz como um rival que tivesse aprendido com as cassetes. Diz a George que a pessoa autoeducada não seria tão capaz como uma pessoa educada com cassetes. George tenta responder: «Espere, deixe-me terminar. Mesmo que haja algo que ele não saiba bem, é a capacidade de aprender sempre mais que é importante. Ele pode ser capaz de inventar coisas, novidades que nenhum homem educado com cassetes seria capaz de criar. Teríamos um reservatório de pensadores originais.»

Por mais divertido que estivesse com as ideias de George, o oficial rejeita-as como uma brincadeira aleatória de um ser humano desobediente. Depois de o ecrã de comunicação ficar em branco, George, deprimido, parte à deriva... acabando por acordar de novo na Casa... onde o seu companheiro de quarto o saúda quando os seus olhos se abrem, informando-o que o historiador tinha na realidade sido enviado para o ajudar a adaptar-se ao seu estatuto de não-educado.

De repente, faz-se luz na mente de George: «Agora percebo... quem faz as cassetes de Educação? Técnicos especiais de fabrico de cassetes? Então, quem faz cassetes para os treinar a eles? Técnicos ainda mais avançados? E as cassetes destes, quem as faz?... Estás a ver o que eu quero dizer... Em algum lugar tem de haver um fim. Algures tem de haver homens e mulheres com capacidade para pensar de forma original.»

O colega de quarto afirma: «Instituto de Estudos Superiores é o nome correto para lugares como este.»

«Porque não me disseram isso logo ao início?», pergunta George.

O seu companheiro de quarto revela então que aproximadamente uma em cada dez mil pessoas mostram sinais de alguma propensão para o pensamento original durante o Dia da Leitura, mas como não existe uma forma conhecida de detetar essa capacidade, são novamente verificadas durante o Dia da Educação. «Aqueles cujos sinais persistem são enviados para lugares como este», observa o companheiro de quarto, dizendo ainda que os pensadores originais criativos nunca são revelados publicamente porque «não podemos ter todas aquelas pessoas [educadas] a considerarem-se um fracasso. Eles almejam uma profissão e, de uma forma ou de outra, todos a alcançam. Cada um poderá colocar depois do seu nome: isto ou aquilo Certificado».

Continua: «Nove em cada dez dos que aqui vêm parar não são verdadeiramente feitos do material dos génios criativos, e não há qualquer tipo de maquinaria que nos ajude a distinguir esses nove do décimo que queremos... Trazemo-lo aqui para a "Casa para os fracos de espírito" e o homem que não se conforma com isso é o homem que queremos... Há dez mil homens como o George, que estão na base do avanço da tecnologia de 500 mundos.»

Equilibrar a amplitude com a profundidade

Aqui, na Terra, é no domínio da educação que o debate atual sobre profundidade e amplitude é mais ativo. Durante anos, os decisores políticos lamentaram a falta de uma educação orientada para as competências, muitas vezes menosprezando aqueles que prosseguem uma educação em artes liberais. Vejamos os comentários do Presidente Barack Obama em 2014 numa visita ao Wisconsin para promover a formação baseada em competências para ajudar a revitalizar a indústria dos EUA: «Garanto-vos que vocês podem fazer muito mais [...] com produção qualificada [...] do que eles com um diploma em história de arte.»[5] Ou que dizer dos comentários do governador da Florida, Rick Scott, sobre antropologia? Depois de afirmar que a educação monopoliza recursos públicos que poderiam ter outros usos, perguntou: «Será um interesse vital do Estado ter mais antropólogos? Penso que não.»[6] E por último, houve os comentários do governador da Carolina do Norte, Patrick McCrory, que aconselhou os interessados em estudos de género a

[5] Barack Obama, «Remarks by the President on Opportunity for All and Skills for America's Workers», The White House, President Barack Obama (website), 30 de janeiro, 2014, https://obamawhitehouse.archives.gov/the-press-office/2014/01/30/remarks-president-opportunity-all-and-skills-americas-workers.

[6] Zac Anderson, «Rick Scott Wants to Shift University Funding Away from Some Degrees», *Herald-Tribune*, 10 de outubro, 2011, http://politics.heraldtribune.com/2011/10/10/rick-scott-wants-to-shift-university-funding-away-from-some-majors/.

frequentar uma escola privada, porque ele não «queria subsidiar isso se não ia servir para dar emprego a ninguém»[7].

Poderia continuar a dar exemplos... mas a questão é simples: o ambiente económico pós-2008 valoriza a formação e educação práticas. De facto, esta orientação para a utilidade tornou-se tão na moda que políticos e especialistas elogiam regularmente a educação profissional e técnica em detrimento das artes liberais. É melhor, de acordo com esta lógica, tornar-se um isto ou aquilo Certificado.

Será que este debate recente sobre a instrumentalidade da educação se deve aos avanços tecnológicos que estão a criar requisitos de competências cada vez mais exigentes para os empregos mais cobiçados? Ou talvez a globalização do século XXI esteja a forçar jovens profissionais de todo o mundo a competir com as melhores mentes de todo o planeta. Ambas são explicações muito lógicas para a razão pela qual os especialistas e os políticos americanos exigem enfaticamente a utilidade como critério determinante para medir o sucesso da educação.

Considere a seguinte citação, extraída da revista *The Atlantic*: «O que posso fazer com o meu rapaz? Posso dar-me ao luxo, o que me alegra, de lhe dar a melhor formação que há... quero dar-lhe uma educação prática, que o prepare, melhor do que eu fui preparado, para seguir o meu negócio ou qualquer outra vocação que tenha.»[8] Um excelente exemplo da ansiedade atualmente sentida por todos os pais, certo? A maioria dos pais identifica-se de imediato com esta angústia.

Surpreendê-lo-ia saber que o artigo do qual esta citação foi retirada foi escrito em fevereiro de 1869 por Charles Eliot, futuro reitor da Universidade de Harvard? Resumindo: a questão da aplicabilidade da educação não é uma coisa recente. Já existe há centenas (senão milhares) de anos e, embora pareça um tema digno de debate, há muito material para compreender como têm corrido os debates anteriores.

O debate moderno sobre a filosofia da educação remonta aos «Reports on the Course of Instruction in Yale College» escritos por um Comité da Corporação e da Faculdade Académica em 1828. Conhecido hoje como o Relatório de Yale de 1828, os seus autores sugerem que uma educação

---

[7] Kelly Holland, «The Case for a Liberal Arts Education», CNBC, 10 de novembro, 2014, https://www.cnbc.com/2014/11/07/the-case-for-a-liberal-arts-education.html.

[8] Charles Eliot, «The New Education», *Atlantic*, fevereiro 1869, https://www.theatlantic.com/magazine/archive/1869/02/the-new-education/309049/.

liberal clássica deveria concentrar-se em «dois grandes pontos a conquistar» com os esforços dos estudantes enquanto frequentam a faculdade — nomeadamente o desenvolvimento da «disciplina e do património da mente; expandindo os seus poderes e preenchendo-os com conhecimento». Durante décadas após a elaboração do relatório, esses dois objetivos — ensinar os estudantes a pensar e a preencher a mente com informação — dominaram a lógica da educação liberal. Note-se a ausência de qualquer componente de aplicabilidade prática no relatório. De facto, chegou ao ponto de dizer que o objetivo de uma boa educação em artes liberais «não era ensinar o que é peculiar a qualquer uma das profissões, mas lançar os alicerces que são comuns a todas elas»[9].

Seguindo o exemplo dos institutos politécnicos europeus altamente práticos e orientados para a investigação, Charles Eliot propôs no seu artigo de 1869 que as faculdades americanas complementassem a sua orientação pedagógica clássica com trabalhos de investigação.[10] Na sua opinião, as escolas superiores necessitavam de passar a universidades em que o foco das licenciaturas continuava a ser o ensino e os estudantes, enquanto o foco dos graduados era a investigação e os benefícios práticos da especialização. Para o bem ou para o mal, essa mistura de escolas de pós-graduação centradas na investigação e licenciaturas orientadas para o ensino tem permanecido intacta desde o tempo de Eliot enquanto reitor de Harvard.

Fareed Zakaria resumiu eloquentemente o artigo de Eliot no seu livro *In Defense of Liberal Education*, onde também deu destaque a uma tentativa inovadora de redesenhar a educação no século XXI. O programa que Zakaria descreve como talvez «a tentativa mais interessante e ambiciosa» de redesenhar uma educação em artes liberais é algo em que tive a sorte de participar durante o verão de 2016.[11] O mais longe possível de New Haven, Connecticut, uma iniciativa conjunta entre Yale e a Universidade Nacional de Singapura (NUS) procura reinventar a educação em artes liberais. A Universidade Yale-NUS é uma tentativa de duas das principais universidades mundiais de conceber de raiz, e livre de bagagem histórica, uma educação de artes liberais para o século XXI.

---

[9] Committee of the Corporation and the Academical Faculty, «Reports on the Course of Instruction in Yale College», Higher Education Resource Hub, consultado a 31 de janeiro, 2020, http://www.higher-ed.org/resources/Yale/1828_curriculum.pdf, 7, 14.

[10] Eliot, «The New Education».

[11] Fareed Zakaria, *In Defense of Liberal Education* (Nova Iorque: W. W. Norton, 2015), 67.

Li o relatório curricular Yale-NUS assim que foi publicado, em abril de 2013, e contactei de imediato o reitor da nova universidade, Pericles Lewis, oferecendo-me para ajudar no que fosse possível... e ao contrário da maioria das universidades americanas que têm dificuldades em me encaixar num dos seus departamentos, dada a variedade dos meus interesses, a Yale-NUS não tinha esse problema. Porquê? Porque a Yale-NUS não tem departamentos, que encara como barreiras ao ensino e aprendizagem interdisciplinares e multidisciplinares.

Como resultado, não encontrará um professor de economia na Yale-NUS. Em vez disso, poderá encontrar uma professora de ciências sociais que por acaso passa a maior parte do seu tempo concentrada em temas de economia. Ela pode acabar por dar aulas sobre alterações climáticas juntamente com um professor de ciências que por acaso se concentra em temas ambientais, bem como em outros. O resultado, que pude testemunhar em primeira mão quando lecionei uma aula sobre desigualdade em parceria com o meu amigo Paul Solman na Yale-NUS durante 2016, é uma faculdade mais colaborativa que levou o ensino integrado para cada sala de aula.

É incerto se a Yale-NUS terá sucesso. Fareed Zakaria, que foi membro da Yale Corporation, o órgão dirigente da universidade, quando foi tomada a decisão de avançar com a Yale-NUS, foi explícito quanto aos riscos: «Pode não ser capaz de implementar todas as suas ideias... e as tensões entre a liberdade de ensino e aprendizagem e o sistema político ainda fechado de Singapura podem minar o projeto.»[12] Independentemente disso, Yale-NUS é uma tentativa ambiciosa de modernizar a educação em artes liberais ao fazer pender delicadamente (ligeiramente, mesmo) a balança na direção da amplitude; como afirmou Pericles Lewis, «Especialmente numa era de informação mercantilizada, uma parte importante da nossa tarefa é fornecer às mentes jovens narrativas, histórias e padrões de pensamento de culturas *variadas*».[13] Conclusão: a Yale-NUS está a ajudar a instalar um património global nas mentes dos líderes globais de amanhã, ao mesmo tempo que desenvolve a disciplina de pensar transversalmente aos diferentes temas de investigação.

---

[12] *Idem*, 70.

[13] Yale NUS College: *A New Community of Learning*, relatório do Comité do Currículo Inaugural da Faculdade de Yale NUS, abril de 2013, https://www.yale-nus.edu.sg/wp-content/uploads/2013/09/Yale-NUS-College-Curriculum-Report.pdf; ênfase acrescentada pelo autor.

Paralelamente à experiência Yale-NUS, as inovações na área da educação continuam. Um artigo no *The Chronicle of Higher Education* de setembro de 2017 intitulado «A New Liberal Art» sugere que a educação orientada para os sistemas pode vir a ser o futuro da educação liberal. Define o pensamento sistémico como «uma disciplina que examina as relações entre as partes essenciais de uma organização ou um problema e determina como gerir essas relações para obter melhores resultados»[14]. Enquanto os pensadores lineares acreditam que os problemas têm causas diretas e que se pode otimizar o todo otimizando cada uma das partes, os pensadores sistémicos sabem que os problemas podem ter causas ocultas, indiretas e que a relação entre as partes é o mais importante.

O artigo destaca algumas instituições práticas e profissionalizantes que alicerçam os estudantes numa abordagem de pensamento sistémico: a California State University Maritime Academy (também conhecida como Cal Maritime), onde os estudantes aprendem a manter os elementos mecânicos dos barcos a funcionar e a interagir no seio de uma cadeia de comando; o Culinary Institute of America, onde os estudantes aprendem a enfrentar problemas inesperados, testam as suas capacidades de liderança e contemplam a interligação entre os sistemas humanos e técnicos.

E, claro, há muitos novos esforços de educação virtual destinados a equilibrar amplitude e profundidade, o mais proeminente dos quais é a Escola Minerva, do Keck Graduate Institute. O reitor fundador da Minerva, Stephen Kosslyn, passou 30 anos na Universidade de Harvard em posições que iam desde professor de psicologia a presidente de departamento e decano das ciências sociais.

A revista *The Atlantic*, num artigo intitulado «The Future of College?», referiu que esta instituição reduziu a universidade «à sua essência, eliminando as palestras e os títulos, bem como os jogos de futebol, os edifícios cobertos de heras e as bibliotecas de investigação»[15]. Em 2017, foi reportado que as Escolas Minerva aceitaram apenas 2% dos candidatos que se inscreveram, tornando-a a escola mais seletiva dos Estados Unidos.

A meu ver, a parte mais interessante da história da Minerva é a forma como estão a organizar a escola. Este é o *slogan* principal que estava no

---

[14] Scott Carlson, «A New Liberal Art», *Chronicle of Higher Education*, 24 de setembro, 2017, https://www.chronicle.com/article/A-New-Liberal-Art/241269.

[15] Graeme Wood, «The Future of College?» *Atlantic*, setembro de 2014, https://www.theatlantic.com/magazine/archive/2014/09/the-future-of-college/375071/.

website em novembro de 2017: «Preparar-se para ter sucesso numa era de incerteza global requer desenvolver o intelecto, construir o carácter e aprender capacidades práticas.» A ênfase na prática é digna de nota, desde o início, e é complementada com uma forte ênfase na amplitude: a escola destaca a necessidade tanto de «amplos conhecimentos como de capacidades práticas»[16]. Parte desta prática é uma consciência global, que a Minerva espera infundir aos diplomados através de uma rede de sete áreas residenciais em todo o mundo (São Francisco, Seul, Hyderabad, Berlim, Buenos Aires, Londres, Taipé). Cada concentração listada no website tinha também uma lista de possíveis carreiras que dela poderiam advir. Mais uma vez, é demasiado cedo para dizer se esta educação mais orientada para a prática, mas simultaneamente ampla, será o equilíbrio adequado, mas vale a pena ficar de olho.

Reconhecer a «água»

Em 2005, o bolsista da Fundação MacArthur, professor de inglês e escritor David Foster Wallace proferiu o discurso de abertura do Kenyon College. Depois de dar as boas-vindas aos estudantes e respetivos convidados, proferiu uma parábola simples, mas poderosa: «Dois jovens peixes cruzam-se por acaso com um peixe mais velho que nada no sentido contrário ao deles e que lhes acena com a cabeça, dizendo: "Bom dia, rapazes. Como está a água?" Os dois jovens peixes continuam a nadar até que, eventualmente, um deles olha para o outro e pergunta: "O que raio é água?"» O objetivo da história dos peixes, sublinhou Wallace, é salientar que «as realidades mais óbvias e importantes são muitas vezes as mais difíceis de ver»[17].

Minimizando a importância do património da mente, Wallace continuou, sublinhando que «uma educação em artes liberais não consiste em encher as pessoas de conhecimento, mas sim em ensinar a pensar [...] não se trata da capacidade de pensar, mas sim da escolha do que pensar». A verdadeira

---

[16] «Minerva Schools at KGI», consultado a 31 de janeiro, 2020, https://www.minerva.kgi.edu.

[17] Jamie Sullivan, «This Is Water — Full Version — David Foster Wallace Commencement Speech», YouTube, consultado a 31 de janeiro, 2020, 22:43, https://www.youtube.com/watch?v=8CrOL-ydFMI. Posteriormente publicado como livro: David Foster Wallace, *This Is Water: Some Thoughts, Delivered on a Significant Occasion, about Living a Compassionate Life* (Nova Iorque: Little Brown, 2009). Todas as citações nesta secção são deste discurso.

mensagem de Wallace era a de que todos nós temos a capacidade de interpretar as realidades de diferentes maneiras, e a escolha de como o fazemos depende de nós. Não precisamos de olhar apenas para o que os holofotes estão a iluminar.

Wallace afirmou: «A questão é que eu penso que esta é uma parte importante do que significa ensinar a pensar. Ou seja, ser apenas um pouco menos arrogante, ter um pouco de consciência crítica sobre mim próprio e as minhas certezas.» Prosseguiu, salientando o egocentrismo natural próprio de todos os humanos: «Tudo na minha experiência imediata corrobora a minha profunda convicção de que sou o centro absoluto do universo; a pessoa mais real e importante que existe [...] Pense nisto, não há experiência que tenhamos tido da qual não sejamos o centro absoluto [...] O mundo tal como o experienciamos está aqui à nossa frente ou atrás de nós, à nossa esquerda ou à nossa direita, na nossa televisão ou no nosso monitor.»

Para ilustrar esta ideia, usou um exemplo aparentemente trivial para mostrar o poder que temos de escolher a forma de pensar sobre o que está a acontecer à nossa volta:

> O tempo em que estou no trânsito ao final do dia posso passá-lo indignado com todos os enormes e estúpidos SUV, *Hummers* e *pickups* V-12 que ocupam a faixa inteira, queimando de forma egoísta e esbanjadora gasolina em depósitos de 150 litros, e posso ainda ficar a pensar sobre o facto de os autocolantes patrióticos ou religiosos estarem sempre nos veículos maiores e mais repugnantemente egoístas, conduzidos pelos motoristas mais feios, irrefletidos e agressivos.

Não é optar por ter estes pensamentos que incomoda Wallace, mas sim fazê-lo de forma inconsciente. Temos de quebrar a forma, por defeito automática e subconsciente, como os eventos nos afetam enquanto indivíduos, porque pode não coincidir com a verdade. Precisamos de considerar outras possibilidades, porque como disse Wallace, existem muitas outras formas bem diferentes de pensar ou entender essas situações. É possível que «o *Hummer* que acabou de se me atravessar à frente esteja a ser conduzido por um pai cujo filho pequeno esteja ferido ou doente no banco ao lado. Talvez esteja a tentar levar este miúdo para o hospital e a sua pressa seja maior e mais legítima do que a minha. Nesse caso, sou eu que estou a estorvar».

Wallace encoraja-nos a ser empáticos, a ter em consideração o que a outra pessoa pode estar a passar antes de tirarmos as nossas conclusões. «Se estiver suficientemente consciente para dar a si próprio uma escolha, pode optar por olhar de forma diferente para aquela senhora gorda, de olhos mortiços e excessivamente maquilhada, que acabou de gritar com o filho na fila do supermercado... Talvez ela não costume ser assim... Talvez tenha estado acordada três noites seguidas a segurar a mão do marido que está a morrer de cancro nos ossos.»

Fundamentalmente, Wallace queria que retomássemos o controlo do nosso pensamento, que não permitíssemos que as nossas suposições e o nosso egocentrismo natural se sobrepusessem a interpretações alternativas e que tivéssemos empatia para com os outros. Concluindo o seu poderoso discurso, declarou: «O tipo de liberdade que é realmente importante envolve atenção, consciência e disciplina... A alternativa é a inconsciência, as definições por defeito, a correria, a constante sensação corrosiva de ter tido, e perdido, alguma coisa infinita.» Devemos, salientou Wallace, estar conscientes «daquilo que é tão real e essencial, tão escondido diante dos nossos olhos, a toda a hora, que temos de nos lembrar constantemente: isto é água... isto é água».

Uma das pessoas com maior «consciência da água» que conheço é Bruce Grewcock, presidente e ex-diretor executivo da Kiewit Corporation. A Kiewit é uma das principais empresas de construção do país e é também uma empresa detida pelos empregados. Tal como a empresa tem prosperado ao longo das últimas décadas, também os trabalhadores acionistas têm beneficiado.

Quando lecionava a disciplina de ética empresarial em Yale, convidei Bruce e alguns dos seus colegas a juntarem-se à minha turma para uma discussão sobre se a Kiewit deveria passar a ser uma empresa pública. Os factos apresentados eram convincentes — os acionistas da Kiewit provavelmente veriam o valor das suas ações duplicar, a empresa obteria um custo de financiamento mais baixo e o dinheiro extra permitiria uma licitação mais competitiva para grandes projetos. Além disso, ter ações cotadas na Bolsa certamente possibilitaria que a empresa adquirisse outras empresas em condições vantajosas, caso decidisse fazê-lo.

Depois de ter deixado os estudantes debaterem o tema e de terem surgido diferentes pontos de vista, virei-me para Bruce e perguntei: «Então, qual é a sua ideia sobre o assunto?» O que ele revelou na breve discussão que se seguiu indicou uma profunda consciência da forma como ele e os atuais acionistas se encaixam na história de um negócio surpreendentemente bem-sucedido. Primeiro, disse que duvidava de que algum empregado da Kiewit quisesse que a empresa se tornasse pública, porque todos sabiam que isso iria mudar a cultura da empresa... Todos percebiam que era o seu dinheiro que estava em jogo e tomavam decisões diferentes das que tomariam se fossem apenas funcionários, e não proprietários.

Em seguida, Bruce enfiou a mão na sua pasta já muito usada e arrancou uma página que tinha claramente arrancado de uma revista. A página estava amassada, desbotada e esfarrapada; era evidente que a tinha há muito tempo. Presumi que ia continuar à procura de outra coisa dentro da pasta, mas não o fez. Levantou a página para que todos a vissem.

Era um anúncio da Patek Philippe, os icónicos relógios suíços. A fotografia tinha um pai e um filho com uma legenda que Bruce passou a ler: «Nunca somos realmente donos de um *Patek Philippe*. Limitamo-nos a cuidar dele para a próxima geração.» Disse que era assim que se sentia relativamente à Kiewit. Na altura, era presidente da empresa, diretor executivo e o maior acionista, mas sentia que estava meramente a cuidar dela para a geração futura. Ao contrário de muitos outros executivos de sucesso, Bruce compreendeu que a estrutura de propriedade da empresa e o seu contexto histórico desempenhavam um papel no seu sucesso e no da empresa. Também era diferente dos outros, na medida em que o egocentrismo por defeito de que falava Wallace estava nele ausente. Bruce e as dezenas de outros líderes da Kiewit que conheci têm uma profunda noção de que fazem parte de algo maior do que eles próprios. Reconhecem a água à sua volta e suspeito que essa consciência é uma das principais razões pelas quais a Kiewit superou a maioria dos seus pares.

Ele poderia muito bem ter dito: «Isto é a Kiewit... Isto é a Kiewit.»

Ver algo de especial em todo o lado

O discurso de David Foster Wallace destinava-se a fazer com que os licenciados de Kenyon saíssem da postura padrão de interpretações egocêntricas dos acontecimentos que se desenrolam à sua volta. Alguns anos mais tarde, nos subúrbios abastados de Boston, David McCullough Jr. tentou transmitir uma mensagem semelhante aos diplomados da Wellesley High School.

Ao longo de um discurso de aproximadamente 12 minutos, McCullough disse aos graduados: «O vosso traje cerimonial... sem corte, uniforme, de tamanho único. Quer sejam rapazes ou raparigas, altos ou baixos, estudiosos ou preguiçosos, a rainha do baile de finalistas coberta de *spray* bronzeador ou um assassino intergaláctico da *Xbox*, cada um de vós está vestido, como podem ver, exatamente da mesma maneira. Os vossos diplomas... com a exceção do vosso nome, são exatamente iguais. Tudo isto é como deve ser, porque nenhum de vós é especial. Vocês não são especiais... Vocês não são excecionais.» Continuou, apresentando as provas empíricas. 3,2 milhões de diplomados do ensino secundário nos Estados Unidos de cerca de 37 mil escolas secundárias: «São 37 mil melhores alunos da sua turma... 37 mil delegados de turma... 92 mil contraltos a fazer harmonia... 340 mil atletas de alta competição... 2 185 967 pares de *UGG*...»[18]

O público riu-se nervosamente e McCullough continuou o seu discurso, fazendo ver que mesmo que alguém seja um num milhão, significa que existem milhares de outros de singularidade comparável. Disse ainda que num mundo em que todos são especiais, ninguém o é. «Se todos receberem um troféu, os troféus perdem o sentido.»

Consciente de que este era um fenómeno muito mais vasto, longe de ser um exclusivo de Wellesley, McCullough prosseguiu, dizendo que «nós, americanos, em nosso detrimento, acabamos por gostar mais de elogios do que de conquistas genuínas. Consideramo-los o objetivo — e, alegremente, comprometemos padrões ou ignoramos a realidade, se suspeitarmos que essa é a forma mais rápida, ou a única, de ter algo para pôr em cima da lareira, algo com que posar, de que nos possamos gabar, algo que nos catapulte para um lugar melhor no totem social». E nas guerras de currículos típicas dos estudantes candidatos às universidades, «montar uma clínica médica na Guatemala acaba por ter mais que ver com a candidatura à Bowdoin do que com o bem-estar dos guatemaltecos». Iniciativas dignas de nota, referiu McCullough, acabam por ser desvalorizadas pela epidemia da omnipresença de pessoas especiais.

O seu derradeiro conselho é que mudemos o nosso foco. Procurar a motivação no nosso interior, pensar por nós próprios, não permitir que o sentimento dos outros impulsione o nosso comportamento: «Subam a montanha não para hastearem a vossa bandeira, mas para abraçarem o desafio, apreciarem o ar e contemplarem a vista. Subam-na para que possam ver o mundo, não para que o mundo vos possa ver. Vão a Paris para estar em Paris,

---

[18] Wellesley Public Media, «You Are Not Special Commencement Speech from Wellesley High School» (David McCullough Jr.), YouTube, consultado a 31 de janeiro, 2020, 12h45, https://www.youtube.com/watch?v=_lfxYhtf8o4. Todas as citações desta parte provêm desta fonte.

não para a riscar da vossa lista e felicitarem-se por serem conhecedores do mundo... As alegrias mais doces da vida vêm com o reconhecimento de que não somos especiais... porque todos o são.»

A mensagem de McCullough é sobre a mudança de foco. Trata-se de tentar minimizar os pressupostos automáticos referidos por Wallace, o egocentrismo natural, e ver o mundo com olhos diferentes. Ver algo de especial em todo o lado.

Adotar uma perspetiva fresca

Hoje, ao que parece, nenhum livro que se preze pode ser escrito sem uma citação espirituosa de Mark Twain... por isso, estou entusiasmado por poder cumprir essa obrigação e, ao mesmo tempo, fornecer um comentário verdadeiramente perspicaz. Twain disse: «Não são as coisas que as pessoas não sabem que criam mais problemas neste mundo, mas sim as coisas que as pessoas sabem que não são assim.»[19] Este é o principal motivo pelo qual a perspetiva de um forasteiro ou de um novato pode ser tão valiosa, um conceito amplamente aceite entre os filósofos. O mestre *zen* Shunryu Suzuki refere que «a mente do principiante está vazia, livre dos hábitos do especialista, pronta a aceitar, a duvidar e a abrir-se a todas as possibilidades»[20]. A experiência e a perícia fecham a nossa mente a certas possibilidades, criando assim uma confiança injustificada naquilo que pensamos saber.

Este problema, creio eu, é um dos desafios mais prementes na nossa atual demanda para restaurar o bom senso, alcançar uma autossuficiência no século XXI e recuperar as nossas vidas dos filtros de foco omnipresentes que nos mantêm reféns. Embora acreditemos que somos livres, as nossas existências podem ser mais controladas do que qualquer um de nós estima plenamente. Isto não quer dizer que não devamos externalizar a nossa atenção para terceiros. Se o fizermos com consciência, que assim seja. Mas o tipo de obediência inquestionável e cega aos filtros de foco é antitético a qualquer visão de liberdade, autoconfiança ou autonomia recuperada. É aquilo a que

---

[19] Mark Twain, tal como citado no *Janesville Daily Gazette*, editorial panorama, 21 de maio, 1947, 6, coluna 2.

[20] Shunryu Suzuki, *Zen Mind, Beginner's Mind: Informal Talks on Zen Meditation and Practice* (Boston: Shambhala, 1987), xiv.

David Foster Wallace chamou «uma prisão tão total que o prisioneiro nem sequer sabe que está encarcerado»[21].

Não desvalorizar a ignorância

A chave para a libertação é, de alguma forma, sair dos seus padrões entrincheirados e começar a questionar aquilo que julga saber de certeza. Uma nova perspetiva é quase sempre difícil de obter proativamente, porque requer uma metaconsciência e atenção que quebre as rotinas rígidas que tendem a dominar as nossas vidas. É por isso que é importante recuar e reconhecer que é possível obter novas perspetivas mudando o seu campo de atenção, mesmo dentro da sua área de foco. O seu trabalho centra-se em títulos de capital? Tenha em conta a dívida, talvez até as de outros países. É cirurgião cardiotorácico? Leia um pouco sobre dermatologia, nutrição ou mesmo doenças que afetam seres não humanos. Mudanças de atenção simples como estas aumentam o potencial de gerar perspetivas renovadas para resolver problemas. Só depois de fazermos esses desvios conseguiremos revisitar os desafios existentes com uma mente aberta que poderá gerar os tão necessários progressos.

Para ilustrar o poder da ignorância e de uma perspetiva fresca, recuemos até à antiga cidade egípcia de Thonis-Heracleion. Supostamente um centro religioso e comercial fundamental para o mundo antigo (bem como o local para onde o príncipe troiano Páris levou Helena de Troia raptada), arqueólogos e peritos encontraram poucas provas da cidade onde ela supostamente tinha existido.[22] Ora, uma coisa é não encontrar indícios de um artefacto específico ou de um edifício em particular, mas de uma cidade inteira? Alguns supunham que a cidade desaparecera em consequência de um conjunto de catástrofes naturais, incluindo a subida do nível do mar e uma série de terramotos. Outros duvidaram que ela alguma vez tivesse existido.

É aqui que entra Franck Goddio, um consultor financeiro e económico que tinha realizado numerosas missões para as Nações Unidas no Laos, Camboja e Vietname. Prestou assistência ao Ministério dos Negócios Estrangeiros francês e foi consultor financeiro do Reino da Arábia Saudita e de outras nações. Mas Goddio era fascinado pela arqueologia

---

[21] Sullivan, «This Is Water — Full Version — David Foster Wallace Commencement Speech».

[22] Dalya Alberge, «Nile Shipwreck Discovery Proves Herodotus Right — after 2,469 Years», *Guardian*, 17 de março, 2019, https://www.theguardian.com/science/2019/mar/17/nile-shipwreck-herodotus-archaeologists-thonis-heraclion.

subaquática e tinha estado envolvido na descoberta de naufrágios nas Filipinas e noutros locais.[23]

Quando Goddio ouviu falar de uma cidade aparentemente por descobrir, supostamente perto de Alexandria, no Egipto, não conseguiu resistir ao desafio. Assim, aplicou a sua mente matemática a um problema que tinha intrigado os profissionais durante centenas, senão milhares, de anos. Começou com uma revisão de textos antigos que faziam referência à cidade para ajudar a orientar os seus instintos quanto a locais prováveis. Goddio, então, matemática e sistematicamente, durante um período de aproximadamente cinco anos, mapeou uma área marítima do tamanho de Paris, ao largo da costa de Alexandria. As primeiras descobertas levaram-no numa direção que os profissionais tinham descartado como improvável. Conseguiu dezenas de amostras através de escavações menores e utilizou os dados adquiridos para refinar a sua exploração, que era guiada por princípios matemáticos.[24]

Foi então que, em 2000, descobriu a cidade perdida de Thonis-Heracleion, um achado arqueológico que foi considerado talvez a maior descoberta de sempre.[25] A coleção de tesouros que encontrou é gigantesca e provavelmente levará décadas a revelar-se por completo. E tudo isto vindo de um consultor financeiro com inclinações matemáticas. Será possível que, precisamente porque Goddio não foi treinado como arqueólogo, tenha sido capaz de encontrar a antiga cidade perdida? Poderá a experiência dos arqueólogos profissionais ter criado ângulos mortos flagrantes que os impediram de conseguir a proeza de Goddio?

Parece que podemos celebrar a ignorância e a ideia de que uma ausência de conhecimento pode, de facto, ser melhor do que o conhecimento baseado em pressupostos questionáveis. Consideremos o caso da PayPal, cujo cofundador Peter Thiel constatou que quanto mais experiência alguém tinha na banca, mais certo estava de que a PayPal nunca poderia ter sucesso. A liberdade intelectual que emerge da ignorância é um recurso espantoso e inexplorado, no qual tipicamente tropeçamos, em vez de conscienciosamente o desenvolvermos ou abraçarmos.

---

[23] «Frank Goddio Underwater Archaeologist», consultado a 30 de janeiro, 2020, http://www.franckgoddio.org.

[24] Bill Weir e Drew Kann, «Egypt: Sunken City of Pharaohs», *The Wonder List with Bill Weir*, 21 de outubro, 2017, tal como passou na CNN.

[25] Weir e Kann, «Egypt: Sunken City of Pharaohs».

Então, se uma perspetiva pura pode ajudar-nos a navegar na incerteza, identificando riscos e detetando oportunidades, o que fazer para refrescar a nossa perspetiva? Em primeiro lugar, há que considerar seriamente as oportunidades profissionais que podem não parecer consistentes com a nossa atual trajetória profissional. Como afirmou Suzuki: «Na mente do principiante há muitas possibilidades, na mente do especialista há poucas.»[26]

Recordemos a história que partilhei sobre David Swensen, que chegou à Universidade de Yale para gerir o fundo de dotações com exatamente... rufem os tambores... zero dias de experiência como gestor profissional de dinheiro. David disse-me várias vezes que, de início, pensou que esta contratação era uma piada, o que se tornava mais credível pelo facto de o seu primeiro dia de trabalho estar previsto para dia 1 de abril de 1985. Mas os seus orientadores académicos em Yale (onde se tinha doutorado alguns anos antes) convenceram-no a aceitar um corte de 80% no salário e a mudar-se de Nova Iorque para New Haven. A sua perspetiva fresca foi, muito provavelmente, responsável pelo seu regresso aos princípios básicos e ao pensamento independente — ambos fundamentais para o desenvolvimento do que desde então se tornou o modelo de investimento a longo prazo de Yale.

Vale a pena referir que o mundo profissional pode, por vezes, ser menos hospitaleiro do que o académico, com uma abordagem mais severa às decisões de recrutamento. Mas isso não significa que não sejam possíveis novas perspetivas — porque o são. Cada contratação (e despedimento) é uma oportunidade para alterar os pressupostos incorporados por defeito num líder. Pensemos em Steve Jobs, que foi despedido da Apple aos 30 anos. Embora na altura tenha ficado destroçado, comentou mais tarde que «ser despedido da Apple foi a melhor coisa que me podia ter acontecido». Como assim? Liberto dos holofotes da liderança empresarial, Jobs observou que «o peso de ser bem-sucedido foi substituído pela leveza de ser novamente um principiante, com menos certezas sobre tudo»[27]. Menos certezas sobre tudo? Parece mesmo o remédio que o Dr. Twain receitaria para navegar com sucesso em tempos incertos!

A nova perspetiva que surgiu quando os seus pressupostos foram abalados, segundo Jobs, «libertou-me para entrar num dos períodos mais criativos da minha vida; durante os cinco anos seguintes, criei uma empresa chamada NeXT, outra empresa chamada Pixar e apaixonei-me por uma mulher

---

[26] Suzuki, *Zen Mind, Beginner's Mind*, 2.

[27] Stanford, «Steve Jobs' 2005 Stanford Commencement Address».

incrível que viria a ser minha esposa»[28]. A Pixar passou a ser o estúdio de animação mais bem-sucedido do mundo e acredita-se que a NeXT (que foi comprada pela Apple, o que possibilitou o regresso de Jobs à empresa) tenha estado por detrás do renascimento dos produtos e tecnologias da Apple. A perspetiva fresca, desprovida do fardo quotidiano de gerir a Apple, que Jobs obteve ao ser despedido, terá provavelmente contribuído para o seu pensamento inovador.

A abordagem que a maioria das pessoas adota quando cai de paraquedas numa função para a qual não tem uma base sólida começa normalmente com o estudo das questões mais relevantes. Mas vejamos como Nikki Haley, uma governadora com experiência limitada em negócios estrangeiros, se preparou para o seu novo papel como embaixadora dos EUA nas Nações Unidas: «Eu era uma novata em política externa e enfrentei uma acentuada curva de aprendizagem quando me tornei embaixadora. Estudei muito antes de vir para Nova Iorque… mas, propositadamente, não estudei as Nações Unidas em si… e eis o motivo: quis preservar a minha capacidade de ver a ONU com uma visão intacta, a partir de uma perspetiva fresca.»[29]

Uma nova perspetiva sobre um desafio já antigo pode também identificar oportunidades de negócio. Consideremos o caso de Herb Kelleher, o advogado rebelde que se tornou empresário e fundou a Southwest Airlines. Rollin King, que viria a ser executivo da companhia aérea, estava a tomar uma bebida com Kelleher quando concebeu a ideia para a Southwest Airlines. Tudo começou com um esboço de um triângulo na parte de trás de um guardanapo de *cocktail*. Os pontos do triângulo representavam Houston, Dallas e San Antonio. Eles acreditavam que os aborrecimentos de viajar entre estas três cidades eram suficientemente incómodos para que as pessoas optassem por ir de avião em vez de ir de carro, caso lhes fosse apresentada uma opção barata.[30]

Kelleher, o aventureiro, fumador inveterado e apreciador de *whiskey Wild Turkey*, tinha um foco diferente dos seus pares do ramo da aviação.[31]

---

[28] Stanford, «Steve Jobs' 2005 Stanford Commencement Address».

[29] Nikki R. Haley, prólogo de *With All Due Respect: Defending America with Grit and Grace* (Nova Iorque: St. Martin's Press, 2019), 8.

[30] W. F. Strong, «The Airline That Started with a Cocktail Napkin», *Texas Standard*, 20 de abril, 2016, https://www.texasstandard.org/stories/the-airline-that-started-with-a-cocktail-napkin/.

[31] James Hagerty, «Southwest Air's Kelleher Created Quirky Style That Produced Reliable Profits», *Wall Street Journal*, 4 de janeiro, 2019, https://www.wsj.com/articles/southwest-air-co-founder-kelleher-created-quirky-style-that-produced-reliable-profits-11546634503.

Enquanto a maioria dos analistas e especialistas do sector pensava em dividir a quantidade existente de passageiros aéreos em partes cada vez mais pequenas, Kelleher e King acreditavam que uma oferta de baixo custo poderia competir com aqueles que de outra forma iriam de carro. Concentraram-se em potenciais clientes, procurando fazer crescer a quantidade total de passageiros. Segundo acreditavam, estava errado supor que o mercado das viagens aéreas entre estas cidades estava limitado àqueles que atualmente viajavam entre elas. A Southwest decidiu competir com autocarros e automóveis, bem como com as restantes companhias aéreas. De certa forma, Kelleher era como Sheldon Adelson, pensando em potenciais clientes, em vez de depender de uma distribuição da totalidade dos clientes existentes. A sua oferta iria fazer crescer esse total, pois atrairia novos passageiros. Tal como Swensen, Kelleher não recorreu a estudos de caso da HBS ou modelos existentes para construir o seu modelo de negócio; pensou por si próprio. Com a pouca experiência que ele e King tinham na indústria aeronáutica, francamente, pouco mais sabiam sobre o assunto. O que tinham era uma perspetiva fresca.

Então, o que sucedeu? Para onde quer que a Southwest voe, há três coisas que tendem a ocorrer rápida e simultaneamente. Primeiro, as tarifas aéreas para as rotas em que participam descem imediatamente. Segundo, o tráfego aumenta drasticamente, na medida em que o total de viajantes aumenta. Em terceiro lugar, a companhia aérea estabelece uma base de clientes fiéis. O sucesso é tão consistente que se tornou comum as cidades solicitarem à Southwest Airlines que preste serviços nos seus aeroportos. Tudo isto foi possível graças a um raciocínio fresco.[32]

Passemos agora a uma situação em que a uma pessoa sem qualquer experiência na matéria foi atribuída uma tarefa aparentemente impossível. Não conhecendo o *modus operandi* dessa área, procurou uma solução com persistência dogmática. O resultado foi aclamado como um milagre dos tempos modernos, mas, para aqueles que analisaram toda a dinâmica, foi realmente uma nova perspetiva que salvou as vidas de 33 homens que tinham sido enterrados vivos.

---

[32] Jad Mouawad, «Pushing 40, Southwest Is Still Playing the Rebel», *New York Times*, 20 de novembro, 2010, https://www.nytimes.com/2010/11/21/business/21south.html.

A guilhotina de granito

Desde 1889 que se extrai ouro e cobre na Mina de San José. A mina, situada no interior de uma montanha inóspita no Deserto do Atacama, no Chile, funciona 24 horas por dia. A única presença viva percetível no deserto é o fluxo de mineiros em camiões e autocarros que se dirigem para as minas. (Já estive no Deserto do Atacama, e apesar da beleza impressionante do lugar, a sensação é a de se estar num sítio sem vida e extremamente remoto.)

Em contraste com a vasta extensão do deserto, a vida na mina está restrita a uma série de túneis e rampas que descem a partir da superfície por várias centenas de metros. No dia 5 de agosto de 2010, um bloco de pedra de 700 mil toneladas soltou-se, levando a um desastre mineiro quando a montanha desabou sobre si mesma. Trinta e três mineiros foram enterrados vivos.[33]

A centenas de quilómetros de distância, o recém-nomeado ministro das minas, Laurence Golborne, recebeu uma mensagem às 23 horas daquela noite: «Mina Copiapó anuiu; 33 vítimas.»[34] Golborne, um ex-executivo empresarial sem experiência em minas, decidiu viajar para o local da catástrofe, apesar de a sua chefe de gabinete o ter desaconselhado a fazê-lo, pois as suas pesquisas mostravam que nenhum ministro das minas tinha alguma vez visitado o local de uma crise em curso; além disso, os riscos políticos eram incalculavelmente elevados.

«A exploração mineira é a minha responsabilidade no governo», explicou Golborne mais tarde. «Apesar de não ter antecedentes no mundo mineiro e de me interrogar sobre o que poderia fazer na mina — como poderia eu ajudar no salvamento, dada a magnitude do desastre? —, compreendi que tinha de estar presente.»[35]

A 7 de agosto, no dia da sua chegada, um dos membros da equipa de salvamento partilhou em privado a sua opinião com Golborne: «Devem estar mortos… e se não estiverem mortos, vão estar.»[36] A equipa de salvamento descobriu que um novo desmoronamento tinha bloqueado qualquer acesso

---

[33] Hector Tobar, *Deep Dark Down: The Untold Stories of the 33 Men Buried in a Chilean Mine and the Miracle That Set Them Free* (Nova Iorque: Farrar, Straus, & Giroux, 2014).

[34] Michael Useem, Rodrigo Jordán e Matko Koljatic, «How to Lead during a Crisis: Lessons from the Rescue of the Chilean Miners», *MIT Sloan Management Review*, 18 de agosto, 2011, https://sloanreview.mit.edu/article/how-to-lead-during-a-crisis-lessons-from-the-rescue-of-the-Chilean-miners/.

[35] *Idem.*

[36] *Idem.*

direto aos mineiros e, além disso, a instabilidade geológica contínua fazia com que fosse inseguro para os socorristas voltarem a entrar na mina. Apesar do prognóstico sombrio, Golborne recusou-se a desistir.[37]

Após uma experiência dramática com altos e baixos de promessas e fracassos, uma das múltiplas tentativas de perfuração de salvamento conseguiu penetrar na área de refúgio onde muito provavelmente estariam os mineiros. Quando a broca foi levantada, encontraram uma marca vermelha recentemente pintada perto da ponta — juntamente com alguns pedaços de papel. Num desses pedaços estava escrito: «Estamos todos bem no refúgio, os 33 mineiros.»[38]

Mas Golborne não ficou por aí. Nesse momento, o seu foco passou de encontrar os mineiros para salvar os mineiros. Consultou a NASA americana e a Marinha chilena para saber mais sobre psicologia e fisiologia da vida em locais confinados e para planear um canal de extração para içar os mineiros em segurança. Nutricionistas tomaram em conta a deficiência de vitamina D e médicos recomendaram horários de sono regulares para ajudar a gerir o humor.[39] Golborne empregou vários empreiteiros de perfuração de todo o mundo, criando uma autêntica corrida entre eles. Sessenta e nove dias após o colapso da mina, sob o olhar de mais de mil milhões de pessoas em todo o mundo que assistiam à sua ascensão através do poço acabado de perfurar, os 33 mineiros regressaram à superfície do planeta.[40] A popularidade de Golborne disparou, chegando mesmo a candidatar-se à presidência da República, com 95% de popularidade. («Até os comunistas me apoiaram», afirmou durante um telefonema que tive com ele em 2017.[41])

O salvamento foi celebrado, escreveram-se livros e realizaram-se filmes. Foi um milagre que se deveu fundamentalmente à perspetiva fresca e não adulterada com que Golborne abordou a tarefa. Na verdade, é possível sugerir que foi precisamente a falta de conhecimentos mineiros de Golborne que o levou a ser tão bem-sucedido. Atendendo ao fracasso da maioria dos esforços de salvamento mineiro, o que teria acontecido se Golborne tivesse tido décadas de experiência em mineração e até participado nos múltiplos

---

[37] Tobar, *Deep Dark Down*, 43–55.

[38] Hector Tobar, «Sixty Nine Days: The Ordeal of the Chilean Miners», *New Yorker*, 30 de junho, 2014, https://www.newyorker.com/magazine/2014/07/07/sixty-nine-days.

[39] *Idem.*

[40] *Idem.*

[41] Laurence Golborne, entrevista telefónica com o autor, 28 de setembro, 2017.

desastres mineiros dos quais não houve sobreviventes? O que aconteceria se Golborne tivesse experiência na indústria mineira a ponto de pensar que era capaz de coordenar os esforços, em vez de recorrer a uma grande variedade de peritos que possuíam conhecimentos especializados?

Golborne não estava, em muitos aspectos, bem preparado para liderar o resgate. Embora tivesse estudado engenharia civil numa das melhores universidades do Chile, era um homem de negócios. Antes de se juntar ao governo, poucos meses antes do desastre mineiro, tinha sido chefe executivo da Cencosud, a maior cadeia retalhista do Chile.[42] Quando Golborne se demitiu do cargo de CEO em 2009, a empresa empregava mais de 100 mil pessoas e apresentava receitas de mais de 10 mil milhões de dólares. Impressionante, sem dúvida, mas gerir uma empresa retalhista não tem nada em comum com tentar salvar 33 homens que foram enterrados vivos. Terá a sua ignorância em relação à exploração mineira proporcionado a abordagem sem preconceitos que adotou?

Durante uma das minhas conversas com Golborne, pedi-lhe para fazer uma reflexão sobre algumas das principais aprendizagens da experiência, reconhecendo o valor do distanciamento em relação aos acontecimentos. Uma das respostas que deu capta a essência da sua abordagem calibrada e de mente aberta. «Deixo os peritos falar.» Descreveu então um instinto seu que lhe permitiu manter o controlo enquanto tirava partido da perícia de que necessitava e não tinha: «Tenho esta capacidade de discernir quando as pessoas sabem do que estão a falar e quando estão a fazer *bluff*.»[43] Conclusão: ele deslocou o seu foco do conteúdo para as pessoas.

Golborne referiu que a sua irmã era uma comunista que se apressou a queimar a literatura marxista que possuía após o golpe de 1973 que levou Augusto Pinochet ao poder. O irmão era um extremista de direita com ligações ao grupo paramilitar *Patria y Libertad*. Golborne disse que se considerava afortunado por ter vivido neste contexto discordante: «Ensina-nos a lidar com pontos de vista diferentes. Penso que, em resultado disso, tenho um sentido de tolerância muito bem desenvolvido. Estou aberto a ideias diferentes.»[44]

---

[42] Useem, Jordán e Koljatic, «How to Lead during a Crisis».

[43] Laurence Golborne, entrevista.

[44] Gideon Long, «BRAVO: Innovative Leader of the Year — Laurence Golborne, Minister of Public Works, Chile», 18 de outubro, 2011, http://latintrade.com/bravo-innovative-leader-of-the-year-laurence-golborne-minister-of-public-works-chile/.

A experiência de uma infância em que viveu rodeado de pontos de vista marcadamente diferentes pode ter preparado Golborne para acolher ideias que outros teriam rejeitado de imediato, como consultar pessoas com capacidades mediúnicas ou prender botões de pânico a ratos e enviá-los para a mina.[45] Recebeu *e-mails* com muitas ideias, algumas boas, outras... menos boas. Leu-os a todos. A abordagem recetiva de Golborne, devido, em grande parte, à perspetiva fresca de ser alguém não relacionado com o trabalho mineiro, foi claramente fundamental para salvar as vidas dos homens soterrados.

A sorte de Druck

Em 1977, um estudante de economia insatisfeito achava que o seu curso era «excessivamente quantitativo e teórico, com pouca ênfase em aplicações na vida real».[46] Desistiu do curso e foi trabalhar como estagiário de gestão no Pittsburgh National Bank. Após vários meses de serviço, recebeu uma chamada do gerente do departamento de crédito. Foi-lhe perguntado se tinha um MBA, ao que respondeu que não. O gerente replicou: «Assim é ainda melhor! Venha cá acima; está contratado.»[47]

E assim o nosso estagiário de gestão recebeu uma oferta como analista de ações, com responsabilidade pelas ações bancárias e da indústria química, oferta essa que aceitou rapidamente, uma vez que o chefe do departamento de empréstimos lhe disse que não tinha o que era preciso para ser um oficial de empréstimos. E assim Speros Drelles, o diretor de investimentos do Pittsburgh National Bank, ganhou um novo analista, Stanley Druckenmiller.

Um ano após ter começado a trabalhar como analista, Druckenmiller foi convocado ao gabinete de Drelles, que lhe disse que ia ser promovido. Aos 25 anos de idade, o jovem analista tornou-se chefe da análise de ações do banco. Como Druckenmiller explicou mais tarde, «esta foi uma jogada bastante bizarra, uma vez que o meu chefe tinha cerca de 50 anos e estava no banco há mais de 25... Além disso, todos os outros analistas tinham MBA

---

45 Jonathan Franklin, *33 Men: Inside the Miraculous Survival and Dramatic Rescue of the Chilean Miners* (Nova Iorque: Penguin, 2011), 84.

46 Jack Schwager, *The New Market Wizards: Conversations with America's Top Traders* (Nova Iorque: HarperBusiness, 1992), 188.

47 *Idem*, 189.

e estavam no departamento há mais tempo do que eu».[48] Eis a justificação, tal como foi relatada por Druckenmiller a Jack Schwager, em *The New Market Wizards: Conversations with America's Top Traders*:

> — Sabe porque estou a fazer isto, não sabe? — perguntou ele.
>
> — Não — respondi.
>
> — Pelo mesmo motivo que enviam jovens de 18 anos para a guerra.
>
> — Que motivo é esse? — perguntei.
>
> — Porque são demasiado burros para saber não mudar — continuou Drelles. — O mercado das ações de baixa capitalização está há dez anos a decrescer e penso que vai haver uma enorme subida movida a liquidez, algures na próxima década. Francamente, tenho muitas cicatrizes dos últimos dez anos, ao passo que o Stanley não tem nenhuma. Penso que faremos uma grande equipa, porque será demasiado estúpido e inexperiente para saber que não deve tentar comprar tudo. Aquele outro tipo lá fora», disse ele, referindo-se ao meu chefe, o atual diretor de análise de ações, «está tão marcado como eu.[49]

Um ano mais tarde, quando Drelles deixou o banco, o jovem diretor de análise estava rodeado por executivos mais experientes e mais velhos que queriam preencher a vaga. Todos assumiram que Druckenmiller teria sorte se mantivesse o emprego, quanto mais se fosse promovido. Mas como Druckenmiller disse, a boa sorte combinada com a inexperiência proporcionaram as condições perfeitas para que brilhasse ainda mais. Pouco depois da partida de Drelles, o caldo entornou-se no Irão. O xá foi destronado. Como ele recorda, «foi aqui que a minha inexperiência realmente deu os seus frutos... Decidi que deveríamos colocar 70% do nosso dinheiro em ações de petróleo e o resto em ações de defesa; este procedimento pareceu-me tão lógico que não considerei qualquer outra hipótese. Na altura, ainda não percebia nada de diversificação».[50] No espaço de um ano, Druckenmiller recebeu o título de diretor de investimentos.

Depois de ter sido aprendiz de Drelles, Druckenmiller passou a trabalhar com George Soros. Depois de analisar cuidadosamente o valor da libra britânica em relação ao marco alemão, Druckenmiller decidiu que era altura de fazer uma grande aposta. Como recordou durante um discurso em 2015,

---

[48] *Idem*, 189–190.

[49] *Idem*, 190.

[50] *Idem*, 193.

a conversa de Druckenmiller com Soros sobre aumentar a aposta não correu como esperava. Depois de explicar a Soros o seu raciocínio e de indicar que iria vender 5,5 mil milhões de dólares de libras naquela noite e comprar marcos, o que significava que 100% do fundo estaria nesta única transação, Soros respondeu: «Esta é a jogada mais ridícula de gestão de dinheiro que alguma vez vi. O que acaba de descrever é uma incrível aposta de um só sentido. Deveríamos ter 200% do nosso património líquido nesta troca, não 100%. Sabe com que frequência surge algo assim? Uma vez em 20 anos. O que é que se passa consigo?»[51] Lá se foi a aprendizagem sobre diversificação!

Eventualmente, Soros disse a Druckenmiller, tal como conta o livro de Sebastian Mallaby, *More Money Than God*, que «deveria ir direito à jugular» e fazer um *short* de 15 mil milhões de dólares.[52] O negócio acabou por fazer «quebrar» a libra britânica, tendo o fundo lucrado mais de mil milhões de dólares.

Desde essa transação, Druckenmiller continuou a registar um recorde de investimento inigualável até 2010, altura em que deixou de gerir dinheiro para terceiros. De acordo com aqueles que o conhecem bem e viram os seus relatórios de desempenho, o dinheiro investido por «Druck» teria superado o dinheiro investido por Warren Buffett ou praticamente qualquer outro gestor de dinheiro entre 1980 e 2010. Então, o que explica esta série repetida de êxitos? Suspeito que uma das principais razões do sucesso de Druckenmiller é o facto de ele estar constantemente a refrescar a sua perspetiva. Mais a mais, aprendeu a confiar nas suas ideias, em vez de depender de outros, conferindo-lhe uma maior autenticidade no comportamento do que a maioria das pessoas consegue alcançar. Mas, se não fosse a sua sorte inicial (ou seria ignorância?) em ser promovido ou a sua inexperiência na gestão de dinheiro, poderia ter acabado por ser um oficial de empréstimos no Pittsburgh National Bank, em vez de um dos financiadores mais respeitados dos Estados Unidos (e das pessoas mais beneficentes). Talvez todos possamos aprender com a sua experiência e dar o nosso melhor, tal como Peter Thiel exorta, para não desperdiçarmos a nossa preciosa ignorância.[53]

---

[51] Stanley Druckenmiller, comentários feitos sobre o Lost Tree Club em Palm Beach Florida a 18 de janeiro, 2015, página 23 da transcrição.

[52] Sebastian Mallaby, *More Money Than God: Hedge Funds and the Making of a New Elite* (Nova Iorque: Penguin, 2010), 161.

[53] Tess Townsend, «Peter Thiel Tells Graduates "Don't Squander Your Ignorance"», *Inc.*, 23 de maio, 2016, https://www.inc.com/tess-townsend/thiel-commencement-address-hamilton-college-dont-squander-ignorance.html.

Pode a amplitude triunfar sobre a profundidade?

Quando se trata de alguém que fez carreira descobrindo o que interessa a quem e quando, Matthew Winker é uma das pessoas mais realizadas e bem informadas que conheço. Como chefe de redação e fundador da Bloomberg News, Matt fez um esforço consciente para atender àqueles que mais tinham a perder. Vale a pena perceber a sua abordagem, pois acredito que tem uma ampla relevância para todos nós em muitos cenários.

Tive o prazer de ter estado com Matt ao longo de quase dez anos em numerosas situações. Juntou-se a mim e aos meus alunos para discussões tanto em Yale como em Harvard, partilhámos refeições e cafés e passámos algum tempo a debater a dinâmica do mercado e a economia. Mas o que mais apreciei nas minhas interações com Matt foi a sua amplitude de perspetiva e conhecimentos. É verdadeiramente espantoso. Falámos de medicina funcional e do potencial das vitaminas injetáveis para ajudar as pessoas a superar estados de saúde crónicos, debatemos as perspetivas de uma grande classe média indiana (e as correspondentes implicações para os investidores dos mercados emergentes) e ele partilhou as lições que retirou da criação de uma organização editorial a partir do zero. Chegou mesmo a intitular de «Truth in an Age of Twitter» uma palestra que deu numa cadeira que eu estava a lecionar na Harvard Kennedy School, uma sessão fabulosa na qual desmantelou cuidadosamente as correntes cruzadas da precisão e da necessidade de velocidade na economia global hiperconectada de hoje.

É de tal forma um pensador incisivo em matéria de jornalismo que o seu manifesto, *The Bloomberg Way: A Guide for Reporters and Editors*, foi reimpresso e atualizado mais de uma dúzia de vezes desde 1990, ano em que pôs pela primeira vez as suas ideias no papel.[54] Matt ganhou muitos prémios pelo seu impacto nos campos do jornalismo financeiro e de negócios, incluindo o Prémio Elliot V. Well, da New York Financial Writers Association, por prestar uma «contribuição significativa a longo prazo para a profissão do jornalismo financeiro»[55], o Prémio «Emmy» Lifetime Achievement, da National

---

[54] Matthew Winkler, *The Bloomberg Way: A Guide for Reporters and Editors* (Nova Iorque: Bloomberg Press, 2014).

[55] «Elliott V. Bell Award Winners», New York Financial Writer's Association (website), consultado a 31 de janeiro, 2020, https://web.archive.org/web/20111009140024/http://www.nyfwa.org/bellwinners.htm.

Academy of Television Arts and Sciences, para reportagens financeiras e de negócios, o Prémio Lifetime Achievement, da Fundação Gerald Loeb, para «realizações excecionais na escrita de notícias de negócios, financeiras e económicas», e uma lista de outras distinções demasiado numerosas para serem aqui mencionadas.[56]

Creio que o sucesso de Matt se deve ao facto de ele ter sido um generalista. Os generalistas são aqueles que têm amplos conhecimentos, mas não afirmam ser profundos especialistas em nada, tornando-se psicologicamente mais recetivos a ideias distantes ou diferentes das suas. Em vez disso, recorrem àqueles com conhecimentos em áreas sobre as quais podem ter necessidade de aprender mais. Parecem estar mais conscientes do que não sabem, e compreendem que existe uma grande quantidade de informação que não sabem que não conhecem.

Matt disse-o da melhor forma numa das nossas conversas em 2019 sobre o valor relativo da amplitude e da profundidade ao rumar na incerteza. Afirmou: «Se a prática jornalística é essencialmente colher e trazer perspetiva a uma infinidade de assuntos-surpresa, os generalistas são favorecidos pela autoconsciência de nunca saberem o suficiente sobre coisa nenhuma. Isto torna-os perpetuamente curiosos e dispostos a desafiar as ideias predominantes.»[57] Matt é alguém que não só equilibra a amplitude com a profundidade, ao mesmo tempo que conecta habitualmente dados que muitos outros rejeitam como irrelevantes, como também já ajudou milhares de outros a fazer o mesmo. Ao fazê-lo, foi responsável pelo crescimento da Bloomberg News de uma ideia na cabeça de Michael Bloomberg até ao que alguns chamariam a mais poderosa organização de notícias económicas, empresariais e financeiras que o mundo já conheceu.

Todos podemos aprender com Matt. A ideia de ter amplitude suficiente para contextualizar a informação é fundamental; ajuda a ter consciência de que há quem saiba mais do que nós e permite-nos colocar os contributos de peritos e especialistas em perspetiva. Essa humildade intelectual também nos deixa com a mente aberta a surpresas e novas informações, estimulando as perguntas supostamente ingénuas que questionam pressupostos básicos.

---

[56] Chris Roush, «*Economist* Editor Mickelthwait replaces Winkler as Bloomberg News Editor in Chief», Talking Biz News, 9 de dezembro, 2014, https://talkingbiznews.com/they-talk-biz-news/economist-editor-mickelthwait-replaces-winkler-as-bloomberg-news-editor-in-chief/.

[57] Matthew Winkler, comunicação pessoal com o autor, 13 de dezembro, 2019.

À medida que o mundo se torna cada vez mais conectado e complexo, poderá em breve a amplitude triunfar sobre a profundidade?

Ideias a reter

- **Numa era de especialistas e de inteligência artificial, a profundidade da perícia deve ser equilibrada com a amplitude da perspetiva.** Isto significa que, ao educarmos futuros líderes, devemos concentrar-nos no desenvolvimento de capacidades de pensamento crítico que nos permitam avaliar os pressupostos operacionais que temos por defeito. A educação geral liberal deve conservar o seu papel e não deve ser posta de lado pela atual paixão de curto prazo pela formação baseada em competências.
- **Faça uso da empatia para permanecer humilde.** Tal como Wallace e McCullough assinalaram, a realidade contundente é que somos, por definição, egocêntricos na forma como experienciamos o mundo. As outras pessoas têm perspetivas diferentes e tentar considerá-las pode ajudar-nos a calibrar o nosso pensamento. Recordemos o exemplo da Kiewit.
- **Celebre a ignorância e as perspetivas frescas.** O pensamento independente e imparcial, livre da bagagem da experiência, não tem de ser descartado como sendo inútil. De facto, alguns dos indivíduos mais impressionantes em numerosos sectores da vida foram bem-sucedidos precisamente porque lhes faltava a experiência que de outra forma poderia ter impedido os seus pensamentos diferenciados.

CONCLUSÃO

RESTABELECER O BOM SENSO

Muito daquilo que nos pressiona e que discutimos nestas páginas não dá sinais de abrandamento. Informação, dados e escolhas continuam a multiplicar-se de forma exponencial, levando a uma constante e interminável sensação de sufoco. Se ontem havia demasiadas coisas para saber, hoje há mais e amanhã ainda mais haverá. Não há como acompanhar.

No entanto, a promessa de uma tomada de decisão otimizada face a uma panóplia de escolhas esmagadora é mais sedutora do que nunca. Todos os indicadores sugerem a existência de uma escolha perfeita, uma seleção que faz mais do que simplesmente proporcionar um bom resultado. Vivemos num medo constante de não estarmos a fazer a escolha ideal. Mas visto que não podemos otimizar cada decisão, recorremos (com grandes expectativas) àqueles que sabem mais do que nós sobre os domínios em que temos de tomar decisões.

Os peritos e tecnologias que oferecem uma salvação, contudo, são fundamentalmente limitados e, em certas circunstâncias, podem ser estruturalmente defeituosos. O problema decorre do foco profundo e estreito que tende a acompanhar os conhecimentos especializados e que tende a inibir uma compreensão de toda a situação ou do contexto em que as decisões estão a ser tomadas. Ao recorrer a especialistas, tecnologias e regras, acabamos por ceder o controlo do nosso foco e do nosso pensamento a terceiros que não têm a capacidade para avaliar a totalidade da nossa situação específica. À medida que as nossas capacidades de autossuficiência atrofiam, tornamo-nos dependentes e seguimos cegamente as orientações dos peritos. O resultado é muitas vezes inferior ao desejável, impulsionado por dinâmicas que se manifestam nas sombras dos holofotes dos peritos.

Para combater esta forma de externalização irrefletida, temos de aprender a gerir proativamente o nosso foco. Isto começa com a consciência dos filtros e gestores de foco que utilizamos para eliminar o suposto ruído. Deslocar a nossa atenção olhando para os problemas de forma diferente (*zoom out*, investigar dinâmicas laterais, etc.) é uma forma de recuperar conscientemente o controlo do nosso foco. Devemos questionar os enquadramentos de decisão estabelecidos pelos gestores de foco.

Como os especialistas e as tecnologias não podem apreender a totalidade do nosso domínio de decisão ou os nossos objetivos finais, o seu papel é a otimização das tarefas. Ajudam-nos a vencer batalhas. Mas tarefas grandiosas e batalhas vitoriosas não servem de consolo para missões falhadas ou guerras perdidas. Temos de nos manter orientados para os nossos objetivos e não permitir que os conselheiros desviem a nossa atenção do prémio que ambicionamos.

A outra dinâmica que tende a atormentar o nosso pensamento é uma devoção às convenções e aos precedentes históricos. Pensar de modo verdadeiramente independente é arriscado e, por isso, tendemos a fazê-lo menos. Como constatámos com David Swensen e Trisha Torrey, fazê-lo pode tanto minimizar riscos como gerar oportunidades.

Mas uma vez que cada perspetiva (incluindo a nossa) é tendenciosa e incompleta, faz muito sentido empregar múltiplas perspetivas e triangular as ideias a partir de diferentes pontos de vista. É necessário criar empatia com aqueles que nos rodeiam e colocarmo-nos constantemente no lugar de quem ocupa posições diferentes e em períodos diferentes. Recorrer a um advogado do diabo, realizar análises *pre mortem* e inverter perspetivas são algumas estratégias que podem ajudar.

No entanto, em última análise, temos de restaurar a nossa autonomia. Precisamos de retomar o controlo, o que significa que temos de aprender a liderar. A contribuição especializada e tecnológica é essencial, ainda que não seja suficiente. Porém, temos de manter os peritos à mão e nunca à cabeça. Somos o artista, com pleno conhecimento contextual, a preparar o nosso mosaico. Os especialistas fornecem azulejos. Devemos utilizar estes azulejos conforme necessário para desenhar o nosso mapa de atuação.

É tempo de repensar muitos dos pressupostos enraizados na sociedade. Prezamos a profundidade, talvez até demais. Poderemos igualmente valorizar a amplitude? Veneramos aqueles que possuem conhecimentos profundos. Poderemos da mesma forma elevar o estatuto dos que têm uma perspetiva ampla? Além disso, a natureza da incerteza omnipresente é que temos de aprender a aceitar a ambiguidade e a navegar através de cenários probabilísticos. É necessário que pensemos em termos de múltiplos futuros e que alimentemos uma imaginação criativa que possa minimizar o impacto negativo das inevitáveis surpresas. Fundamentalmente, temos de (re)aprender a pensar por nós próprios.

A aposta em fazê-lo nunca foi tão elevada. Vejamos o seguinte comentário de Stephan Paternot, um empresário que fundou o theglobe.com e que tem vindo a ser um astuto observador das tendências das tecnologias sociais há décadas: «Emergiu um número muito reduzido de intervenientes concentrados que controlam o mundo tecnológico, o que levou à perda de transparência, à recolha de dados e à transformação das nossas informações mais pessoais em armas contra os nossos próprios interesses.»[1] E se julga que Stephan é um defensor das teorias da conspiração, por favor, pense no seguinte: a Google tem milhares de milhões de utilizadores de Android. Cada um desses dispositivos envia constantemente dados de volta para a Google. Que tipo de dados? Bem, acontece que a maioria dos dispositivos tem um sensor de pressão barométrica, um giroscópio, um acelerómetro e um detetor de campos magnéticos. Assim, para além de todos os dados relativos à sua utilização do dispositivo, a Google pode calcular o seu ritmo cardíaco, a rapidez com que se move e assim por diante. De facto, como se observou num recente artigo da *New Yorker*, «este fluxo constante de informação permite que o seu telefone rastreie se está a dormir ou acordado; se está a conduzir, a andar a pé, a correr ou a andar de bicicleta; se está no Starbucks no rés do chão ou no escritório de advocacia no 10.º andar».[2]

Esta é a base daquilo a que a professora Shoshana Zuboff, da Harvard Business School, chama capitalismo de vigilância, em que grandes empresas utilizam a informação que recolhem a nosso respeito para determinar o que fazemos agora, em breve ou mais tarde. Como explicou numa entrevista ao *The Guardian*, o poder que estas empresas exercem «usurpa os direitos de decisão e erode os processos de autonomia individual».[3] Fundamentalmente,

---

[1] Stephan Paternot, *A Very Public Offering: The Story of theGlobe.com and the First Internet Revolution* (Nova Iorque: Actarus Press, 2018), 223.

[2] Brian Barth, «The Defector», *New Yorker*, 2 de dezembro, 2019.

[3] Joanna Kavenna, «Shoshana Zuboff: Surveillance Capitalism Is an Assault on Human Autonomy», *Guardian*, 4 de outubro, 2019, https://www.theguardian.com/books/2019/oct/04/shoshana-zuboff-surveillance-capitalism-assault-human-automomy-digital-privacy.

as grandes empresas de tecnologia parecem estar a tentar pensar por nós, e pior, a tentar levar-nos a agir segundo esses pensamentos.

Devido aos algoritmos utilizados, empresas como a Google, a Facebook e a Amazon são de facto capazes de influenciar as nossas decisões de uma forma que pode não ser evidente. Elas gerem o nosso foco e fazem a filtragem por nós. Definem os enquadramentos das nossas decisões. Zuboff descreve o problema em termos mais drásticos, destacando o potencial do capitalismo de vigilância para debilitar a humanidade: «O que aqui nos está a ser negado é o direito ao tempo futuro, que é a essência do livre-arbítrio... sem autonomia na ação e no pensamento, temos pouca capacidade para o julgamento moral e o pensamento crítico necessários a uma sociedade democrática.»[4]

Encontramo-nos num ponto de inflexão importante. Numa era de especialistas e inteligência artificial, a capacidade de pensamento crítico e a expressão de juízos morais são mais importantes do que nunca. Pensarmos por nós pode inocular-nos de muitos males e pode até ajudar-nos na defesa contra as tentativas das grandes empresas tecnológicas de nos privarem da nossa autonomia.

Há uma cena no filme *A Dama de Ferro* em que Margaret Thatcher, já idosa, está na companhia do seu médico, que lhe pergunta como se sente. Ela responde dizendo: «As pessoas já não pensam; só sentem... Um dos grandes problemas da nossa era é que somos governados por pessoas que se preocupam mais com os sentimentos do que com os pensamentos e ideias. Ora, pensamentos e ideias, isso interessa-me... Pergunte-me antes em que estou a pensar!»

Então o médico pergunta: «Em que está a pensar, Margaret?»

Ela responde com o que foi, na vida real de Lady Thatcher, uma das suas declarações mais memoráveis: «Preste atenção aos seus pensamentos, pois eles tornam-se palavras; preste atenção às suas palavras, pois elas tornam-se ações; preste atenção às suas ações, pois elas tornam-se hábitos; preste atenção aos seus hábitos, pois eles tornam-se o seu carácter. E preste atenção ao seu carácter, pois ele torna-se o seu destino. Aquilo em que pensamos é aquilo em que nos tornamos.»[5]

---

4 John Laidler, «High Tech Is Watching You», *Harvard Gazette*, 4 de março, 2019, https://news.harvard.edu/gazette/story/2019/03/harvard-professor-says-surveillance-capitalism-is-undermining-democracy/.

5 *The Iron Lady*, realizado por Phyllida Lloyd, escrito por Abi Morgan, protagonizado por Meryl Streep, Jim Broadbent e Richard E. Grant (Nova Iorque: The Weinstein Company,

Dada a extrema importância de pensarmos por nós próprios, precisamos de nos proteger da influência excessiva de especialistas e tecnologias. É necessário geri-los. Ao refletir sobre como fazê-lo, podemos beneficiar do exemplo de um dos maestros mais bem-sucedidos do mundo. Para além de ser tema de cursos de liderança executiva, Wolfgang Heinzel, antigo maestro da Deutsche Philharmonie Merck (a Orquestra Merck), tem décadas de experiência em reunir as capacidades de vários especialistas para produzir música inspirada. Ele explica que «um maestro não pode tocar todos os instrumentos», e por isso tem de confiar nos seus músicos de cordas, madeiras, metais e percussão. Mas ao falar da sua equipa, Heinzel diz: «Eles sabem tocar os seus instrumentos, conhecem bem as suas partes… mas agora eu tenho de juntar tudo.»[6]

Parece-se mesmo com a vida no século XXI! Todos sabem as suas partes, mas temos de as juntar a todas. Se pararmos para pensar no papel do maestro, trata-se, de facto, de levar conscienciosamente um grupo de especialistas a integrar os seus contributos em algo que nem os maestros nem os músicos poderiam produzir por si próprios. Não deveríamos também nós tentar tornar-nos os maestros das nossas vidas, integrando os contributos de especialistas e tecnologias para realizar o nosso potencial?

Os dados estão em todo o lado. O saber-fazer real e sustentável que todos devemos desenvolver é a capacidade de os conectar. De levantarmos a cabeça e repararmos no contexto. E de questionar constantemente os pressupostos subjacentes que sustentamos como «verdadeiros», pensando por nós próprios de modo independente e não confiando cegamente em opiniões alheias. Fazê-lo, na minha opinião, é o bom senso dos tempos modernos. Como disse E. O. Wilson, o lendário biólogo: «Estamos a afogar-nos em informação, ao mesmo tempo que estamos famintos por sabedoria. O mundo será doravante gerido por quem consegue sintetizar, pessoas capazes de reunir a informação certa na altura certa, pensar criticamente sobre essa informação e fazer escolhas importantes com sabedoria.»[7]

O futuro, ao que parece, pertence àqueles que pensam pelas suas cabeças.

2011), DVD. Guião do filme disponível em https://www.scripts.com/script-pdf/597. Ênfase acrescentada pelo autor.

[6] Shellie Karabell, «Leadership and the Art of Orchestra Conducting», *Forbes*, 10 de janeiro, 2015, https://www.forbes.com/sites/shelliekarabell/2015/01/10/leadership-and-the-art-of-orchestra-conducting/#6063df1371f5.

[7] Edward Wilson, *Consilience: The Unity of Knowledge* (Nova Iorque: Vintage, 1999), 294.

AGRADECIMENTOS

Qualquer pessoa que já tenha escrito um livro reconhece que raramente se trata de um esforço individual. Este livro não é exceção. As pessoas que contribuíram para as ideias aqui descritas são demasiadas para as poder mencionar. Apesar da dificuldade em nomear toda a gente, algumas pessoas merecem uma menção especial por terem tido uma influência desproporcionada no meu pensamento e neste projeto.

No topo da lista está a minha família, por ter tolerado o esforço de vários anos e por me ter ensinado muito sobre a vida. Quero agradecer especificamente à minha sempre paciente esposa Kristen, à minha sempre encorajadora filha Tori e ao meu sempre alegre e solidário filho Kai.

Quero também agradecer à equipa de liderança da Kiewit Corporation (especificamente a Bruce Grewcock, Rick Lanoha e Scott Schmidt), por sempre ter estimulado debates sobre negócios, economia e o poder de cruzar diferentes compartimentos. Os líderes seniores da United Technologies, LVW Advisors, Timmerman & Sons e Tenaska, foram também fundamentais para me ajudarem a formar muitas das minhas ideias.

Tenho igualmente uma dívida de gratidão para com as instituições de ensino nas quais trabalhei. Em Harvard, o Mossavar-Rahmani Center for Business & Government da Harvard Kennedy School e a Harvard John A. Paulson School of Engineering proporcionaram ambientes acolhedores, nos quais pude interagir com estudantes brilhantes e colegas ainda mais brilhantes. Agradeço especialmente a Richard Zeckhauser, Lawrence Summers, John Haigh, Rakesh Khurana, Fawwaz Habbal, Cherry Murray, Frank Doyle, Ash Carter e Dana Born. Howard Stevenson merece uma menção especial pelo seu encorajamento para prosseguir com este projeto e para colaborar com a Harvard Business Review Press. Em Yale, quero agradecer ao programa em ética, política e economia e ao departamento de ciência política por me terem feito sentir em casa dentro de uma fabulosa instituição académica. Agradeço especialmente a Peter Salovey, Sam Chauncey, David Swensen e Charley Ellis. Tem sido uma verdadeira alegria ensinar os alunos de ambas as escolas e é discutível se quem aprende mais são eles ou eu.

Este livro beneficiou ainda imensamente dos esforços de vários assistentes de investigação. Nick Levine e Nina Russell dedicaram-se abnegadamente ao livro durante meses a fio, enquanto Tobias Peter, Jared Middelman, Allan Wang e Lily Jampol-Auerbach contribuíram em várias ocasiões. Os esforços de Lindsay Day para me manter organizado durante as fases iniciais do projeto foram também dignos de nota.

Muitas das minhas ideias beneficiaram do *feedback* recebido no decurso das palestras que realizei ao longo dos últimos anos. Quero agradecer explicitamente a Tony D'Amelio e à sua equipa pelo apoio e fé de que as minhas ideias não-convencionais mereciam ser partilhadas. Quero igualmente agradecer à equipa da HBR Press, especialmente a Jeff Kehoe. Desde o nosso primeiro encontro, ele entendeu a minha mensagem e foi incansável a ajudar-me a elaborá-la. Jamais lhe poderei agradecer o suficiente pelo seu apoio em orientar o livro para a sua forma atual.

Por último, seria negligente se não agradecesse aos numerosos peritos, agentes e conselheiros a quem externalizei cegamente o meu próprio pensamento — todos eles me ensinaram muito sobre os motivos pelos quais preciso de manter o controlo e não deixar que sejam eles a assumi-lo.